조선왕조실록을
보다

조선왕조실록을 보다 1

2판 1쇄 발행 2021년 1월 10일
2판 2쇄 발행 2022년 8월 16일

지은이 박찬영 펴낸이 박찬영 편집 김지은, 이신애, 박일귀, 주유정 교정·교열 김지은, 안주영
그림 문수민 디자인 박경민, 박민정, 이재호, 류아름 마케팅 조병훈, 박민규, 최진주
발행처 (주)리베르스쿨 주소 서울특별시 성동구 왕십리로 58, 서울숲포휴 11층
등록번호 제2013-16호 전화 02-790-0587, 0588 팩스 02-790-0589 홈페이지 www.liber.site
커뮤니티 blog.naver.com/liber_book(블로그)
e-mail skyblue7410@hanmail.net ISBN 978-89-6582-283-7(세트), 978-89-6582-284-4(04910)

리베르(Liber 전원의 신)는 자유와 지성을 상징합니다.

조선왕조실록을 보다

태조~중종

㈜리베르스쿨

머리말

'이미지 독서'와 스토리텔링으로 '역사 지능'을 높여라!

이 가을이 가도록 내내 가을앓이를 했다. 왕릉, 사당, 서원, 싸움터, 명승지 등 조선의 왕과 신하, 그리고 백성의 애환이 깃든 곳이라면 어디라도 마다치 않고 들렀다. 그들의 흔적이 가슴이 먹먹할 정도로 아름다울지는 미처 몰랐다. 그 아름다운 흔적들이 지금까지 읽은 획일적인 텍스트에 메타포를 부여하며 다시금 생생하게 이야기를 건네 온다. 신의 정원에 내리는 석양, 굳게 잠긴 사당에 잠들어 있는 영정들, 아련한 도시를 품은 천상의 성, 아름다워서 두려운 성문, 침범할 수 없는 천연의 요새를 범한 가을 햇살, 세상 속까지 들여다보일 것 같은 맑은 물가, 그 물가에 연꽃처럼 떠서 노니는 도도한 정자. 아름답고 애련하다.

조선 왕조를 답사하며 문득문득 떠오른 생각. '내가 머문 텍스트는 겉핥기였구나.' 아름다움의 이면을 보지 못하면, 우리는 그 이면에서 벗어나지 못한다. 조선 왕조의 주역들, 그들이 남긴 흔적을 있는 그대로 바라보아야 한다. 『조선왕조실록을 보다』는 이러한 속앓이 끝에 태어났다.

『조선왕조실록』은 그야말로 이야기의 보물 창고이다. 어느 시기 가릴 것 없이 모두 극적인 내용을 담고 있어 드라마와 소설의 소재로 반복해 등장하고 있다. 이성계, 정도전, 세종, 태종, 세조, 장희빈, 장녹수, 폐비 윤씨, 연산군, 광해군, 이순신, 인조, 정조 등 우리가 알고 있는 내용 중에 드라마나 영화로 제작되지 않은 소재가 드물 정도다.

그런데 조선 왕조를 다룬 드라마나 영화를 보고 난 후에도

제대로 된 내용이나 교훈이 머릿속에 남아 있는 경우는 그다지 많지 않다. 조선 왕조에 관한 흐름이 잡혀 있지 않기 때문이다. 드라마나 영화를 더 잘 감상하기 위해서라도, 아니 세상을 더 잘 알기 위해서라도 『조선왕조실록』을 제대로 이해할 필요가 있다.

이뿐만이 아니다. 논쟁이나 대화를 할 때 상대방을 올바른 방향으로 설득하기 위해서라도 역사적 배경과 사실을 알아 두면 좋다. 역사적 사실을 논거로 제시하면 주장의 신뢰도를 높일 수 있기 때문이다.

"젊어서는 『수호지』를 읽지 말고, 늙어서는 『삼국지』를 읽지 말라."는 경구가 있다. 혈기 방장한 젊은 시절에 『수호지』를 읽으면 만용을 일삼을까 우려되고, 나이가 들어 『삼국지』를 읽으면 가뜩이나 경험이 많고 교활한데 더욱 교활해질까 봐 우려되기 때문일 것이다. 『조선왕조실록』은 『삼국지』를 넘어서는 처세의 교훈을 담고 있다. 『조선왕조실록을 보다』에서는 만용과 잔꾀를 넘어 용기와 지혜를 얻을 수 있도록 의미 있는 내용을 담는 데 유의했다.

조선 왕조를 돌아보면 여러 가지 착잡한 생각이 떠오른다. 가장 아쉬운 점은 집권 세력이 기득권에 집착하느라 폐습의 고리를 끊지 못했다는 것이다. 고려 권문세족의 부패를 제거하기 위해 신진 사대부 세력이 등장했지만, 이내 그들도 부패한 훈구 세력이 되었다. 또한 훈구 세력을 비판하며 등장한 사림도 기득권 세력이 되자 붕당을 형성해 당파의 이익을 추종했다. 조선 선비들은 실용적인 제도 구축에 힘쓰기보다는 검증된 바

없는 유교 이론을 내세워 자신들만의 세상을 만들어 나갔다.

하지만 잘못된 길로 빠져든 실수마저도 과감히 드러낸 기록의 정신은 인류의 역사 어디에서도 찾아볼 수 없는 우리의 자산이다. 그 기록을 발판 삼아 세계의 흐름 속에서 우리가 나아갈 방향을 제대로 설정할 필요가 있다.

이를 위해 역사 속에서 찾아낸 교훈을 되새겨 보았다. 역사를 미사여구로 늘어놓기보다는 진짜 속살을 들여다보는 것이 필요하다. 나쁜 역사라도 들추어내 기억해야 하는 이유는 그런 실수를 다시는 반복하지 않기 위해서다. 영국 역사가인 토인비는 "역사를 모르는 민족은 기억 상실증에 걸린 사람과 같다."라고 말했다. 성리학에 갇혀 다른 세상을 보지 못한 조선은 어쩌면 기억 상실증에 걸린 나라였는지도 모른다.

『조선왕조실록을 보다』에서는 왕조사뿐만 아니라 생활사, 경제사, 사회사, 문화사도 함께 다루었다. 따라서 이 책을 읽다 보면 즐거운 상상을 넘어서 각종 시험 대비까지도 자연스럽게 해결할 수 있을 것이다.

『조선왕조실록』은 각종 한국사 시험의 배경지식이 되거나 직접적인 출제 대상이 되기도 한다. 『조선왕조실록을 보다』를 제대로 읽는다면, 한국사 교과서의 절반 이상은 이미 배경지식과 함께 공부한 셈이 될 것이다.

나열된 역사적 사실을 달달 외는 게 우리에게 무슨 의미가 있을지 고민한 적이 있다. 오히려 주입된 지식이 창의적 사고를 방해할 수도 있겠다고 생각했다. 이런 문제를 바로잡기 위해서라도 역사의 이면을 읽는 작업을 게을리하지 않았다.

『조선왕조실록을 보다』는 기존의 난해한 실록 서술 구조에서 벗어나 내용을 쉽고 재미있게 구성했다. 너무 깊이 들어가 집중력을 흩뜨리거나, 너무 요약해 흐름을 제대로 파악하지 못하는 일이 없도록 유의했다. 또한 간혹 이야기가 어색하게 연결되는 기존 책의 구조를 앞뒤가 꼬리에 꼬리를 무는 스토리텔링 구조로 개선했다. 쉽게 와 닿는 소제목은 주제와 내용을 파악하는 데 도움을 줄 것이다.

'콘텐츠의 보물 창고'인『조선왕조실록』은 처세와 실용의 차원에서도 꼭 읽어 두어야 할 필독서이다. 역사는 흘러가도 그 흔적은 우리 주변에 남아 지난날을 증언하고 있다. 역사적 유물과 유적이 무엇을 말하고 있는지를 파악하는 것은 오늘을 사는 우리에게도 시사하는 바가 크다. 이런 점에서『조선왕조실록을 보다』는 내용과 어우러진 그림과 유물·유적 사진이 읽고 보는 재미를 높여 즐거운 상상을 할 수 있도록 도와줄 것이다. '이미지 독서'와 스토리텔링으로 조선 왕조사를 되살려 오늘을 반추할 수 있기를 기대한다.

역사가 흘러가듯, 기어이 찬란했던 가을빛도 간다. 가을빛에 담긴 애련한 아름다움을 탐하는 시간도 마냥 허락되지는 않았다. 역사 가을앓이는 그렇게 지나갔다. 겨울, 봄, 여름이 지나가면 가을빛이 또다시 세상을 반추할 것이다.

그리고 그렇게

세상은 계속된다.

지은이 씀

차례

1 태조실록 ① |
이성계의 성장과 조선 건국

태조 이성계의 조상은 지금의 함경도 지방에서 큰 세력을 이루다 고려에 귀순했어요. 이성계는 반원 자주 정책을 펼치는 공민왕을 도와 기씨 세력을 축출했고, 홍건적을 소탕해 백성의 신망을 얻었지요. 공민왕은 신돈을 기용해 개혁을 추진했으나 신돈의 인기가 높아지자 곧 제거했고, 자신도 신하들의 손에 살해되었어요. 이 틈을 타 친원 세력인 권문세족이 권세를 부렸지요. 이에 맞서 신진 사대부가 출현했어요. 이색 문하에서 꿈을 키워 온 신진 사대부들은 새 왕조를 세울 역성혁명을 도모했지요. 당시 중국에서는 원이 저물고 명이 건국되었습니다. 명의 철령위 요구에 요동 정벌을 주장한 최영은 이성계와 조민수에게 정벌군을 맡겼어요. 이성계는 위화도 회군을 통해 정권을 잡고, 허수아비 공양왕을 세웠지요. 지금부터 조선이 어떻게 태동했는지 그 발자취를 따라가 볼까요?

- **1365년** 공민왕이 승려 출신 신돈을 기용하여 권문세족을 견제하고 정치 개혁을 도모하다.
- **1369년** 고려 공민왕이 반원 자주 정책을 시행하다. 공민왕의 명령으로 이성계가 동녕부를 공격하다.
- **1380년** 왜구가 한반도 해안선에 출몰하여 약탈을 일삼다. 이성계가 전라도 지리산 부근 황산에서 왜구를 물리치다.
- **1388년** 최영의 지시에 따라 요동 정벌에 나섰던 이성계가 위화도에서 회군하다. 최영을 제거하고 정권을 장악하다.
- **1392년** 고려의 유지와 개혁을 추진하던 정몽주가 선죽교에서 이성계의 다섯째 아들 이방원에게 살해당하다.

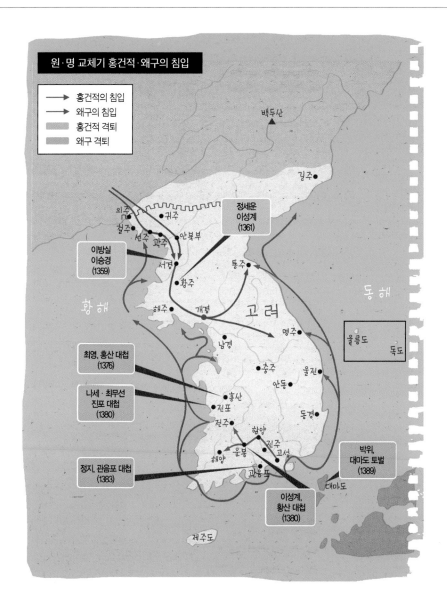

1 이안사 · 이자춘 · 이성계의 활약

이안사, '전주의 춘향이' 때문에 전주를 떠났나

전라북도 전주에는 태조 이성계의 어진을 모신 경기전이 있습니다. **경기전** 남동쪽으로 500m쯤 가면 나지막한 언덕이 있는데, 이 언덕을 오르면 **오목대**가 나오지요. 오목대는 1380년(우왕 6년) 삼도 순찰사 이성계가 남원의 황산에서 왜구를 토벌하고 돌아오는 길에 승전을 자축하는 연회를 열었던 곳이에요.

오목대 앞에는 오목교라는 다리가 있습니다. 다리를 건너면 승암산 자락에 자리 잡은 **전주 자만 벽화 마을**과 마주치게 돼요. 이 일대를 이목대라고 합니다. 이목대 비석에는 '목조대왕이 살았던 옛터'라고 쓰여 있지요. '목조대왕'은 태조 이성계의 고조부인 이안사예요. 이성계는 나라를 세운 후 조상을 기려 아버지부터 고조부까지 4대조를 추존(왕위에 오르지 못하고 죽은 이에게 임금의 칭호를 주던 일)했지요.

✿ 자만동 금표(전북 전주시)

금표(禁標)는 출입 금지를 알리는 표지석이다. 전주 이씨의 발상지인 자만동 일대를 보호하기 위해 고종이 세웠다.

✿✿ 이목대 비각과 비석
(전북 전주시)

이성계의 5대조인 목조 이안사의 출생지로 전해지는 곳이다. 비석에는 '목조대왕구거유지'라는 고종의 친필이 새겨져 있다.

● 전주 한옥 마을(전북 전주시)
경기전 주변에 한옥 800여 채가 밀
집해 한옥 마을을 이루었다. 오목대
로 올라가는 언덕에 서면 한옥 마을
전경이 내려다 보인다. 대한 제국의
마지막 황손이 머무는 승광재도 한
옥 마을에 있다.

⚘ 오목대(전북 전주시)
태조 이성계가 황산 전투를 승리로 이끌고 승전을 자축하는 연회를 열었던 곳
이다. 고종이 친필로 쓴 '태조고황제주필유지(太祖高皇帝駐畢遺址)'가 새겨진 비
가 있다.

⚘ 전주 자만 벽화 마을(전북 전주시)
자만 벽화 마을은 이목대 위쪽 승암산 자락
일대에 있다. 이목대는 오목대 옆에 있는 오
목교 건너 오른쪽에 위치한다.

이성계 가계도

목조 이안사

|

익조 이행리

|

도조 이춘

|

환조 이자춘

|

태조 이성계

|

태종 이방원

◐ 종묘 영녕전
(서울시 종로구)

태조 이성계의 선조 4대 및
종묘 정전에 봉안되지 않은
왕과 왕비의 신위를 모시기
위해 지은 사당이다. 영녕전
의 뜻은 '왕가의 조상과 자손
이 함께 길이 평안하라.'이다.
가운데 4칸에 이성계 4대조
의 신위가 모셔져 있다.

이안사는 전주 이씨로 전주 이목대에서 나고 자라며 내로라하
는 토착 세력이 되었어요. 이목대는 전주 이씨의 시조인 이한이
터를 잡은 이래로 전주 이씨들이 대대로 살았던 곳이랍니다.

이안사가 스무 살 때 전주 관기를 마음에 두게 되었어요. 어느
날, 전주 지방을 다스리는 관리인 주관(州官)이 전주 지역으로 부
임하는 산성별감(고려 시대에 몽골군을 방어하기 위해 산성에 파견
된 임시 관원)을 접대하기 위해 관기에게 수청을 들게 했습니다.
관기는 수청을 거부해 결국 죽었고, 그 죄는 이안사에게 돌아갔
어요.

주관과 산성별감은 합세해 이안사에게 농민 반란을 주동했다
는 혐의를 씌우고, 군사를 내어 잡으려 했어요. 이안사는 가족과
자신을 따르는 170여 가구의 1,700여 명과 함께 외가가 있던 강
원도 삼척현으로 몸을 숨겨야 했지요. 이안사를 따라나선 집이

170호에 달했다는 것은 이안사의 통솔력이 상당했다는 것을 말해 줍니다. 삼척현에서는 배 15척을 만들어 왜구와 원의 침략을 막아 내기도 했어요.

공교롭게도 전주에서 악연을 맺은 산성별감이 다시 삼척현이 속한 관동 지역의 안렴사로 부임했습니다. 이안사는 다시 짐을 꾸려 동북면(함경도 일대)의 의주(현재의 원산)로 이주했지요.

이안사가 관기를 사랑한 죄로 전주를 떠나게 되었다는 이야기는 비록 실록의 첫머리에 나오지만 설득력이 떨어집니다. 개인적인 애정 문제로 쫓겨나는 이안사를 1,700여 명이 따라갔다고 보기에는 무리가 있지요.

그 이유를 찾기 위해 이성계의 6대조로 거슬러 올라가 볼까요. 6대조인 이린은 형 이의방과 함께 중앙 정계에 진출했는데, 이의방이 정중부에게 제거되었어요. 이린은 함경도로 귀양을 가게

안렴사(按廉使)
고려 시대 지방 장관이다. 전국 5도에 파견되어 도내를 순찰하였다. 고려 초기 안찰사로 불렸고, 충렬왕 때 안렴사로 개칭하였다.

되었고, 이린의 아들 이양무는 힘든 시절을 보냈지요. 이로 미루어 볼 때 이양무의 아들이자 이성계의 고조부인 이안사가 고향인 전주에서 농민 반란을 주동했다는 혐의를 받고 쫓기는 신세가 되었다는 주장이 더욱 설득력이 있습니다. 조선 왕조는 이안사에게 패배자의 이미지를 덧씌우기는 싫었을 거예요.

당시 함경도 지역에는 원의 통치 기구인 쌍성총관부가 설치되어 있었고, 원의 군대가 들어와 있었어요. 1254년 원의 장군 산길이 두 번이나 사람을 보내 회유하며 항복을 권했지요. 이안사는 1,000여 호를 이끌고 원에 항복했어요. 최씨 무신 정권 치하의 고려에는 희망이 없다고 본 것이지요. 산길은 크게 기뻐하며 성대한 잔치를 베풀어 주었어요. 원에 항복한 이안사는 지금의 간도 지역인 알동(斡東)으로 이주했지요.

산길은 이안사가 항복한 사실을 원 황제에게 알렸어요. 1255년 원에서는 이안사를 남경 등지의 우두머리 천호(千戶, 만호 · 백

◐ **준경묘(강원 삼척시)**
이안사의 부친 이양무의 무덤이다. 전주를 떠나 삼척으로 이주한 이양무는 이곳에 묻혔다. 사진작가 서헌강 제공

호와 더불어 민호(民戶)의 수에 따라 붙여진 관직) 겸 다루가치(고려의 내정에 관여한 원의 관리)로 임명했습니다. 이안사는 항복의 대가로 중원의 새로운 패자인 원 제국의 관리가 된 것이지요. 이후 이안사는 두만강 유역으로 이주해 살다가 1274년에 세상을 떠났어요.

최근 이성계 가문을 만주 동북부를 지배한 칭기즈 칸의 막냇동생 웃치긴 가문이 통치하던 지역의 고려계 몽골 군벌로 보는 논문이 나왔습니다. 이안사의 아들 이행리와 손자 이춘도 이안사의 관직을 이어받아 원의 관리를 지냈어요. 이춘의 아들 이자춘(이성계의 아버지) 역시 원의 지배 아래에 있던 쌍성총관부의 다루가치였지요. 이를 토대로 이성계 가문은 원의 지원을 받아 성장한 것으로 파악하고 있어요.

이성계, 이자춘의 뒤를 이어 동북면의 실력자로 부상하다

영원할 것 같았던 제국도 몰락의 길로 접어들었어요. 1333년에 등극한 원 혜종(원 순제)은 대신들의 권력 투쟁으로 힘겹게 왕좌를 지키고 있었지요. 좋은 정치를 펼치려 노력했지만, 곧 정치는 뒷전이고 라마교에 빠져 흥청거렸어요. 1344년에는 기근과 가뭄이 휩쓰는 등 사회가 혼란했지요.

1351년에는 백련교도를 중심으로 홍건적(원 말기 허베이성(河北省) 일대에서 일어난 한족(漢族) 반란군)의 난이 일어났어요. 반란의 불길이 대륙 전역을 뒤덮었지요. 홍건적 세력 가운데 한 명이었던 주원장은 강남을 통일하며 원을 중원에서 밀어내고 있었어요.

이 틈을 타서 공민왕은 반원 자주 정책을 시행해 동북면의 쌍성총관부(고려의 화주, 지금의 함경남도 영흥)와 긴밀한 관계를 유

원 혜종(원 순제)
원의 마지막 황제인 원 혜종은 공녀 기씨를 황후로 책봉했다. 혜종은 묘호이고, 순제는 명나라에서 붙인 호칭이다

라마교
티베트 불교를 이르는 옛말이다. '라마'는 티베트어로 '스승'을 의미한다. 13세기 원으로 전파된 라마교는 원세조(쿠빌라이 칸)에 의해 국교로 지정되었다.

홍건적의 난
머리에 붉은 두건을 둘렀다고 해서 홍건적이라 불렸다. 홍건적 가운데 일부가 원의 추격에 쫓겨 고려에 침입했는데, 이들을 물리치는 과정에서 이성계가 큰 공을 세우며 두각을 나타냈다.

○ **서빙고동 부군당**
(서울시 용산구)
마을을 수호하고 주민의 안
녕을 위해 세운 제당이다. 제
당 내부에는 부군당의 주신
(主神)인 태조 이성계와 신덕
왕후 강씨, 삼불제석을 그린
무신도가 있다.

기씨 세력
기황후는 고려 사람으로 원
혜종의 황후가 되었다. 황
후의 친정 오빠 기철과 그
세력은 원 제국의 위세를
믿고 고려 왕실에 부당한
영향력을 행사하였다. 공민
왕이 반원 정책을 추진하면
서 숙청되었다.

지하고 있던 기씨 세력을 제거하려고 했습니다. 이를 위해서는
동북면 유민들의 협조가 절실히 필요했지요. 원 제국이 머지않
아 망할 것으로 판단한 이자춘은 원에 등을 돌리고 고려를 돕기
로 했어요.

1355년(공민왕 4년) 이자춘이 공민왕을 알현했습니다. 이안사
가 고려를 등진 지 100여 년 만의 일이었지요. 이자춘을 맞이한
공민왕은 "네 할아버지와 아버지는, 몸은 비록 원에 있었지만 마
음은 우리 왕실에 있었으므로 선대께서도 가상히 여겼다."라며
지난날을 문제 삼지 않았어요. 이에 화답해 이자춘은 "고려가 쌍
성총관부를 공격하면 돕겠나이다."라고 약속했지요.

1356년 이자춘은 공민왕이 보낸 밀직부사 유인우를 도와 쌍
성총관부 지역을 탈환할 수 있도록 도왔습니다. 당시 20대였던
이성계도 아버지 이자춘과 함께 원 세력을 몰아내는 데 일조했
어요. 원에 점령당한 지 99년 만에 수복한 것이지요. 공민왕은
쌍성총관부를 폐지하고 이 지역에 화주목을 설치했어요. 또한
이자춘에게 고려의 벼슬을 내리고 저택을 하사해 개경에 머물
도록 했지요. 이자춘이 개경에 무는 동안 이성계도 함께 있었
답니다.

고려 조정에 처음 얼굴을 내민 이성계는 공민왕 앞에서 **격구**
시범을 보였는데, '전에 듣지 못한' 묘기를 선보였다고 합니다.
실록에 따르면 이성계는 태어날 때부터 우뚝한 콧마루와 제왕의
용모를 지녔고, 지략과 용맹이 뛰어났다고 해요. 영웅의 기질을
타고난 이성계는 말을 잘 타고 활을 잘 쏘았습니다. 특히 활을 잘
쏘아서 '신궁'이라는 별명이 붙었지요.

이자춘은 삭방도만호 겸 병마사로 임명되어 동북면(영흥)으로
되돌아갔습니다. 이때 고려 조정의 대신들은 "이자춘이 동북면으
로 돌아가면 토착 세력을 키워 고려를 배반할 것"이라고 주장했어
요. 하지만 공민왕은 이자춘이 아니면 동북면을 안정시킬 수 없다
고 판단해 이자춘을 동북면으로 돌아가게 했지요. 이후 이자춘은
모든 관직에서 사퇴한 후 1361년에 사망하였어요. 이자춘이 죽은
후 이성계가 정3품의 중앙 무관직과 동북면 상만호의 두 가지 직
책을 맡게 되었어요.

⊙「격구도」

격구란 말을 탄 채 숟가락처
럼 생긴 막대기로 공을 쳐서
상대방 문에 넣는 놀이이다.
민간에서는 이를 '공치기' 또
는 '장치기'라 하였으며, 중국
에서는 '타구(打毬)'라 했다.
격구는 고려 시대에 국가적
인 오락 행사였고, 조선 시대
에 무과시험 과목에 포함되
었다.

원이 왕위에 올린 공민왕, 원에 등을 돌리다

이성계가 세력을 키워 가던 무렵 고려의 왕은 **공민왕**이었어요. 공민왕은 충숙왕의 둘째 아들입니다. 1341년 12세에 볼모로 원에 가서 약 10년 동안 원에서 지냈어요. 원 황실은 총명한 고려 왕자 빠이앤티무르(공민왕의 몽골식 이름)를 총애했지요. 공민왕은 20세 때 원 위왕의 딸 노국 대장 공주와 혼인했어요.

당시 중국은 홍건적의 난으로 무척 혼란했습니다. 원 황실은 북방을 안정하려면 먼저 고려가 안정되어야 한다고 생각했어요. 고려의 충정왕은 나이가 어려 믿음이 가지 않았지요. 1351년 원은 충정왕을 끌어내리고, 충정왕의 삼촌인 공민왕을 왕위에 올렸습니다. 당연히 원 조정은 공민왕이 원에 충성할 것이라고 믿었을 거예요.

하지만 공민왕은 즉위하자마자 대외적으로 반원 자주 정책을 실현하고, 대내적으로 왕권을 강화하려 했습니다. 공민왕이 반원 정책을 펼칠 수 있었던 것은 원이 반란과 외침으로 혼란에 휩싸여 있어 멸망이 머지않았다고 확신했기 때문이에요. 공민왕은 먼저 원의 풍습을 과감히 떨쳐 버렸습니다. **변발**을 풀어 헤치고 원의 옷도 벗어 던졌지요. 또한 고려의 내정을 간섭하던 정동행성 이문소를 폐지하고, 원의 간섭으로 바뀌었던 관제를 복구했어요. 원은 빠이앤티무르의 변신에 깜짝 놀랐지요.

원 제국의 혼란으로 동북아 정세는 거센 급류처럼 세차게 요동치고 있었습니다. 고려에도 그 영향이 미쳤지요. 한족 출신 홍건적이 원의 토벌에 밀려 고려로 쳐들어왔고, 북방의 여진과 남방의 왜구까지 침략해 왔어요. 난세에 영웅이 나타난다고 하지요. 안개 속에 휩싸인 고려의 어둠을 헤치고 이성계가 화려하게 등장하였어요.

○ 변발
앞머리와 옆머리를 깎고 남은 머리를 길게 땋아서 늘어뜨린다. 중국 북방 민족의 풍습이다. 몽골어로는 '겁구아'라고도 부른다.

○ 공민왕 영정(국립고궁박물관)

고려의 제31대 왕 공민왕과 왕비 노국 대장 공주를 그린 영정이다. 공주의 원래 이름은 보탑실리인데, 죽은 후 공덕을 칭송하여 노국 대장 공주
라고 불렀다. 공주와 공민왕은 서로 독독했다. 1365년 공주가 임신하자 공민왕은 의례적으로 사면령을 내렸으나 공주는 난산으로 죽었다.

최영과 이성계, 기황후가 보낸 덕흥군 군대를 물리치다

1356년(공민왕 5년) 공민왕은 기황후의 오빠인 기철 일파를 궁중 연회에 불러들였어요. 기철 일당은 대궐에 들어서자마자 철퇴에 맞아 죽었지요. 기철 일파의 역모 계획을 눈치 챈 공민왕이 대신들을 위한 연회를 베푼다고 속였던 거예요.

기철은 원 혜종의 황후인 기황후의 오빠였습니다. 기황후의 오빠를 건드린 것은 곧 원 제국을 건드린 것이나 마찬가지였어요. 기황후는 라마교에 빠져 정사를 게을리 하는 황제를 대신해 사실상 원 제국을 이끌고 있었지요.

당시 고려를 배반하고 원에 가 있던 최유가 기황후를 자극했어요.

"황후 폐하의 오라버니가 억울하게 죽임을 당했습니다. 공민왕을 이대로 내버려 두어서는 안 됩니다."

기황후가 황제에게 "은혜를 저버린 공민왕을 폐하세요."라고 조르자 1364년(공민왕 13년) 원 혜종은 공민왕을 폐하고 충선왕의 셋째 아들 덕흥군을 고려의 왕으로 책봉했어요. 이어서 덕흥군과 최유에게 1만 명의 군사를 내주어 고려를 치게 했지요. 공민왕은 사신을 보내 원 혜종을 회유하려 했으나 기황후의 반대에 부닥쳐 실패했어요.

첫 전투는 의주에서 벌어졌습니다. 의주 성을 지키고 있던 안우경은 처음에는 최유 부대의 공격을 잘 막아 냈지만 지원군의 부족으로 패전해 안주로 후퇴했어요. 최영과 이성계의 군대는 덕흥군의 주력 부대를 공격해 대승을 거두었습니다. 이때 이성계는 적장을 활로 쏴 말에서 떨어뜨림으로써 승리의 발판을 마련했지요. 이성계의 군사는 때를 놓치지 않고 중앙을 돌파해 덕흥군 부대의 전열을 흩뜨려 놓았고, 당황해 좌우로 흩어지는 덕

기황후
기황후는 원에 공녀로 끌려가 원 제국의 황후가 된 입지전적인 인물이다. 고려 출신 환관 고용보의 주선으로 원 황실의 궁녀가 되었고, 원 혜종의 총애를 받아 황후에 올랐다.

홍군의 군대를 최영의 군대가 일사불란하게 공격했어요. 덕흥군은 겨우 목숨만 건진 채 원으로 달아났지요.

덕흥군의 군대를 물리치고 자신감에 찬 공민왕은 원 혜종에게 사신을 보내 "덕흥군과 최유를 넘기지 않으면 요동을 공격할 것"이라며 외교적인 압박을 가했습니다. 1364년 10월 최유가 고려로 압송되었고, 다음 달인 11월에 처형되었어요. 공민왕은 반란군의 주범인 덕흥군까지 고려로 압송하라고 요구했지요. 원 혜종은 더는 참지 못하고 박배야대를 시켜 고려를 공격하게 했지만 최영에게 단번에 쫓겨나고 말았어요. 기황후의 조카인 기새인티무르도 압록강을 건너 쳐들어왔으나 역시 이성계에게 패해 달아났지요.

1369년(공민왕 18년) 이성계는 공민왕의 명을 받아 동녕부를 공격했습니다. 국운이 쇠약해진 원은 동녕부를 요동으로 옮기고 그 지역을 고려에 돌려주었어요.

동녕부
서경(지금의 평양)에 설치된 원의 통치 기관이다. 고려에 쫓겨 요동으로 옮겨졌다.

○ 홍산 대첩
(기록화, 전쟁기념관)
왜구는 충남 논산 지역의 개태사에 쳐들어와 원수 박인계를 죽였다. 이 소식을 듣고 최영이 자진 출정해 1376년(우왕 2) 왜구를 크게 격파했다.

이성계, 홍건적과 나하추를 물리치다

이성계는 1356년(공민왕 5년) 쌍성총관부 수복 전쟁에서부터 1388년(우왕 14년) 위화도 회군까지 30여 년 동안 전쟁을 치르며 단 한 번도 패하지 않았다고 합니다.

이자춘이 죽던 1361년 겨울, 압록강이 얼어붙자 원에 쫓기던 10만 명의 홍건적이 고려로 쳐들어와 삽시간에 개경이 함락되었어요. 공민왕은 난을 피해 **복주**(경상북도 안동)까지 내려갔지요. 새로 전열을 정비한 20여 만의 고려군은 1362년 1월 개경 수복에 나섰어요. 이성계도 휘하의 고려인과 여진족으로 구성된 친병 2,000명을 이끌고 개경 탈환 작전에 참가했지요. 이성계는 전체 고려군의 100분의 1에 불과한 병력을 거느리고 전장을 누비며 홍건적의 장수들을 활로 쏘아 죽였어요. 이성계 부대가 동대문을 돌파해 개경에 가장 먼저 입성했습니다. 무명의 이성계

○ 복주 놋다리밟기
(경북 독립운동기념관)
경북 안동 지방에 전승되는 부녀자들의 민속 놀이다. 공민왕과 함께 안동으로 피신한 노국 대장 공주가 소야천이라는 나루를 건널 때 마을의 부녀자들이 개울로 들어가 허리를 굽혀 다리를 만들어준 것에서 유래한다. 경상북도 독립운동기념관 제공

가 개경 탈환을 주도하면서 일약 고려의 영웅으로 떠올랐지요.

개경을 탈환한 지 몇 달 후 쌍성총관부를 빼앗긴 원이 나하추에게 고려를 공격하도록 명했어요. 나하추는 인근의 여진족들을 끌어들여 심양 일대를 차지한 자입니다. 나하추는 수만 명의 군사를 이끌고 삼살(북청)과 홀면(홍원) 등 함경남도 일대로 쳐들어왔어요. 나하추가 승전을 거듭하면서 군사는 두 배로 늘어났고 사기도 고조되었지요. 패배를 거듭하던 고려는 이성계를 동북면 병마사로 임명해 나하추와 싸우도록 했습니다.

자신감에 빠진 나하추는 휘하 장수에게 군사 1,000명을 내주면서 이성계와 싸우게 했어요. 이성계는 갑옷과 투구로 얼굴과 턱까지 가린 이갑이란 장수의 말을 먼저 쏘았습니다. 이갑이 말고삐를 당기느라 입을 벌리자, 이성계는 이때를 놓치지 않고 활을 이갑의 입에 쏘아 죽였지요.

나하추와 이성계는 함흥평야에서 결전을 치렀어요. 나하추가 대대적인 공격을 감행했고, 이성계의 군대는 후퇴하는 척을 했어요. 나하추는 멋모르고 뒤쫓아 가다가 복병의 기습을 받아 물러날 수밖에 없었어요. 이성계는 도망가는 나하추 부대를 끝까지 추적했습니다. 나하추는 겨우 목숨만 건져 약간의 병사와 함께 심양으로 되돌아갔고, 이후 명의 주원장에게 투항했어요.

2 신진 사대부, 공민왕, 황산 대첩
이색 문하에서 신진 사대부가 꿈을 키우다

100여 년에 걸친 무신 집권 시기와 또다시 100여 년에 걸친 원 간섭기를 거치면서 고려의 지배층인 권문세족이 탄생했어요. 권문세족은 사병을 확보하고 원에 빌붙어 권세를 얻었지요. 이들은 농민에게 갖가지 방법으로 땅을 갈취해 산과 강을 경계로 삼을 만큼 광대한 토지를 확보했어요. 농민들은 땅을 잃고 유랑하거나 도적이 되었지요. 살길이 막막해진 농민들은 스스로 땅문서를 들고 권문세족을 찾아가 노비가 되기를 청하기도 했어요.

사찰의 승려들도 권문세족에 뒤지지 않았어요. 고려가 건국될 무렵 태조 왕건은 불교를 국교로 삼았고, 승려를 우대했습니다. 사찰에는 세금을 부과하지 않는 토지가 지급되었고, 승려들에게는 면세와 면역의 혜택을 주었지요. 시간이 지남에 따라 고려 불교는 초심을 잃고 거대한 부패 세력으로 변질되었어요. 사찰은 농민의 토지를 침탈해 대농장을 소유하고, 농민들로부터 거둔 수확물을 다시 농민에게 강제로 빌려 주는 고리대업(장생고)으로 부를 축적했지요.

● 통도사 국장생 석표
(보물 제74호, 경남 양산시)
통도사 소유의 토지와 일반 백성의 토지를 구별하기 위해 세운 표지 돌이다.

이때 공민왕의 인재 양성 정책에 따라 새로운 세력이 등장했어요. 주로 목은 **이색**의 문하에서 개혁의 의지를 불태운 일군의 유학자들이지요. 이들을 신진 사대부라 부릅니다. 무신 집권기에 정계에 진출하기 시작한 신진 사대부는 지방 중소 지주 집안 출신인 경우가 많았어요. 이는 권문세족과 대비되는 점이었죠.

개혁적 성향의 신진 사대부들은 고려 말의 혼란스러운 상황을 타개하기 위해 고심했어요. 이들은 고려가 원의 간섭에서 벗어나 자주성을 되찾아야 한다고 보았어요. 또한 부패한 지배층인 권문세족을 제거하는 한편 불교의 폐단을 바로잡으려 했습니다.

공민왕이 추진한 개혁 가운데 과거제 개선과 성균관 재정비는 신진 사대부의 정계 진출에 크게 이바지했습니다. 하지만 신진 사대부는 인사권을 장악한 권문세족에 의해 관직 진출이 제한되었고, 녹봉도 제대로 받지 못했지요. 신진 사대부는 이를 바로잡기 위해 개혁 정치에 적극적으로 참여했으나 아직은 세력이 미약했어요. 이색의 문하에서 배출된 정몽주, 정도전, 이숭인, 권근, 윤소종 등은 고려와 조선의 왕조 교체기에 주역으로 등장하게 됩니다.

공민왕, 개혁의 아이콘 신돈을 제거하다

이색 문하에서 정치 꿈나무들이 성장하고 있을 무렵, 공민왕은 대내 개혁에 한창이었어요. 하지만 1365년(공민왕 14년) 왕비인 노국 대장 공주가 산고 끝에 결국 죽고 맙니다. 공민왕은 노국 대장 공주를 잊지 못해 초상화를 벽에 걸어 놓고 밤낮을 눈물로 지새웠다고 해요.

실의에 빠져 있던 공민왕은 어느 날 꿈을 꾸었습니다. 괴한이 나타나 자신을 찌르려고 하자 한 스님이 물리치는 꿈이었지요.

○ 이색(1328~1396)
목은 이색은 14세에 성균시에 합격하고 원의 과거에 응시하여 3번에 걸쳐 1등, 1등, 2등을 차지한 당대의 천재였다. 포은 정몽주, 야은 길재와 함께 삼은으로 불린다.

다음 날 가까운 신하인 김원명이 스님을 데려왔는데, 신기하게
도 꿈속에서 보았던 스님이었다고 합니다.

　공민왕은 신돈과 시국관을 논하면서 『고려비기』를 탐독해 역
사 지식을 습득한 신돈의 달변에 매료되었어요. 신돈에게는 역
사 지식이 공민왕을 설득하는 주요한 무기가 되었지요.

　노국 대장 공주의 죽음으로 실의에 빠진 공민왕은 신돈에게
더욱 의지하였습니다. 왕은 신돈을 개경으로 불러 왕사로 삼았
지요. 신돈은 공민왕에게 "소승은 세상을 이롭게 할 소신이 있습
니다. 권문세족의 방해가 있더라도 신을 믿어 주시겠습니까."라
고 물었어요. 공민왕은 "스승은 나를 구하고 나는 스승을 구할
것을 맹세하오."라고 화답했지요.

　전권을 위임받은 신돈은 새 인물을 요직에 앉히고 권문세족을
정리해 나갔어요. 신돈은 무신 재상을 배제하기 위해 전쟁 영웅
최영도 유배를 보냈지요.

○ 개성 성균관
(황해북도 개성시)
992년(성종 11)에 세운 고려
시대 국가 최고의 교육 기관
이다. 북한 국보 문화유물 제
127호로 지정되었다.

신돈은 먼저 전민변정도감을 설치해 권신이 불법으로 차지한 땅을 원래 주인에게 돌려주고, 불법으로 노비가 된 자의 신분을 양민으로 복구했습니다. 전민변정도감 판사에 임명된 신돈은 "빼앗은 토지와 노비를 개경은 15일, 지방은 40일 이내에 돌려주라."라고 엄명을 내렸어요. 기득권층인 권문세족은 신돈을 요사스러운 승려라며 불만을 터뜨렸지만, 백성에게 신돈은 문수보살이었지요.

신돈은 좌주·문생제의 폐단도 제거했습니다. 과거 시험 감독관인 좌주와 급제자인 문생 사이에는 부모와 자식 같은 끈끈함이 있었어요. 이들은 학벌을 형성해 정치 세력으로 성장했지요. 자연스레 부정 합격과 부당한 인사가 잇따랐어요.

성균관을 건축할 때 비용 문제로 축소해 짓자는 말이 나오자, 신돈은 신진 사대부를 포섭하기 위해 "공자는 천하 만세의 스승"이라며 이전의 규모보다 더 크게 짓도록 했어요. 성균관이 재건되어 이색, 정몽주, 이숭인 등이 유생을 가르치게 되었지요.

신돈이 재건한 성균관은 신진 사대부가 성장하는 데 밑거름이 되었어요. 신진 사대부는 신돈의 개혁으로 큰 힘을 얻었지만 성리학을 배운 유학자로서 승려 출신 신돈과는 함께할 수 없었지요. "신돈이 처첩을 탈취하고 주색에 빠졌다."라는 실록의 기록은 신진 사대부가 신돈을 고깝게 생각하고 있었다는 것을 보여 줍니다. 권신들 사이에서도 흔히 있던 일을 마치 본질적인 문제인 것처럼 기록한 것이지요.

신돈은 농민들로부터 성인이라는 말을 들을 정도로 농민의 지지를 받았어요. 하지만 권문세족의 반발로 역모를 꾀한다는 혐의를 받아 1371년(공민왕 20년) 수원에 유배되었다가 죽임을 당했어요. 백성이 신돈을 열광적으로 지지하는 것에 질투를 느낀 공민왕이 역모 사건을 조작했다는 설도 있습니다.

전민변정도감
고려 후기 권신에게 빼앗긴 토지를 농민에게 되돌려 주기 위해 설치한 임시 기관이다. 1269년(원종 10)에 최초로 설치되었다. 충렬왕, 공민왕, 우왕 때에도 각각 설치되었으나 실효를 거두지는 못했다.

◯ **천산대렵도**(국립중앙박물관)

공민왕이 그린 것으로 알려진 그림이다. 천산에서 사냥하는 장면을 묘사했다. 공민왕은 글씨와 그림에 뛰어났다. 그림이 조각나서 본래의 모습을 제대로 알 수 없지만 말을 타고 달리는 인물의 모습에서 섬세하면서도 힘찬 기운이 느껴진다. 그림의 무사는 변발을 하고 호복을 입었다.

우왕, 공민왕의 아들인가, 신돈의 아들인가

공민왕은 신돈의 집에 드나들다 신돈의 애첩인 반야를 보고 한눈에 반했어요. 1365년(공민왕 14년) 공민왕의 총애를 받은 반야가 아들 모니노를 낳았는데, 그 아들이 바로 공민왕에 이어 왕위에 오른 우왕입니다. 모니노는 1371년 신돈이 제거된 후 궁중에 들어갔고 1373년 우(禑)라는 이름을 받았어요.

조선 문종 때 완성된 『고려사』에는 다음과 같이 기록되어 있습니다.

"모니노로 불린 신우(우왕)는 신돈의 애첩 반야의 소생이다. 공민왕이 신돈의 집에 들렀는데, 신돈이 반야의 아이를 가리키며 '이 아이를 양자로 삼아 뒤를 이으십시오.'라고 말했다."

『고려사』에는 이와는 다른 기록도 있어요.

"신돈이 죽은 후 공민왕은 모니노를 원자로 삼고 시중 이인임에게 '신돈의 집에 아름다운 여자가 있었는데, 내가 가까이해 이 아이를 낳았다.'라고 말했다."

공민왕은 이인임에게 원자를 잘 보살펴 달라고 부탁했어요. 공민왕은 모니노를 사랑해 직접 장난감도 갖다 주었다고 합니다. 공민왕이 갑자기 아이를 데리고 와서 자기 아들이라고 주장하자 주변에서는 "혹시 신돈의 아이가 아닌가?"라는 소문이 퍼졌어요. 당황한 공민왕은 1366년 신우가 죽은 궁인 한씨의 소생이라고 발표했습니다. 반야가 신돈의 애첩 출신인 것이 부담스러웠던 거예요.

○ 공민왕릉
(황해북도 개풍군)
노국 대장 공주의 무덤인 정릉과 나란히 있는 쌍릉이다. 동쪽의 것이 정릉이고, 서쪽의 것이 공민왕릉인 현릉이다. 북한 국보 문화유물 제123호로 지정되었다.

공민왕은 신돈이 죽은 후 이상한 모습을 보였다고 합니다. 우선 왕을 경호한다는 명목으로 자제위를 설치해 나이 어린 미소년들을 뽑았어요. 왕자를 얻으려는 생각으로 자제위 출신의 홍륜에게 강제로 익비와 관계하도록 해 익비가 임신하였지요.

공민왕은 익비를 임신시킨 홍윤과 이 사실을 지켜본 내관 최만생을 없애려고 했어요. 증거를 모두 없애 마치 자기 아들인양 속이려 했던 것이지요. 공민왕의 의도를 알게 된 최만생과 홍윤 등이 선수를 쳤어요. 1374년(공민왕 23년) 9월 21일 밤, 이들은 공민왕의 침전에 몰래 들어가 공민왕을 난자해 죽였습니다. 이때 공민왕의 나이는 45세였어요. 처음에는 궁궐 안이 공포에 휩싸였으나, 진상을 알게 된 시중 이인임이 최만생, 홍윤 등을 잡아들여 능지처참했습니다.

정국의 주도권을 쥐게 된 이인임은 1374년 차기 왕위를 결정하기 위한 종친 회의를 열어 우를 왕위에 올렸어요. 10세의 어린 나이에 왕위에 오른 우왕을 대신해 이인임이 나라를 다스렸어요. 신돈이 전권을 휘두를 때 이인임은 권문세족 출신임에도 숨죽인 채 개혁의 실무를 맡았어요. 신돈이 죽은 후에는 숙청 대상에서 비켜나 어린 우왕의 후견인으로 권력의 정점에 오르게 되었지요.

아들이 왕이 된 것을 알게 된 반야는 공민왕의 어머니인 명덕태후를 찾아가서 자신이 왕의 생모라는 사실을 알렸어요. 공민왕의 뜻에 따라 우왕을 후궁 한씨의 소생으로 공인한 이인임 세력은 눈치 없이 날뛰는 반야를 몰래 처형하고 임진강에 수장시켜 버렸지요. 걸림돌을 모두 제거한 이인임은 개혁 조치를 모두 폐기하고 염흥방, 임견미 등 측근에게 요직을 맡겼어요. 공민왕과 신돈의 죽음은 고려의 시계를 개혁 이전으로 되돌렸지요.

이인임(?~1388)
고려 시대의 문신이다. 우왕을 추대하고 정권을 잡았으나 친원 정책을 펼치며 전횡을 일삼았다. 최영과 이성계 등에 의해 경산부에 유배되었다.

○ 삼봉 정도전 사당
(경기 평택시)
정도전을 기리는 사당이다. 정도전의 후손인 봉화 정씨 문중에서 건립했다. 문헌사로도 불린다.

정도전, 유배지에서도 역성혁명의 꿈을 불태우다

친원 세력인 이인임은 정권을 잡자마자 북원과의 국교 회복을 시도했어요. 1368년(공민왕 17년) 원은 명의 주원장에 의해 북으로 밀려났는데, 그 이후의 원을 북원이라고 불렀습니다. 고려에 와 있던 명 사신 채빈이 고려의 친원 외교에 불쾌감을 표시하자 이인임은 덜컥 겁이 났어요. 이인임은 이 사실이 명 태조(홍무제)에게 알려지는 게 두려워 귀국하는 채빈을 자객에게 시켜 암살했지요.

북원에서도 사신을 보내왔어요. 1375년(우왕 1년) 원의 사신을 맞아들이는 문제로 조정에서는 신진 사대부와 권신들 간에 대립이 일어났습니다. 이인임은 사신을 맞아들이자고 했지만 **정도전**을 비롯한 신진 사대부는 원 사신을 추방할 것을 요구했어요. 이인임 일파는 정도전을 길들이기 위해 원 사신을 영접하도록 명했습니다. 하지만 정도전은 "사신의 머리를 베든지, 그렇지 않으면 결박해 명으로 보내 버리겠다."라며 사신 영접을 단호히 거부했어요.

● **정도전**(1342~1398)
조선 왕조의 기틀을 마련한 공신이다. 조선의 이념적 바탕을 세우고 제도와 문물을 정비했다. 1398년 제1차 왕자의 난 때 이방원에게 살해당했다.

1375년(우왕 1년) 정도전은 이인임, 경복흥 등의 미움을 받아 나주의 속현인 회진현으로 유배를 가게 되었지요.

2년이 지나 유배지에서 풀려났지만 정도전은 개경에 들어갈 수 없었어요. 정치 활동은 하지 말라는 의미였지요. 정도전은 한양의 삼각산 아래에 초가를 짓고 개혁 사상을 전파하기 위해 후학을 가르치는 길을 택했어요. 인근의 유생들이 정도전의 명성을 듣고 모여들었지요. 하지만 정도전의 강의를 불순하게 여긴 이들로 인해 김포로 거주지를 옮겨야 했어요.

집권 세력의 눈 밖에 난 정도전은 8년이나 개경을 벗어나 유랑 생활을 했지만 권력에 빌붙지도, 은둔하지도 않았습니다. 오히려 유배 생활 동안 품었던 역성혁명의 의지를 더욱 불태웠어요.

정도전의 꿈은 어린 시절로 거슬러 올라갑니다. 정도전은 경상북도 봉화에서 태어났어요. 정도전의 집안사람들은 대대로 봉화 지역의 향리를 지냈지요. 고려의 향리는 조선의 향리와는 달리 지방의 토착 세력이었어요. 정도전의 아버지 정운경은 과거에 급제해 형부 상서에 이르렀지만, 어머니는 미천한 출신이었습니다. 정도전은 출신 배경 때문에 귀족 출신들로부터 조롱을 받기도 했지요. 그때 이미 출신에 구애받지 않고 민본이 기초가 되는 나라를 꿈꾸고 있었어요.

아버지 정운경이 이색의 아버지 이곡과 가까웠기 때문에 정도전은 당대의 명문인 이색의 문하에 들어갈 수 있었습니다. 정도전은 이색 문하에서 성리학적 이념과 사상을 깊이 이해하게 되었고, 정몽주와 교유하면서 맹자의 성선설과 역성혁명론에도 주목했어요. 동문수학한 동료 중에서 특히 정몽주와 마음이 맞았지요. 하지만 사상적·정치적 동지였던 정몽주와 나중에 조선 개국을 놓고 첨예하게 대립하게 됩니다.

역성혁명론
백성의 마음을 얻으면 복종하게 되고, 백성의 마음을 얻지 못하면 떠나가게 되며, 통치자가 민심을 잃었을 때는 통치자를 교체할 수 있다는 맹자의 정치 이론이다.

이성계를 만난 정도전, "이 군대면 무슨 일이든 못 하겠소"

유랑 생활을 하던 정도전은 1383년 가을 동북면의 도지휘사 이성계를 찾아갑니다. 이때 이성계는 나하추 부대를 격퇴한 후 승전을 거듭해 고려의 영웅으로 떠오르고 있었지요. 정도전은 이성계 휘하의 군사들을 보고 이성계에게 "이 정도의 군대라면 무슨 일인들 성공하지 못하겠습니까?"라고 넌지시 떠보았어요.

이성계는 짐짓 모른 척하며 무슨 뜻이냐고 되물었어요. 정도전은 "동남방의 왜구를 소탕하는 것입니다."라고 둘러댔지요. 당시 47세의 이성계와 41세의 정도전은 이렇게 서로 속마음을 주고받았어요.

정도전은 군영 앞에 서 있던 노송에 아래와 같은 시를 남겨 놓았습니다.

> 아득한 세월 속에 솟은 한 그루 소나무
> 푸른 산 몇 만 겹 속에 자랐구나
> 좋은 시절에 다시 만나 볼 수 있을까
> 인간 세상 굽어보며 묵은 자취를 남겼구나

이 시에는 '인생은 순식간에 지나가니 어서 빨리 대사(大事)를 이루라.'는 의미가 담겨 있어요. 조선 초에 지은 『용비어천가』에는 정도전이 이미 하늘의 뜻을 알고 이 시를 썼다고 기록되어 있습니다. 정도전은 평소 취중에 "한 고조 유방이 **장량(장자방)**을 이용한 것이 아니라 장자방이 한 고조를 이용했다."라고 말하곤 했어요. 정도전은 자신과 이성계의 관계를 한 고조 유방과 그의 책사 장자방의 관계에 빗대어 자신이 태조를 내세워 새로운 왕조를 건설한 주역이라는 점을 강조한 것이지요.

❶ 장량(장자방, ?~기원전 186)
한 고조 유방의 공신이다. 멸망한 한(韓)의 재상가 출신으로 초(楚) 항우를 물리치고 한(漢)이 중국을 통일하는 데 기여하였다.

가마쿠라 막부
1185년경 미나모토노 요리
토모가 수립한 일본 최초의
무사 정권이다.

무로마치 막부
아시카가 다카우지로부터
시작된 무사 정권이다. 무
로마치 막부가 완성된 것은
제3대 쇼군인 아시카가 요
시미쓰 때였는데, 무로마치
라 불린 이유는 요시미쓰가
교토의 무로마치에 저택을
짓고 그곳에서 정치를 했기
때문이다.

○ 피바위(전북 남원시)
전북 남원시 인월면 남천에
있는 붉은 바위의 이름이다.
이성계의 화살에 맞은 왜구
소년 대장 아기발도의 피가
바위를 붉게 물들였다는 전
설이 전해진다.

이성계, 황산에서 왜구의 소년 장수를 물리치다

일본에서는 13세기 몽골과의 전쟁 이후 무사들의 생활이 어려
워지면서 가마쿠라 막부가 무로마치 막부로 교체되었습니다. 이
때 생활의 어려움을 겪던 서남 해안 지역의 어민들과 무사들, 상
인들이 왜구가 되어 한반도와 중국 해안을 약탈했어요. 왜구는
41년간 500여 회에 걸쳐 고려에 침입했다고 합니다.

1376년(우왕 2년) 7월 최영이 홍산(부여)에서 왜구를 크게 무
찔렀어요. 최영은 신돈이 죽은 후 유배에서 풀려났고, 공민왕이
시해되었던 당시에는 제주도에서 원 출신 목동들의 난을 진압하
기도 했어요. 홍산 대첩에서 대패한 왜구는 지리산 방면으로 침
입했어요.

1380년 8월에는 왜군이 진포(서천)에 500여 척의 함선을 이
끌고 침입해 하삼도(충청도, 전라도, 경상도)의 연안 지방을 약탈했
습니다. 이때 나세, 최무선 등이 화통과 화포로 왜선을 격파하자
퇴로를 잃은 왜적이 더욱 발악해 그 피해가 극심했어요.

1380년 이키섬 출신인 16세가량의 소년 장수 아기발도(아지발도)가 왜구를 이끌고 고려를 침공해 지리산 일대를 약탈하며 북진했어요. 이성계는 삼도 도원수로 임명되어 왜구 토벌에 나섰지요. 이성계는 남원의 운봉을 넘다가 오른쪽의 험한 길을 보고 "적이 반드시 이 길로 우리를 습격하려 할 것이니, 우리도 이 길로 들어가야 한다."라고 말하고는 험한 길로 들어섰어요. 과연 이성계의 예측대로 왜구가 습격해 왔습니다. 이를 예상하고 있던 이성계는 준비한 대로 화살 70여 발을 쏘아 왜구의 얼굴에 맞혔어요.

◐◑ **파비각(전북 남원시)**
황산 대첩비지에 있는 비각이다. 일제 강점기에 파괴된 황산 대첩비의 일부 파편들이 보관되어 있다.

◐ **황산 대첩비지**
(전북 남원시)
황산 대첩비는 1577년(선조 10) 전라도 관찰사였던 박계현의 건의로 세웠다.

마침내 이성계의 군대가 남원의 황산에 진을 치고 왜구와 대치하게 되었습니다. 이때 적은 산에 의지해 유리한 위치에 있었으므로 이성계는 위기에 직면했어요. 백마 탄 소년 장수 아기발도는 자신의 힘만 믿고 기고만장했지요. 아기발도는 온몸을 철갑으로 두르고 있었어요. 이성계가 화살을 쏘아 투구를 떨어뜨리자 미리 대기하고 있던 이성계의 의형제 이지란(이두란)이 아기발도의 이마에 화살을 쏘아 죽였습니다. 이에 왜구의 기세가 크게 꺾여 물러났지요. 이때 전사한 왜구의 피로 강이 물들어 일주일 동안이나 물을 마실 수 없었다고 해요. 포획한 말이 1,600여 필이고 병기도 헤아릴 수 없이 많았다고 합니다.

한편 황산 대첩은 이미 진포 전투에서 나세와 최무선이 이끄는 고려군의 **화포** 공격에 무너진 왜구의 패잔병과 겨루어 승리한 전투에 불과하다는 평가도 있어요.

이성계는 승전할 때마다 벼슬이 올라가 1388년에는 수상격인 문하시중 바로 아래의 수문하시중이 되었습니다. 연이은 승전에 힘입어 백성의 신망을 받게 된 이성계에게 자연스럽게 신진 사대부들이 몰려들었지요.

○ 화포(국립중앙박물관)
화약을 장치하여 발사하는 무기이다. 화약이 발명되기 전까지는 불덩이(기름이 묻은 솜덩이에 불을 붙인 것)를 멀리 던지는 기계를 의미했지만, 화약이 발명된 후에는 화약을 이용하는 모든 포를 화포라 불렀다.

3 위화도 회군, 고려 멸망

명의 철령위 요구에 요동 정벌 주장이 대두되다

10세에 즉위한 우왕은 이인임, 임견미, 염흥방 등 권문세족에 둘러싸여 무기력한 모습을 보였어요. 사춘기에 접어든 우왕은 왕노릇을 제대로 못 하는 분풀이라도 하듯 도성 안에서 개나 닭을 사냥하거나 결혼을 앞둔 처자를 빼앗는 등 탈선행위를 일삼았습니다. 보다 못한 최영이 우왕에게 "노는 데도 법도가 있는 법입니다."라며 충고했어요. 최영의 잔소리에 우왕은 왕의 역할에 대해 고민하게 됩니다.

이인임이 노환을 이유로 은퇴하자, 우왕은 최영에게 이인임을 축출해 달라고 은밀히 부탁했어요. 최영은 부정부패와 축재를 일삼는 이인임을 못마땅하게 생각했지만 같은 친원 보수파인 이인임을 적대시하지는 않았습니다. 하지만 최영은 우왕의 뜻을 받들어 이성계와 함께 먼저 임견미, 염흥방 등을 잡아들여 참수했어요. 최영은 우왕에게 "이인임의 죄가 크지만 공 또한 적지 않사옵니다."라고 변호해 이인임은 살려 두었지요.

권력의 생리를 알게 된 우왕은 최영을 보호막으로 삼기 위해 "딸을 비로 달라."고 요청했어요. 최영은 서녀를 우왕의 비로 들여보내고 문하시중의 자리에 올렸지요.

우왕은 내부 단속에는 성공했으나 명과는 여전히 불편한 관계를 유지했어요. 이인임이 명 사신을 살해한 이후 명은 고려에 무리한 조공을 요구했지요. 1388년(우왕 14년)에는 철령위를 차지하겠다는 통고까지 해 왔어요. 원래 원의 쌍성총관부가 있던 지역이니, 이제는 명의 땅이라는 명분이었지요. 명도 원과 마찬가지로 고려를 속국으로 삼겠다는 속셈을 드러낸 거예요.

철령위
고려 말 명이 철령(안변 이북)에 설치하고자 했던 직할지이다. 명은 철령 이북(함경도와 강원도의 경계 지역) 지역이 본래 원에 속했기 때문에 명에 귀속해야 한다는 이유를 내세워 철령위 설치를 결정했다.

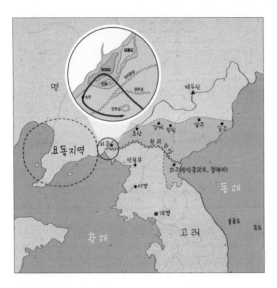

**○ 공민왕의 영토 수복과
최영의 요동 정벌**

결국 요동을 확보하려는 고려와 압록강을 국경으로 삼으려는 명의 갈등이 충돌하게 됩니다. 1388년 2월 최영은 "이 기회에 명의 만주 기지인 요동을 공격해서 명의 야심을 꺾자."라고 주장했지요. 하지만 요동 공격이 무리라고 판단한 이성계는 우왕에게 4불가론을 제시했어요. 이성계의 4불가론은 정도전을 비롯한 신진 사대부와 머리를 맞댄 과정에서 나왔지요. 요동 정벌이 불가한 네 가지 이유는 다음과 같았어요.

첫째, 작은 나라가 큰 나라를 치는 것은 옳지 않다.
둘째, 농번기인 여름에 병사를 일으키는 것은 옳지 않다.
셋째, 원정에 나서면 왜구가 허점을 노려 침범할 염려가 있다.
넷째, 장마철이어서 활의 아교가 녹고 병사들이 전염병에 걸릴 우려가 있다.

최영은 이성계의 4불가론을 무시하고 요동 정벌 계획을 밀어붙였습니다. 최영은 요동 정벌이 가능한 이유로,

"첫째, 명이 큰 나라이기는 하지만 북원이 버티고 있어 요동의 방비가 허술하고, 둘째, 요동은 땅이 기름져 지금 공격하면 가을에 군량을 얻을 수 있으며, 셋째, 명 군사들은 비가 많이 오는 여름철에 싸움을 꺼리니 오히려 우리에게 유리하다."라는 사실을 들었어요.

최영의 반박은 이성계의 논지에 비해 그다지 조명을 받지 못했습니다. 여기에서 이성계의 4불가론을 되짚어 볼 필요가 있습니다.

첫째, 명이 큰 나라이기는 하나 신생국이고, 주변국의 공격을 받고 있는 혼란한 상태여서 요동에 신경 쓸 여력이 없었습니다. 어떤 의미에서 요동은 무주공산(無主空山, 임자 없는 빈산)이었어요. "큰 나라이기 때문에 칠 수 없다."라는 이성계의 주장에는 사실 '부당한 요구를 하더라도'라는 말이 생략된 건 아닐까요?

둘째, 이미 농번기 때 군량을 확보했으므로 초기의 우호적인 날씨와 상황을 충분히 활용해 요동을 접수한다면 오히려 장마를 역이용할 수도 있었을 것입니다. 당 태종이 고구려와 전쟁을 치를 때 요동에 요지부동으로 갇혔던 사례를 생각하면 충분히 가능할 수 있지요. 장마가 명의 반격을 차단하는 방패막이 구실을 할 수도 있어요.

셋째, 왜구의 후방 침입은 최영과 박위가 대응할 수 있었습니다.

넷째, 한 나라의 장수가 실제 발생할지 안 할지도 모르는 전염병을 이유로 철군하는 경우는 어떤 전쟁사에도 없는 일이에요.

따라서 최영의 입장에서는 무주공산을 접수할 절호의 기회를 놓친 셈이 되었습니다. 맹장 이성계가 결정적인 장면에서는 소극적인 모습을 보였어요. 논쟁하느라 머뭇거리지 말고 좀 더 일찍 요동 정벌에 나섰어야 한다는 아쉬움이 남는 대목입니다. 출정을 앞당겼다면 장마의 영향에서 비켜날 수 있었을 거예요. 요동을 확보한 후의 조선은 적어도 자주국으로 나갈 수 있었겠지만, 요동을 포기한 조선은 중국

의 영향력에서 벗어나기 어렵게 되었지요.

위화도 회군 속도가 진군 속도보다 두 배 이상 빨랐다

1388년 4월 최영의 주장을 받아들인 우왕은 최영을 팔도 도통사로 삼고, 좌군 도통사에 조민수, 우군 도통사에 이성계를 임명했습니다. 겁 많은 우왕은 최영에게 "경이 제주도로 정벌에 나섰을 때 선왕(공민왕)이 변을 당하셨소."라며 자신의 곁에 머물러 달라고 요청했어요. 총사령관 최영은 우왕의 요청에 못 이겨 남고 조민수와 이성계가 원정에 나섰습니다. 이제 칼자루는 이성계가 쥐었으니 고양이에게 생선을 맡긴 셈이 되었지요.

그해 5월 이성계와 조민수가 5만 대군을 이끌고 **위화도**에 도착했어요. 동원된 말이 2만 1,682필이나 되어 사실상 기병이 주력이었으므로 만주 평야에서 싸우기에 적합했지요. 전열을 가다듬은 요동 정벌군은 요동성을 공격하기 위해 강을 건널 채비를 하고 있었어요. 하지만 장마가 시작되어 압록강 물이 불어나 5만 대군이 강을 건너기 어려운 상황이 되었어요. 1452년(문종 2년) 김종서 등이 편찬한 『고려사절요』에는 "도망하는 군사가 길에 이어져서 끊이지 않았다."라고 전합니다.

조민수와 이성계는 합동으로 우왕에게 회군을 요청하는 글을 올렸어요. 우왕과 최영은 환관 김완을 보내 "위화도를 건너 요동으로 진격하라."라고 재촉했지요. 이성계가 조민수에게 회군하자고 설득하자 조민수가 동조했어요.

이성계가 "이 섬에 남아 있다가는 우

리 모두 홍수에 쓸려 갈 것이다. 임금은 합당한 명분에 귀 기울이지 않았다. 백성을 모두 죽지 않게 하려면 어떻게 해야 하겠는가?"라고 묻자, 병사들은 "회군해야 한다."라고 화답하면서 환호성을 올렸습니다. 이성계는 흰말에 올라타 붉은 활과 흰 화살을 들고 흙무더기 위로 올라가 병사들이 왕의 명령을 거스르며 압록강을 건너 다시 고려로 돌아가는 모습을 지켜보았어요.

국가와 백성을 위해서였는지 야망을 펼치기 위해서였는지, 아니면 둘 다를 위해서였는지에 관해서는 속 시원히 결론을 내릴 수 없습니다. 또 명군과 싸워 옛 땅을 회복하는 대신 회군해 자신과 같은 민족인 고려군과 꼭 싸워야 했는지도 여전히 의문이 남지요.

이성계가 강을 건너자마자 산에서 흘러내려 오는 개천이 거센 파도를 이루어 위화도를 휩쓸었다고 합니다. 백성은 이 일을 하

○ 위화도
평안북도 신의주시 상단리와 하단리에 딸린 섬이다. 고려 시대부터 국방상의 요지였다. 압록강이 운반한 토사가 퇴적된 섬이라 토질이 매우 비옥하다. 최영의 요동 정벌 계획에 따라 출병한 이성계는 위화도에서 회군하였다.

늘의 계시로 받아들이고 '나무의 아들이 왕이 된다.'라는 후렴구가 붙은 노래를 지어 불렀어요. 이는 이(李)씨 성을 이르는 말입니다. '이(李)'라는 한자는 나무를 뜻하는 '목(木)'과 아들을 뜻하는 '자(子)'가 결합한 글자지요.

1388년 5월 22일 위화도를 출발한 요동 정벌군은 6월 1일 개경 인근에 도착했습니다. 진군할 때는 20일이 걸렸지만 회군할 때는 10일이 걸린 거예요. 최영이 이끄는 군대 일부는 양광도(지금의 경기 남부와 충청도 지역)에 침입한 왜구를 막기 위해 내려가 있었고, 일부는 요동 정벌에 출전해 있었으므로 개경에 있는 최영의 군사력은 취약한 상태였습니다. 최영의 군사력이 약해져 있을 때를 놓치지 않고 공격하는 게 유리했기 때문에 이성계는 서둘러서 회군했던 거예요.

싸움의 승패는 냉철하고 빠른 결정과 속도전에 좌우됩니다.

ⓞ 최영 장군 묘
(경기 고양시)
최영 장군의 무덤은 풀이 자라지 않다가 1976년부터 풀이 돋기 시작했다. 부인과의 합장묘이다.

후일 정몽주와 정도전은 이방원에게, 김종서는 수양 대군에게 머뭇거리다 속절없이 칼날을 받아야만 했지요.

조민수와 이성계가 회군했다는 소식은 곧바로 평양에 머물던 우왕과 최영에게 전해졌어요. 평양에는 친위군 정도만 있었으므로 우왕과 최영은 개경으로 후퇴했지요.

개경에 도착한 이성계는 비교적 여유 있게 최영의 군대를 꺾을 수 있었어요. 개경을 접수한 이성계는 요동 정벌을 추진한 우왕을 강화도로 쫓아냈고 최영은 귀양 보냈습니다.

이성계 일파는 최영을 유배지에서 개경으로 불러 들였고, 무리하게 요동 정벌을 꾀했고 권력을 탐했다는 이유로 참형에 처하려 했지요. 최영은 "내가 결백하다면 무덤에 풀이 자라지 않을 것이다."라고 말하고는 최후를 맞이했어요. 실제로 **최영 장군 묘**에는 오랫동안 풀이 자라나지 않았다고 합니다.

⊙ **아산 맹씨 행단과 맹사성 고택(충남 아산시)**
아산 맹씨 행단 내에 맹사성 고택과 맹사성이 심은 수령 600년의 은행나무가 있다. 고려 말기의 무신 최영이 자신이 머물렀던 집을 손자사위인 맹사성에게 물려주었다는 설화가 있다.

우왕을 세운 조민수, 조준에게 탄핵당하다

조민수와 이성계 일파는 조정을 장악한 후 이색을 문하시중의 자리에 올렸어요. 조민수는 좌시중 자리에 올랐고, 이성계는 우시중이 되었지요. 뜻을 함께 했던 조민수와 이성계이지만 차기 왕을 옹립하는 문제에서는 서로 의견이 달랐습니다. 조민수 측은 우왕의 아들 창을 내세웠고, 이성계 측은 우왕과 창이 신돈의 자손이라고 주장하며 왕씨 일족 중에서 왕을 세워야 한다고 외쳤어요.

조민수는 우왕의 외척인 이인임의 천거를 받은 인연이 있었으므로 창을 왕으로 내세웠어요. 조민수가 이색에게 의향을 묻자, 위화도 회군에 부정적이었던 이색은 우왕의 아들을 추대하려는 조민수의 주장에 흔쾌히 동의했습니다.

이색까지 우왕의 아들을 왕으로 세울 것을 주장하자 이성계는 일단 양보할 수밖에 없었어요. 공민왕의 정비 안씨는 우왕의 아

○ 교동도 화개사
(인천 강화군)
이색은 교동도를 매우 좋아했다. 화개산을 전국 8대 명산으로 꼽은 이색은 화개사에 머무르며 독서를 즐겼다.

들 창에게 왕위를 물려준다는 교서를 내렸어요. 1388년 6월 창은 9살의 나이로 왕위에 올랐습니다.

조민수를 제거해야 했던 정도전의 계략에 따라 조준은 조민수에게 뇌물을 주며 접근해 대사헌 자리를 부탁했어요. 조민수는 조준을 대사헌에 등용하고 "이성계, 정몽주, 정도전 등을 탄핵할 비리를 찾아오라."고 명했지요. 조준은 1389년(창왕 2년) 대사헌이 된 후 오히려 조민수의 비리를 찾아내 조민수를 탄핵했어요.

조준은 도당 회의가 열린 자리에서 폭탄선언을 했습니다.

"도당의 중신 일부가 국법을 어기고 토지를 강탈한 정황을 인지해 감찰을 벌였습니다. 올해 정월에 처형된 임견미, 염흥방 족당들의 토지를 모두 나라에서 귀속하게 되어 있었는데, 이 중 일부를 도통사 조민수가 전용한 사실을 확인했습니다."

과거 농민들의 토지를 빼앗은 임견미, 염흥방이 이성계와 최영에 의해 제거될 때 조민수는 화를 피하려고 자신이 빼앗았던 토지를 반환한 적이 있었어요. 하지만 권력을 잡게 되자 또다시 부정 축재를 했던 것이지요. 조준 때문에 탄핵당한 조민수는 창녕으로 유배되었어요.

이성계, 우왕·창왕을 잇달아 내몰고 공양왕을 세우다

시중 최영의 생질(甥姪, 누이의 아들) 김저와 최영의 측근인 정득후가 함께 강화도로 가서 폐위된 우왕을 만났어요. 우왕은 "힘센 자를 구해 이성계만 죽여 달라."고 김저와 정득후에게 부탁했지요. 이들은 곽충보와 모의해 팔관회 날에 거사하기로 했어요. 하지만 곽충보는 믿을 만한 사람이 아니었습니다. 곽충보는 곧장 이성계에게 달려가 밀고했어요. 이 사실을 알게 된 이성계는 팔관회에 참여하지 않고 집에 머물렀지요.

팔관회
신라 시대에 시작되어 고려까지 이어진 국가 행사이다. 신라 시대에는 호국적인 성격이 강했지만 고려 태조 때에 이르러 천지신명, 명산대천, 용신 등 토속신에 대한 제사로 그 의미가 변하였다.

김저와 정득후는 방향을 바꾸어 이성계의 집에 잠입했습니다. 함정에 걸려든 두 사람은 이성계 집의 문객(門客, 세력 있는 집에 머물면서 밥을 얻어먹고 지내는 사람)에게 잡혔어요. 뜻을 이루지 못한 정득후는 그 자리에서 목을 찔러 자살했고, 김저는 옥에 갇혔습니다.

목숨을 잃을 뻔한 위기는 곧 기회가 되었어요. 이성계는 우왕이 자신을 암살하려 한 사건을 계기로 반대 세력을 일거에 제거했습니다. 이성계 측이 김저에게 혹독한 국문(鞫問, 국청에서 형장을 가해 중죄인을 신문하던 일)을 가하자, 김저는 "우현보, 변안열 등과 공모해 우왕을 맞이하고, 창왕은 이에 호응하기로 했다."라고 자백했어요.

1389년 11월 이성계, 정도전, 조준, 정몽주 등이 흥국사에 모였습니다. 이 자리에서 아홉 대신은 창왕을 폐하는 근거로 "가짜를 폐하고 진짜를 세운다."라는 폐가입진(廢假立眞)을 내세웠어요. 폐가입진은 '창왕의 아버지 우왕은 원래 신돈의 자식이므로 가짜인 신돈의 자손을 왕에서 내쫓고 진짜 왕씨 왕을 내세우는 것'을 의미합니다. 정몽주가 폐가입진에 동조한 이유는 우왕의 아들 창왕을 폐하고 새로운 왕조를 세우려는 정도전의 역모 의지를 꺾고 고려 왕조의 명맥을 잇기 위해서였지요. 어린 창왕은 강화에 유배되었고, 창왕의 뒤를 이어 신종의 7세손인 왕요가 등극했어요. 그가 바로 고려의 마지막 왕인 공양왕입니다.

이제 명실공히 이성계의 세상이 되었습니다. 이성계 측은 1391년(공양왕 3년) 1월 그동안 벌려 왔던 과전법을 시행했어요.

정도전은 『조선경국전』에서 "토지 제도가 무너지면서 부자는 남의 토지를 합쳐 밭두둑이 서로 잇닿을 만큼 땅이 많아졌지만, 가난한 자는 송곳 꽂을 땅도 없게 되었다. 한 사람이 경작하는 토

『조선경국전』
정도전이 편찬한 사찬 법전이다. 6전에 따라 조선을 어떻게 운영해야 할지 종합적으로 서술하였기 때문에 조선에 대한 설계도라는 평가를 받기도 한다.

지의 주인이 7~8명인 경우도 있다."라고 개탄했어요.

조선 건국을 합리화하기 위해 편찬된 『고려사』에는 "1390년
(공양왕 2년) 9월 기존의 모든 토지 문서를 개경 한복판에 쌓은
후 불을 질렀는데, 불이 사나흘이나 타오를 정도로 문서가 많았
다."라고 기록되어 있어요.

모든 토지 문서를 없앤 다음 1391년(공양왕 3년) 5월 과전법
을 반포했습니다. 경기 지역의 토지를 직역(職域, 특정한 직업의
영역)이 있는 자에게 과전으로 나누어 주었는데, 과전은 당대에
한하는 것이 원칙이었어요.

전제 개혁의 목적은 권문세족의 농장을 혁파하고 토지를 국유
화해 관료에게 지급할 토지를 재정비하는 것이었습니다. 과전
법 시행으로 관료로 진출한 신진 사대부는 경제적 기반을 마련
할 수 있었어요.

○ 정몽주(1337~1392)
성리학에 조예가 깊었으며
시문과 시화에도 뛰어났다.
고려의 국운을 바로잡기 위
해 노력했으나 뜻을 이루지
못한 채 선죽교에서 피살당
했다.

정몽주, 정도전을 제거하려다 선죽교에서 죽음을 맞다

이성계 일파에게 새로운 세상을 여는 데 마지막 걸림돌은
이색 일파였어요. 공양왕은 즉위하자마자 이색을 탄핵
하는 상소문을 받게 됩니다.

"이색은 이인임과 함께 우왕을 세우고 조민수와
뜻을 같이해 창왕을 세웠나이다. 요동 정벌과 전제
개혁에도 반대하지 않았습니다. 이색 부자와 조민
수를 처벌하소서."

공양왕은 마지못해 "이색과 그의 아들은 파면
하고 조민수는 폐하여 서인으로 삼도록 하라."고
명했어요. 내친김에 이성계 측은 우왕과 창왕을
죽이라는 상소까지 올렸지요. 1389년 12월 우왕과

아들 창왕은 죽음을 맞이했어요.

　조정의 이성계 세력은 끈질기게 이색을 탄핵했으나 정몽주만이 "이색이 창을 왕으로 세운 것이 어찌 큰 죄가 되겠는가."라며 이색을 옹호했습니다. 이에 공양왕은 "이색에 대한 탄핵을 중지해 달라."고 이성계에게 요청했지요.

　이성계는 사직서를 냈고, 겁을 먹은 공양왕은 "시중이 사직하면 내가 어찌 이 자리에 있을 수 있겠소."라며 사직서를 반려했어요. 결국 공양왕은 정몽주의 의견을 받아들여 조정 회의에서 "이색은 무죄로 하고 조민수는 폐서인(廢庶人, 벼슬이나 신분적 특권을 빼앗아 서민이 되게 함)한다."라고 명을 내렸어요.

　뒤이어 이성계의 반대편에 선 대간들이 "족보도 밝혀지지 않은 천출 정도전이 큰 벼슬을 받아 조정을 혼란에 빠뜨렸나이다. 극형에 처해야 마땅합니다."라며 반격에 나섰어요. 공양왕은 못 이기는 척하며 정도전을 유배형에 처했지요. 정몽주는 때를 놓치지 않고 이색, 이숭인, 우현보 등을 유배지에서 불러들였어요.

○ 숭양 서원(개성시)
1573년(선조 6) 정몽주와 서경덕의 충절을 기리기 위해 정몽주의 집터에 세운 서원이다. 1868년 흥선 대원군이 서원 철폐령을 내렸지만 예외적으로 보존되었다.

1392년(공양왕 4년) 3월 공양왕의 세자가 명에 갔다가 돌아오는 길에 해주에서 이성계와 함께 사냥을 했습니다. 이성계는 사냥하다 말에서 떨어져 허리를 심하게 다쳤어요.

이성계가 병상에 누워 있는 동안 수문하시중 정몽주는 정도전의 가풍이 부정하고 어머니가 노비 출신이라는 이유를 들어 정도전을 탄핵해 유배를 보냈어요. 정몽주는 간관 김진양을 시켜 "조준, 남은, 윤소종, 남재, 조박 등 이성계 일파가 역성혁명을 기도했다."라는 탄핵 상소를 올리게 했지요. 유배 중이던 정도전은 감금하고 조준, 남은, 윤소종 등은 유배형에 처했어요.

유배 조치 이후에도 "정도전 일파를 처단해 뒷사람이 경계로 삼도록 해야 한다."라는 탄핵이 잇따랐습니다. 연일 참수하라는 상소가 올라왔으나 공양왕은 "국문한 후 판단하겠다."라고 조처했지요. 하지만 정몽주는 틈을 주지 않았어요. 이 기회에 이성계의 측근들을 모두 제거하려 했지요. 정몽주는 국문을 맡은 자에

❍ 백로가
정몽주의 어머니가 아들을 훈계하기 위해 지었다. 시조에 등장하는 '까마귀'는 간신과 역신을, '백로'는 충신을 상징한다.

❍ 충렬 서원(경기 용인시)
1576년(선조 9) 정몽주와 조광조의 학덕과 충절을 추모하기 위해 지어졌다. 임진왜란 때 소실되었다가 중건했는데, 이때 조광조의 위패는 심곡 서원으로 옮겨졌다.

게 "정도전 일파를 매를 쳐서 목숨을 아예 끊어 놓으라."고 밀명을 내렸어요.

모친상을 당해 3년 여막살이를 하고 있던 이성계의 다섯째 아들 이방원이 이성계가 머무는 황주로 급히 달려갔어요. 이방원이 "이곳에 계셔서는 안 됩니다. 측근들의 목숨이 경각에 달려 있습니다."라며 귀경을 재촉했지요.

그날 이성계는 부상당한 몸으로 가마에 타고 급히 개경으로 돌아 왔습니다. 정몽주는 병문안을 핑계로 상황을 파악하기 위해 직접 이성계를 방문했어요. 정몽주는 세간의 평가에 신경을 쓰는 이성계가 자신을 해치지는 못할 것이라고 확신했어요.

이성계는 평소와 다름없이 정몽주를 맞았지만 이방원은 정몽주를 대업의 걸림돌로 보고 있었어요. 이방원은 정몽주를 불러 「하여가」를 읊었습니다. 마지막으로 마음을 떠본 것이지요.

∞ 정몽주 묘
(경기 용인시)
선죽교에서 피살당한 정몽주는 풍덕군(경기도 개풍지역의 옛 지명)에 묻혔다. 이후 고향인 경북 영천으로 이장하려 했으나, 행렬이 이동할 때 앞에 있던 명정(銘旌, 죽은 사람의 관직과 성씨 따위를 적은 기)이 바람에 날아가 현재의 묘소가 있던 곳에 떨어져 이곳에 안치했다고 전해진다.

이런들 어떠하리 저런들 어떠하리
만수산 드렁칡이 얽혀진들 어떠하리
우리도 이같이 얽혀서 백 년까지 누리리라

이방원의 「하여가」에 정몽주는 「단심가」로 답했어요.

이 몸이 죽고 죽어 일백 번 고쳐 죽어

백골이 진토 되어 넋이라도 있고 없고

님 향한 일편단심이야 가실 줄이 있으랴

　1392년 4월 정몽주의 마음이 확고하다는 것을 확인한 이방원은 심복 조영규를 시켜 귀가하는 정몽주를 선죽교에서 철퇴를 쳐서 죽였어요. 대낮에 지나가는 사람들이 이 장면을 목격했지요. 모두 이성계가 시킨 일로 생각하고 속으로 손가락질을 했어요.

　그러나 이성계는 이방원의 행동을 크게 나무랐다고 해요. 그래서 조선 건국 이후 이방원이 왕조 개창에 큰 공을 세웠음에도 세자로 삼지 않은 것은 이 때문이라고 보는 사람들도 있지요. 이성계 입장에서 정몽주는 직접적인 위협을 할 만한 군사력을 가진 것도 아니었고, 고려 왕조 입장에서는 공을 세운 명신이었어요. 그런 인물을 명분도 없이 암살한 것이니 이방원을 옹호하기는 어려웠을 겁니다.

○ 단심가
정몽주가 지은 시조로, 『청구영언』과 『가곡원류』 등에 실렸다. 굳은 결의를 지키려는 자세와 두 왕조를 섬기지 않겠다는 신념이 잘 나타나 있다.

◆ 선죽교 혈흔
선죽교 돌바닥의 붉은 흔적은 정몽
주의 핏자국이라고 전한다.

◆ 선죽교
태조 왕건이 송도(개경) 시가지를 정비할 때 축조한 것으로 추정된다. 선죽교의 원래 이름은 선지교였으나 정몽주가 살해된 자리에서 대나
무가 자랐다고 하여 선죽교로 불리게 되었다.

'조선'이라는 국호는 어떤 의미를 지니고 있나요?

이성계가 즉위 초에 가장 시급히 해야 할 일은 국호를 새로 정하는 것이었어요. 명은 조선과 화령 중에서 조선을 국호를 정해 주었지요. 기자 조선을 잇는다는 의미로 조선을 선택한 거예요. 조선 조정은 개국 초 외교 문제로 요동 정벌을 거론하기도 했지만, 결국 정권 안정을 위해 명에 의지할 수밖에 없었어요. 이후 조선은 명에서 벗어나지 못하는 태생적 한계를 보여 줍니다. 조선 사대부는 상하 질서를 지키기 위해서라도 친명 사대주의에 기댈 수밖에 없었어요. 조선의 비석에서 흔히 볼 수 있는 '유명조선국(有明朝鮮國)'은 '빛나는 조선'이 아니라 '명에 속한 조선'이라는 의미를 지니고 있습니다. 송시열은 화양 계곡의 첨성대 바위에 '대명천지(大明天地)'라는 글을 새기기까지 했어요. '밝고 환한 세상'을 뜻하는 대명천지는 원래 '대국 명의 세상'이라는 의미를 지니고 있지요. 이미 망한 명의 신종에게 제사 지내는 만동묘는 송시열이 생전에 남긴 부탁으로 만들어졌어요. 고종 때 선언적인 이름이기는 하지만 대한 제국을 선포함으로써 자주적인 국호를 사용하게 되었습니다.

화양 계곡 첨성대의 바위 글씨 '대명천지 숭정일월'

2 태조실록 ② |
한양 천도와 정도전의 신권 정치

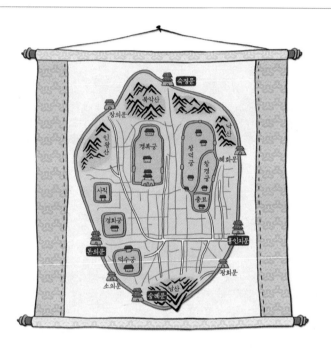

조선을 세운 이성계는 명에 사신을 보내 '화령'과 '조선' 중에서 국호를 정해달라고 요청했어요. 명은 기자 조선에서 연유한 '조선'을 새왕조의 국호로 정해 주었지요. 태조는 개경의 구세력과 단절하고 민심을새롭게 하려고 도읍을 옮기기로 했어요. 풍수지리에 근거한 후보지를 검토한 결과 한양으로 천도하게 되었지요. 왕십리나 서울 등의 지명은 이때만들어졌다고 합니다. 태조는 10개월 만에 경복궁을 짓고, 종묘와 사직, 도성 성벽을 건축했어요. 도성 사대문은 유학의 덕목인 '인의예지(仁義禮智)'에서 따왔지요. 실질적인 조선의 설계자 정도전은 재상이 정치를 주도하는 신권 정치를 꿈꾸었어요.

- **1392년** 고려의 마지막 왕 공양왕이 태조 이성계에게 양위하다. 이성계가 새로운 왕조의 개창자가 되다.
- **1392년** 명에 사신을 보내 '화령'과 '조선'이라는 두 개의 국호를 올리다. 국호를 '조선'으로 바꾸다.
- **1395년** 한양을 새로운 수도로 삼고 경복궁을 짓다. 종묘와 사직을 세워 나라의 기틀을 마련하다.
- **1395년** 명 태조 주원장이 조선이 보낸 표전문을 문제 삼아 정도전이 표전문 정국에 휘말리다.

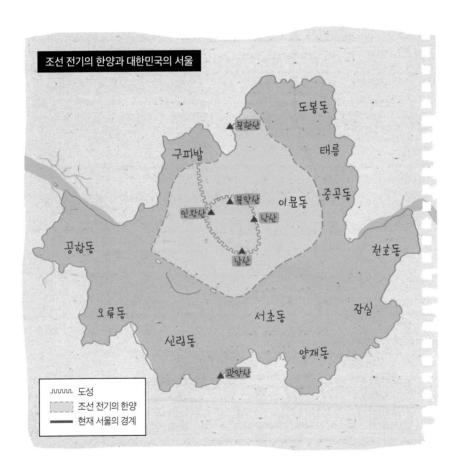

조선 전기의 한양과 대한민국의 서울

1 조선 건국

조선 건국과 함께 별이 뜨고 지다

1392년 7월 12일 이성계의 측근들은 대비전으로 향했어요. 시중 배극렴은 왕대비(공민왕의 정비 안씨)에게 "지금 공양왕이 군주의 도리를 잃어 이미 민심이 떠났다."라며 폐위를 주장했습니다. 왕대비 안씨는 이미 우왕과 창왕을 폐한 바 있지요. 이제 공양왕마저 폐한다는 교지를 내리게 되었어요.

공양왕은 "내가 원래 임금이 되고 싶어 하지 않았는데, 여러 신하가 강제로 추대했다."라며 눈물을 흘렸어요. 공양왕은 글자 그대로 공손히(恭) 양위(讓)했습니다. 폐위된 공양왕은 원주로 유배되었고 옥좌는 나흘이나 빈자리로 남아 있었어요. 공양왕은 2년 후 삼척에서 살해되었지요.

1392년 7월 16일 배극렴, 정도전, 조준, 남은 등은 왕대비 안씨로부터 옥새를 받아 들고 이성계 집을 찾아가 대청에 내려놓았어요. 이성계는 여러 번 사양하는 척하다가 마지못한 듯 승낙했습니다. 이로써 고려는 34대 475년 만에 종말을 고하고 새 왕

○ 고려 공양왕릉
(경기 고양시)
공양왕과 순비 노씨의 능이다. 고려가 망해 재위 4년 만에 폐위된 공양왕은 원주에 유배되었다가 삼척으로 옮겨졌고 그곳에서 세상을 떠났다.

조가 들어섰어요.

이색은 태조 이성계의 배려로 유배 조치에 처해졌지만 몇 달 후 해제되었어요. 얼마 후 태조가 불렀지만 협조를 거부했지요. 정몽주의 제자인 야은 길재 역시 태조가 불렀으나 조정에 출사하는 것을 거부하고 낙향해 후세 교육에만 힘썼어요. 장차 길재의 제자들이 조선을 이끄는 사림의 주체가 됩니다. 정도전이 조선을 만들었다면, 길재 문하의 사림은 조선을 이끌었다고 할 수 있지요. 절개를 지킨 사람들을 기리는 길재의 시 한 수를 감상해 볼까요.

오백 년 도읍지를 필마로 돌아드니
산천은 의구하되 인걸은 간 데 없네
어즈버 태평연월이 꿈이런가 하노라

○ **건원릉(경기 구리시)**
조선을 개국한 태조 이성계의 능이다. 태종은 고향을 그리워했던 아버지를 위해 태조의 고향 함흥에서 가져온 흙과 억새로 봉분을 덮었다.

이성계가 공양왕의 선위 형식을 빌려 조선 국왕에 즉위하자, 고려의 유신 72명은 끝까지 지조를 지키기 위해 부조현이라는

고개에서 조복을 벗어 던지고 두문동에
들어가 새 왕조에 출사하지 않았습니다.
조선 조정에서는 두문동을 포위하고 숲을
불살라 고려 충신 72명을 불태워 죽였다고
전해지고 있어요. 여기서 '두문불출(杜門不
出)'이라는 말이 나왔지요.

이성계 일파는 공양왕을 제거한 후 고려 왕
족인 왕씨 일가를 멸족하려는 계획을 세웁니다. 이성계 일파는
고려 왕족에게 살기 좋은 섬에서 살게 해 줄 테니 강화 해안에
모두 모이라는 방문을 전국에 붙였어요. 불안에 떨던 왕씨들은
이 약속을 믿고 강화도로 가는 배를 탔지요. 이성계 일파는 왕씨
들을 태운 배가 바다 한가운데에 이르자 배 밑바닥에 구멍을 뚫
어 모두 물귀신으로 만들었다고 해요.

이성계 일파의 계략을 눈치챈 일부 왕씨는 산속에 숨어 살면
서 자신들의 성씨를 전(全)씨, 전(田)씨, 옥(玉)씨, 용(龍)씨 등으
로 바꾸어 목숨을 부지한 것으로 전해집니다. 『태조실록』에 "왕
씨 후손들이 아버지의 성을 따르지 못하게 하고 어머니의 성을
따르게 했다."라는 기록이 있는 것으로 보아 이성계가 의도적으
로 왕씨를 멸족하려 했음을 알 수 있어요. 권력의 생리는 이처럼
냉엄합니다.

그늘이 있으면 양지도 있는 법입니다. 1등 개국 공신에는 배
극렴, 김사형, 조준, 정도전, 남은, 이지란 등이 선정되었고, 2등
에는 조영규, 조반 등이 선정되었어요. 배극렴과 김사형은 옥새
를 들고 간 것 외에는 별다른 공이 없었으나 중립적인 인물을 내
세우고자 한 태조의 뜻이 반영되어 1등 공신이 되었어요.

태조 이성계의 어진(국보 제317호, 전주 경기전)
태조 이성계 어진은 국초부터 여러 곳에 특별하게 보관되었다. 총 26점이 있었으나 현재는 1점만 남아 있다. 전주 경기전에 보관 중인 이 어진은 1872년(고종 9)에 조중묵이 낡은 원본을 그대로 옮겨 그린 것이다.

26세의 이방원, 11살의 이복동생에게 세자 자리를 내주다

태조 이성계는 첫째 부인 신의 왕후 한씨로부터 왕자 방우·방과·방의·방간·방원·방연을 얻었고, 둘째 부인 신덕 왕후 강씨로부터 방번과 방석을 얻었어요. 동북면의 세력가 출신인 신의왕후 한씨는 전장에 나가 있는 이성계를 대신해 집안을 보살펴 온 조강지처였지만 이성계가 왕이 되는 것을 보지 못한 채 죽었지요. 태조 이성계는 권문세족 출신이었던 21세 연하의 신덕왕후 강씨를 후처로 맞이했어요. 태조는 남달리 총명했던 신덕왕후를 총애했습니다.

개국 초에 태조는 배극렴, 정도전, 조준 등을 불러 세자 문제를 논의했어요. 신덕 왕후 강씨는 옆방에서 이성계가 공신들과 세자 문제에 대해 의논하는 것을 엿들었지요. 배극렴은 "평화로울 때는 장자를, 난세에는 공이 큰 아들을 세자로 삼는다고 했습니다."라고 말했고, 조준은 "나이로 따지면 방과(훗날 정종)가, 공으로 따지면 방원(훗날 태종)이 되어야 합니다."라고 말했습니다

○ 건원릉 홍살문과 정자각(경기 구리시)
1408년(태종 8) 태조의 능인 건원릉과 같이 건립되었다. 조선 왕릉 중에서도 정자각의 표준으로 평가된다. 몇 차례의 중수가 있었지만 최초 건립 시기의 기본 틀을 그대로 유지하고 있다.

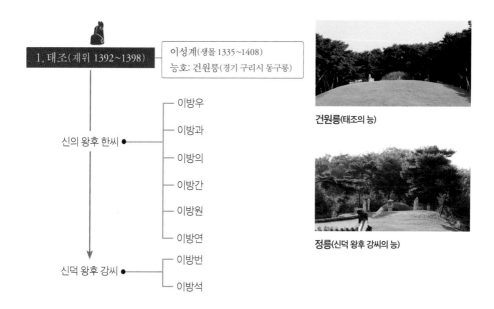

1, 태조(재위 1392~1398)

이성계(생물 1335~1408)
능호: 건원릉(경기 구리시 동구릉)

건원릉(태조의 능)

정릉(신덕 왕후 강씨의 능)

신의 왕후 한씨 ●
- 이방우
- 이방과
- 이방의
- 이방간
- 이방원
- 이방연

신덕 왕후 강씨 ●
- 이방번
- 이방석

다. 장남인 방우는 조선 건국에 부정적인 태도를 보여서 일찌감
치 제외되었어요. 정도전은 "덕망이 있는 왕자가 적격입니다."라
고 말해 에둘러 방석을 후원했지요. 세자 후보가 방과와 방원으
로 좁혀지는 분위기가 형성되자, 문밖에서 통곡 소리가 들려왔
어요. 중전의 울음소리에 마음이 흔들린 태조는 강씨 소생의 방
번을 세자로 정합니다. 강씨의 평소 베갯밑공사(잠자리에서 아내
가 남편에게 바라는 바를 속살거리며 청하는 일)가 먹혀든 것이지요.

이방번이 세자에 내정되었지만 조준, 정도전 등이 "방번의 성격
이 광망하고 경솔하다."라고 반대해 세자 자리는 방석에게 돌아갔
어요. 남자에게는 여자의 눈물이 가장 큰 무기인가 봅니다. 문제
는 여자(신덕 왕후 강씨)의 눈물로 나중에 자식(방번과 방석)이 피
눈물을 흘리게 된 것이지요.

정도전은 『조선경국전』에서 "장자를 세자로 세우는 것은 형제
간의 다툼을 막기 위한 것이고, 현자를 세우는 것은 덕을 높이기
위한 것이다."라고 논했습니다. 하지만 장자도 현자도 아닌 이방

석을 온화한 성품을 지녔다는 이유로 세자로 책봉되는 데 앞장섰다는 것이 앞뒤가 맞지 않지요. 사실 신권 정치를 위해서는 이방원이 아닌 이방석이 더 편한 상대라고 여긴 것이었어요.

태조의 다섯째 아들인 26세의 이방원은 때 11세의 코흘리개 이복동생에게 세자 자리를 빼앗긴 것이나 마찬가지였어요. 이방원은 조선 건국의 1등 공신이었지만 개국 공신 책록에서는 제외되었습니다. 자신의 소생을 세자로 내세운 신덕 왕후 강씨와 신권 정치를 추구했던 정도전이 방원을 배척했기 때문이었어요.

하지만 이방원은 자신의 길에 걸림돌이 되는 사람을 그냥 두지 않았습니다. 개국에 방해되는 정몽주를 살해했고, 왕대비 안씨를 겁박해 공양왕을 폐위시킨 장본인이 바로 이방원이었지요. 태조가 방석을 세자로 책봉한 것은 피비린내 나는 권력 암투를 예고한 것이나 다름없었습니다.

중국, '조선'을 제후국의 명칭으로 보다

이성계는 즉위 초에 고려 국호를 그대로 사용하고, 고려의 제도를 그대로 유지하겠다고 선언했어요. 새 왕조의 기틀이 갖춰지기 시작하자 정도전, 조준 등은 국호를 바꿀 것을 건의했지요. 이성계는 중추원사 조림을 명에 파견해 새로운 정권이 들어선 것을 알리는 한편 국호 개정의 뜻도 전했어요. 국호는 도당 회의를 거쳐 '조선'과 '화령'이라는 두 명칭을 정해 올렸지요.

조선은 단군 조선이나 기자 조선 등에서 보듯 우리나라 역사상 오랫동안 사용되어 온 명칭이고, 화령은 1369년(공민왕 18년) 화주목에서 개칭된 지역 이름으로 이성계의 출생지이자 외할아버지의 고향이었어요. 1392년 11월 예문관 학사 한상질(수양 대군을 왕위에 올려 공신이 된 한명회의 조부)을 명에 파견해, '조선'과

⊙ 기자

상(商) 말기의 현인이다. 상이 망하자 기자는 주(周)의 신하가 되기를 거부하고 동쪽으로 갔고, 주나라 한무제는 기자를 조선왕에 봉했다는 이야기가 전해진다. 그러나 기원전 3세기 이전에 쓰인 『논어』나 『죽서기년』 등에는 기자가 조선으로 갔다는 기록은 없고, 기자의 존재 자체만 언급되어 있다. 기자 조선은 조작됐을 가능성이 높다.

○ 기자릉(평양시 기림리)
기자의 무덤으로 알려져 있
으나 확실한 근거는 없다. 고
려 숙종 때 제사를 지냈다고
전해진다.

'화령' 중에서 국호를 택해 줄 것을 청했지요. 1393년 2월 한상질
은 '조선'으로 국호를 정하라는 명 조정의 외교 문서를 가지고 돌
아왔어요. 조정에서는 3월 정식으로 국호를 조선으로 정했어요.

명의 외교 문서에는 "조선의 칭호가 아름답고 전래한 지가 오래
되었으므로 이 명칭을 근본으로 삼아 후세에 본받도록 하라."는
내용이 있었어요. 명은 **기자 조선**을 의식해 국호를 조선으로 선택
했습니다. 상(商)의 현인인 **기자**가 조선으로 망명해 백성을 교화
했다는 『논어』의 내용과 주(周)가 기자를 조선의 제후에 봉했다는
『한서』「지리지」의 내용을 근거로 들어 조선이 중국의 제후국을
의미한다고 보았지요.

성리학을 건국 이념으로 하는 조선은 기자 동래설을 긍정적으
로 수용했어요. 고려 시대에도 숙종 때 평양에 기자릉을 세우고
국가적 차원에서 제사를 거행하기도 했지요.

기자가 상 말기에 실존했던 인물일지라도 기자 조선의 실체는
별개의 문제로 규명되어야 합니다. 고려와 조선에서는 기자 조
선의 실체를 인정했지만 최근 학계에서는 부정하는 견해가 지배
적이에요. 기자가 조선에 와서 왕이 되었다는 사실을 입증할 수
없기 때문이지요.

2 한양 천도

한양을 새 도읍지로 정하다

조선을 건국한 태조 이성계는 구세력과 단절하고 민심을 새롭게 하려고 도읍을 옮기려 했어요. 도라산, 적성, 무악 등 개경 인근 지역에서부터 계룡산까지 도참이나 풍수지리에 근거한 후보지를 검토했지요. 조선 조정은 계룡산을 새 도읍지로 정하고 궁궐 공사를 시작했어요. 공사를 시작한 지 10개월이 지났을 때 하륜이 이성계에게 "계룡산은 쇠망할 땅인 데다 남쪽에 치우쳐 있어 도읍으로는 부적합하옵니다."라고 말했지요.

이성계는 조사 끝에 하륜의 말에 따라 새 도읍 건설을 중단하고, 도읍지를 한양으로 바꾸었어요. 고려 숙종 때도 '왕이 서경인 평양과 남경인 한양에 궁궐을 짓고 돌아가면서 머무르면 국운이 융성한다.'라는 풍수지리설에 따라 북악산 기슭에 궁궐을 짓기도 했습니다. 풍수지리에 조예가 깊었던 신라의 고승 도선은 "한양은 전국 산수의 정기가 모두 모이는 곳이므로 반드시 왕성이 들어설 것이며, 그 주인은 이씨가 될 것이다."라는 기록을 남긴 적이 있었지요.

도참, 도참사상
미래의 길흉을 점치는 예언, 사상 따위를 말한다. 도참 사상은 음양오행설과 풍수 지리설 등을 받아들여 한국 과 중국에서 크게 성행했다.

○ 무악산에서 내려다본 연세대학교 방면
하륜이 이 일대를 도읍지로 내세웠다. 무악산은 어머니 의 산이라고 해서 모악산(母 岳山)이라 불리기도 했다. 산 모양이 말의 안장같이 생겨 안산(鞍山)이라고도 부른다. 정상에 봉수대가 있다.

이를 우려한 고려 왕조는 북악산 남쪽에 오 앗나무를 심었다가 그것이 자란 후에 베어 버 렸다고 합니다. 그런데 오앗나무를 심었기 때 문에 이씨 왕조가 들어섰고, 오앗나무를 베었 기 때문에 이씨 왕조가 500년 후 명운을 다했 다고 볼 수도 있지 않을까요?

이성계는 도선의 주장에 솔깃했을 것입니다. 한양은 도참이나 풍수지리설 외에도 국토의 중 심에 있고 강과 연결되어 교통이 편리해서 도읍 후보지로 꼽혔지요. 방어를 위해 사면은 높고 중 앙은 편평한 지세도 고려되었어요. 이성계는 정도전과 **무학 대사** 에게 한양의 지세를 살피게 하였고, 그 결과 한양이 새 도읍으로 적 합하다는 결론을 이끌어 냈습니다.

한양을 도읍으로 정하는 데는 신하들도 다른 의견이 없었지만 궁궐터는 쉽게 정하지 못했지요. 계룡산 천도를 반대했던 하륜은 지금의 신촌 지역인 **무악산**(毋岳山) 남쪽에 도성을 지어야 한다고 주장했지만 형세가 궁색하다는 이유로 일찌감치 후보에서 제외

◐ 무학 대사(1327~1405)
1392년(태조 1) 조선 개국 후 왕사가 되었다. 수도를 옮기 려는 태조 이성계에게 한양 을 도읍으로 정할 것을 건의 했다.

◆ 회암사지(경기 양주시)
고려 말에 지어진 회암사는 아름답고 장엄한 사찰이었다. 불교에 관심이 많았던 태조 이성계는 무학 대사를 이곳에 머무르게 했는데, 당시 회암사는 전국에서 규모가 가장 컸다고 전해진다.

✪ 쌍사자 석등(앞, 보물 제389호)**과 무학 대사 홍륭탑**(뒤, 보물 제388호)

쌍사자 석등은 조선 전기에 만들어졌지만 통일 신라 시대의 양식을 계승하였다. 홍륭탑은 회암사지에 있는 무학 대사의 부도다.

✪ 무학 대사비

회암사지에 세워져 있는 무학 대사의 묘비이다. 비문에 무학 대사의 행적을 기록했다.

○ 정선의 「인왕제색도」
직접 인왕산을 보고 그린 진경 산수화의 대표작이다. 비 온 후 안개가 피어오르는 인상적 순간을 포착하였다.

되었어요. 무악산은 어머니의 산이라고 해서 모악산(母岳山)이라고도 불렸어요. 호랑이가 나타나는 곳이라 여러 사람을 모아서 산을 넘어가야 했기 때문에 모악산이라고 불렀다는 설도 있답니다.

무학 대사는 "**인왕산**을 진산으로 삼고 백악(북악)을 좌청룡으로, 남산을 우백호로 삼아 도읍해야 합니다."라고 주장했어요. 하지만 정도전은 "대왕은 남쪽을 향하는 법"이라며 "북악산 아래에 궁궐이 들어서야 한다."라고 주장했지요.

무학 대사는 아쉬움을 표하며 "북악산 아래는 화산인 관악이 정면으로 보이는 곳이므로 관악산의 화기가 뻗쳐 우환이 끊이지 않을 것이다."라고 경고했어요. 정도전은 "관악의 화기는 한강이 막을 수 있다."라고 반박했지요. 결국 이성계와 무학 대사는 정도전의 의견을 수용해 북악산 아래에 경복궁을 짓기로 했어요.

신라 때 의상이 지었다는 『산수기』에는 한양 도읍과 관련해 무학 대사의 주장을 뒷받침하는 이야기가 있습니다. "한양에 도읍을 정하려고 하는 이가 만약 스님의 말을 듣고 따르면 그래도 나라를 이어갈 수 있는 약간의 희망이 있다. 그러나 정씨 성을 가진 사람이 나와서 시비를 걸면 5대도 지나지 않아 임금 자리를 뺏고 빼앗기는 재앙이 있을 것이며, 도읍을 정한 지 200년쯤 지난 후 나라가 위태로운 지경에 이를 것이다."

여기서 '스님'은 무학 대사를 가리키고 '정씨 성을 가진 사람'은 정도전을 지칭하며, '5대도 지나지 않아 일어나는 재앙'은 세조의 왕위 찬탈을, '위태로운 국난'은 임진왜란을 의미합니다.

한양 도읍에서 유래된 '왕십리, 망우리, 서울'

왕십리라는 지명은 한양 천도와 관련해 유래했습니다. 도읍지를 찾느라 왕십리에서 머뭇거리던 무학 대사에게 한 농부가 "이놈의 소가 하는 짓이 꼭 무학 같구나. 여기서 동북쪽으로 10리만 더 들어가면 좋은 곳이 나올 텐데."라고 말하고는 유유히 사라졌어요. 무학 대사가 노인의 말대로 10리를 더 가니 지금의 경복궁 자리가 나타났다고 합니다. 무학 대사와 노인이 이야기를 나누던 지역을 오늘날 '왕십리'라고 부르는데, 이 지명은 무학 대사가 10리를 더 가서 명당 터가 나왔다는 고사에서 유래되었지요.

태조 이성계는 한양에 도읍을 정한 후 무학 대사에게 자신의 묏자리를 알아보게 했어요. 태조는 무학 대사가 선정한 동구릉의 건원릉 자리를 둘러보고 돌아가던 중에 고개에 이르렀습니다. 태조는 자신이 묻힐 터를 굽어보면서 "이제야 모든 근심을 잊을 수 있게 되었다."라고 말했다고 해요. 이후 '근심을 잊는 고

○ **경복궁에서 바라본 인왕산**

인왕산은 서울의 진산(鎭山) 중 하나이다. 진산은 나라의 도읍지 또는 각 고을 뒤에 있는 큰 산을 말한다. 도성을 세울 때 북악산을 주산(主山), 남산(南山)을 안산(案山), 낙산(駱山)을 좌청룡(左靑龍), 인왕산을 우백호(右白虎)로 삼았다.

개'를 뜻하는 망우(忘憂) 고개라는 지명이 정해졌다고 합니다. 망우 고개에서 망우리라는 지명이 나왔지요.

서울이라는 지명은 도성 건설과 관련이 있어요. 바깥 성 쌓을 자리를 놓고 무학 대사와 선비들의 의견이 엇갈려 성의 둘레와 거리 등을 결정하지 못했습니다. 하루는 밤에 천하를 모두 뒤덮기라도 하듯 많은 눈이 내렸어요. 그런데 눈이 안으로는 깎이고 밖으로는 계속 쌓여 성의 형상을 이루었지요. 이를 본 태조는 눈을 따라서 성을 쌓게 했는데, 그것이 오늘날의 도성이 되었다고 합니다. 서울은 이때의 설울(눈 울타리)이 변한 말이라고 해요.

10개월 만에 경복궁을 짓다

한양 천도를 결정한 태조는 도성 건설을 위해 1394년(태조 3년) 9월 신도궁궐조성도감을 설치했습니다. 그해 10월 25일 한양으로 천도해 한양부 객사를 임시 궁궐로 사용했어요. 관리들은 방

○ 경복궁(서울시 종로구)
1394년(태조 3) 한양으로 수도를 옮긴 후 세워진 조선의 정궁이다. 왼쪽에 인왕산이, 오른쪽에 북악산이 보인다. 사진작가 서헌강 제공

을 구하지 못해 천막생활을 하면서 추운 겨울을 나기도 했지요.

　같은 해 12월 4일 종묘와 궁궐을 지을 터에서 터 닦기 제사를 지내자마자 공사를 바로 진행했어요. 1395년 9월 서쪽에 사직을 완공하고 새 궁궐을 세운 후 동쪽에 종묘를 완성했습니다. 새 도읍은 궁궐을 중심으로 예부터 전해 오는 '좌묘우사'와 '전조후시'의 배치 원칙에 따라 건설되었어요. 공사는 주로 징발된 백성과 승려들이 맡았는데, 얼마나 혹사당했는지 10개월 만에 궁궐을 완성했지요.

　드디어 390여 만으로 이루어진 조선의 정궁인 경복궁이 완성되었습니다. 궁궐 완공 축하연에서 태조의 명에 따라 정도전이 새 궁궐의 이름을 경복궁이라 지어 올렸어요. 정도전은 『시경』의 한 구절인 "이미 술에 취하고 이미 덕에 배불렀으니, 임금이시여! 영원토록 큰 복(경복)을 누리소서."에서 '경복(景福)'이라는 이름을 따왔지요.

좌묘우사(左廟右社)
궁궐의 왼쪽인 동쪽에 종묘를 두고 오른쪽인 서쪽에 사직을 두었다.

전조후시(前朝後市)
궁궐 앞쪽인 남쪽에 관청을 두고 뒤쪽인 북쪽에 시장을 두었다.

◆ 종묘 정전(국보 제227호, 서울시 종로구)
경복궁의 동쪽에 있는 종묘는 조선 시대 왕과 왕비 및 추존된 왕과 왕비의 신주를 모신 왕가의 사당이다. 중심 건물인 정전에는 공덕이 높은 19명의 왕과 왕비 30명의 신주를 모셨다. 조상의 영혼을 모시는 공간답게 엄숙하고 장엄한 분위기를 풍긴다. 종묘는 1995년 유네스코 세계 문화유산으로 지정되었다. 종묘 제례(종묘에서 지내는 제사)도 2001년 종묘 제례악과 함께 유네스코 세계 무형 유산으로 지정되었다.

◑ 사직단(서울시 종로구)

토지의 신인 사(社)와 곡식의 신인 직(稷)에게 제사를 지내던 곳이다. 태조 이성계는 1394년 경복궁을 중심으로 동쪽에 종묘를, 서쪽에 사직
단을 배치했다. 해가 떠오르는 동쪽은 하늘을 상징하고, 해가 지는 서쪽은 땅을 상징한다. 사직단에서 지내던 제사는 종묘나 영녕전, 원구단
에서 지내는 제사와 함께 나라에서 모시는 큰 제사에 속했다.

1395년(태조 4년) 경복궁 건설을 마무리한 태조는 한양 방위를 위해 도성을 쌓기로 했어요. 정도전은 백악산(북악산), 인왕산, 목멱산(남산), 낙산에 올라 네 산을 연결하는 약 17~18km의 성터를 결정했지요.

1396년 정월 9일부터 조준의 지휘하에 1차 공사가 시작되었습니다. 평안도와 황해도에서 일꾼 11만 8,000여 명을 불러들여 49일 동안 쉬지 않고 성벽을 쌓았으나 날씨가 추워 축조가 마무리되지는 못했어요.

같은 해 8월 6일부터 박자청, 권중화가 2차 공사를 시작했습니다. 가을 공사에는 강원도와 전라도, 경상도에서 7만 9,000명을 더 끌어와 축성 작업을 강행해 도성 전체 구간을 연결했지요. 숭례문을 완성함으로써 도성 공사는 마무리되었습니다.

❂ 해태

시비와 선악을 판단하는 상상의 동물이다. 중국 요순(堯舜) 시대에 등장했다고 전해진다. 순우리말 고어로는 '해치'라고도 하는데, 이는 '해님이 파견한 벼슬아치'의 줄임말이다. 2009년 서울특별시의 상징물로 지정되었다.

태조 이성계가 개경에서 한양으로 천도한 지 채 5년도 지나지 않아 태조의 뒤를 이은 정종은 한양에서 개경으로 도읍을 옮겼어요. 2년 동안 경복궁은 방치되다시피 했지요. 1400년 정종으로부터 임금의 자리를 물려받은 태종 이방원은 개경에서 한양으로 다시 천도를 단행했습니다. 이후 한양은 철저한 계획에 따라 건설된 도시답게 조선 수도의 역할을 담당해 나갔어요.

경복궁은 북쪽으로 주산인 북악산이, 동쪽으로 좌청룡 낙산이, 서쪽으로 우백호 인왕산이, 남쪽으로 안산인 목멱산(남산)이 둘러싸고 있는 지세를 갖추고 있습니다. 경복궁의 정문인 광화문에서 도성의 남대문인 숭례문까지 남북으로 길을 냈고, 도성의 동대문인 흥인지문에서 도성의 서대문인 돈의문까지 동서를 잇는 길도 닦았지요. 동서를 잇는 길에는 상점들이 들어섰어요. 이 길의 이름은 '운종가'로 지금의 종로입니다.

◑ **광화문**(서울시 종로구)
경복궁의 남쪽 정문이다. 왼쪽에 진산인 인왕산이 보인다. 임진왜란 때 소실되었다가 흥선 대원군 집권 시기에 다시 세워졌다. 일제 강점기 조선 총독부에 의해 건춘문 북쪽으로 옮겨진 광화문은 6·25 전쟁으로 소실되었다가 1968년 철근 콘크리트 구조로 복원되었다. 이후 경복궁 복원 공사의 일환으로 해체되었고, 2010년 8월 복원 및 이전 공사가 완료되었다.
사진작가 서헌강 제공

❖ 광화문의 옛 모습

광화문 앞에는 6조의 관서를 배치했어요. 이때부터 한양은 정치 도시의 기능을 갖추기 시작했지요. 세종대에 들어와서 경복궁의 북문인 신무문이 건립됨으로써 남문 광화문, 동문 건춘문, 서문 영추문과 함께 4문이 완성되었습니다. 경복궁 북쪽 신무문 밖에는 시장을 두었지요.

한편 태종은 창덕궁을 건립해 주로 창덕궁에 거처했어요. 태종이 이복동생인 방석, 방번과 정도전을 살육한 곳이 경복궁이었기 때문에 피하고 싶었는지도 모르지요. 태종은 1411년(태종 11년)에야 경복궁으로 거처를 옮겼답니다.

❖ 흥인지문(보물 제1호, 서울시 종로구) '인을 흥성하게 하는 문'이라는 뜻을 지닌다. 동쪽에 위치하여 '동대문'으로 불린다. 다른 사대문과 달리 이름이 넉자인 이유는 한양의 동쪽 지기가 약하다는 풍수지리에 따라 그 기운을 북돋우기 위해서였다.

❖ 돈의문(서울시 종로구, 현재 소실됨) '의를 돈독하게 하는 문'이라는 뜻을 지닌다. 서쪽에 위치하여 '서대문'으로 불린다. 종로구에 있는 강북 삼성병원 바로 아래쪽에 있었는데, 1915년 일제의 도로 확장 공사로 인해 철거되었다.

사대문, 인의예지가 되다

도성 사대문의 이름은 유학의 덕목인 '인의예지신(仁義禮智信)'에서 따와 흥인지문, 돈의문, 숭례문, 숙정문으로 지었어요. 숙정문은 '지(智)' 대신 '정(靖)'을 썼고, 마지막 '신(信)' 자는 고종 때 한양의 중심이었던 보신각에 쓰였지요.

사대문 중 유일하게 동대문인 **흥인지문**(興仁之門)에만 산맥을 뜻하는 '之' 자를 첨가해 넉 자로 지었습니다. '之'에는 동쪽의 기운을 북돋는다는 의미가 담겨 있지요.

서대문인 **돈의문**(敦義門)은 본래 흥인지문에서 광화문을 통과하는 일직선상에 있었어요. 그러나 대문 밖의 경사가 가팔라 오고 가는 데 어려움이 많다 해 세종 연간에 약간 남쪽으로 옮겨 문을 새로 내었습니다. 오늘날 '새문안'이니 '신문로(新門路)'니 하는 지명이 여기에서 유래했지요. 신문로에는 우리나라 최초의 조직 교회인 새문안 교회가 있습니다. 서대문은 일제 때 수난을 받아 헐려 사라졌지요.

○ **숭례문**(국보 제1호, 서울시 중구) '예를 숭상하는 문'이라는 뜻을 지닌다. 남쪽에 위치하여 '남대문'으로 불린다. 이수광의 『지봉유설』에 따르면 숭례문의 현판은 양녕 대군이 썼다고 한다.

○ **숙정문**(서울시 종로구) '엄숙하고 조용하게 하는 문'이라는 뜻을 지닌다. 북쪽에 위치하여 '북대문'이라고 불린다. 비상시 사용할 목적으로 지어져 실질적인 성문 구실을 하지는 않았다.

남대문인 **숭례문**(崇禮門)의 '숭(崇)' 자는 원래 '염(炎)' 자와 같이 비상(飛上)을 상징합니다. 궁궐이 화산인 관악산과 마주 보고 있어 그 불기운을 누르기 위한 의미를 지니고 있지요. 광화문 앞에 세운 해태상도 관악산의 불기운을 막기 위해 세운 거예요. 해태는 불을 잡아먹는다는 전설의 동물이랍니다.

북대문은 삼청동 터널 위쪽에 복원해 놓은 **숙정문**(肅靖門)입니다. 방위에 맞추어 북대문을 내기는 했지만 대문의 구실을 하지는 않았어요. 숙정문은 위급한 상황이 발생했을 때 왕이 북한산성으로 빠져나갈 수 있도록 설계된 문이었습니다. 풍수지리에 따르면 북문을 열어 놓을 경우 음기가 침범해 서울 부녀자들의 풍기가 문란해진다 하여 그곳을 통해 드나들지는 않았다고 해요. 대신 서북쪽으로 상명대학교 앞쪽에 홍지문(弘智門)을 내고 그쪽을 통해 다니게 하였어요.

사소문은 사대문 사이에 두었던 소문입니다. 동북쪽의 **혜화문**(동소문), 동남쪽의 **광희문**(남소문), 서남쪽의 **소의문**(서소문), 서

○ **혜화문(서울시 성북구)** 도성의 동북쪽에 설치한 문이다. 처음에는 홍화문이라고 불렸다. 1483년에 창경궁을 짓고 창경궁 동문의 이름을 홍화문이라 하자 혼동을 피하기 위해 중종 때 혜화문으로 이름을 고쳤다.

○ **광희문(서울시 중구)** 도성의 동남쪽에 설치한 문이다. 장례 행렬이 통과하던 문이어서 시구문이라고도 불렀다.

북쪽의 **창의문**(북소문)이 사소문이
지요.

　한양은 잘 건축된 계획도시였지
만 한양만큼 도성의 역할을 못 한
곳도 없을 것입니다. 임진왜란 때
선조는 견고한 도성을 아예 버렸고,
병자호란 때 인조는 도성을 지킬 생각
도 하지 않고 남한산성으로 달아났으니
까요. 이름대로라면 사대문은 인의예지가 되고,
경복궁은 크나큰 기쁨이 되어야 합니다. 하지만 알량한 인의예지
를 내세운 기득권층의 권력 다툼으로 백성이 신음하고, 왕조의
크나큰 기쁨을 위해 백성이 눈물을 흘렸지요. 도성이 문제가 아
니라 도성을 지키는 사람이 문제였던 것입니다.

❹ 숙정문
❽ 창의문
❺ 혜화문
❷ 돈의문
❶ 흥인지문
❻ 광희문
❼ 소의문
❸ 숭례문

❶❷❸❹ 사대문
❺❻❼❽ 사소문

❂ 소의문(서울시 중구, 현재 소실됨) 도성의 서남쪽에 설치한
문으로 광희문과 함께 시신을 성 밖으로 내보내는 통로였다. 1914년
일제의 도시계획에 의해 완전히 철거되었다.

❂ 창의문(서울시 종로구) 도성의 서북쪽에 설치한 문이다.
풍수지리설에 의하면 이 문으로 다닐 경우 왕조에 불리하다는 말이
있어 폐쇄되기도 했다. 사소문 가운데 유일하게 온전한 형태로
남았다.

3 정도전의 신권 정치

정도전, 조선 문물제도의 틀을 만들다

조선 건국 후 정도전은 재상 중심 정치를 펼치며, 각종 체제와 문물을 정비하는 데 절대적인 영향을 끼쳤습니다. 정도전은 조준, 권근 등과 함께 도평의사사에서 국가의 주요 정책을 관장했어요. 판삼사사로 나라의 재정을 맡아 관리했고, 판의흥삼군부사로 병권을 맡았으며, 세자 교육까지 책임졌지요. 그렇게 바쁜 일정을 소화하면서도 정도전은 왕성한 저술 활동을 했답니다.

왕명을 받들어 정총과 함께 『고려사』를 편찬했고, 고려의 멸망과 조선 왕조 개창을 정당화하고 재상 중심의 정치를 강조한 『고려국사』도 저술했으며, 『조선경국전』, 『경제문감』을 지었어요. 병서인 『진도』까지 직접 지어 제식 훈련(制式訓鍊, 집단적이면서도 통일성이 필요한 군인에게 절도와 규율을 익히게 하는 훈련)에 활용하기도 했지요.

정도전이 태조에게 올린 『조선경국전』은 조선의 통치 규범을 종합적으로 제시한 책으로 조선의 최고 법전인 『경국대전』의 모

❶ 단양 도담 삼봉
(충북 단양군)
단양팔경 가운데 하나다. 이곳을 좋아했던 정도전은 정자를 짓고 풍류를 즐겼다고 전해진다. 정도전의 호인 삼봉도 도담 삼봉에서 비롯되었다는 설이 있다.

체가 되었어요. 이 책에서 정도전은 요순 시대처럼 임금과 신하가 서로 조화를 이루는 왕도 정치를 표방했지요. 『조선경국전』에는 민본 통치의 원리가 잘 드러나 있어요.

"임금의 지위는 높기로 말하면 높다고 할 수 있고, 귀하기로 말하면 귀하다고 할 수 있다. 그러나 천하는 지극히 넓고 만백성은 지극히 많다. 백성은 지극히 약하지만 힘으로 위협할 수 없고, 지극히 어리석지만 지혜로 속일 수 없다. 백성의 마음을 얻으면 복종하게 되고, 백성의 마음을 얻지 못하면 떠나가게 된다."

정도전은 성리학을 통치 이념으로 확립하는 과정에서 『불씨잡변』을 저술해 불교의 폐단을 비판했어요. 불씨잡변은 '부처의 잡소리'를 뜻합니다. 특히 정도전은 불교의 인과응보설을 정면으로 비판했어요.

"과연 불씨(부처)의 설과 같다면 사람의 화복과 질병이 음양오행과는 관계없이 모두 인과응보에서 나오는 것이 된다. 그런데 어찌하여 우리 유가의 음양오행 대신 불씨의 인과응보설로 사람의 화복을 정하고 사람의 질병을 진료하는 사람이 한 사람도 없

○ 『삼봉집』
(국립중앙박물관)
정도전의 문집으로 『조선경국전』, 『경제문감』, 『불씨잡변』 등이 수록되어 있다. 지금 전하는 삼봉집은 1791년(정조 15)에 왕명으로 다시 간행한 책인데, 14권 7책으로 이루어져 있다.

느냐. 불씨의 설이 황당하고 오류에 가득 차 족히 믿을 수 없다."

인과응보설이 맞지 않는다는 정도전의 주장은 훗날 자신에게도 그대로 적용되었어요. 조선 건국의 실질적인 설계를 자신이 했다고 생각한 정도전의 정치 철학은 이방원의 반발심을 더욱 자극했던 것으로 보입니다. 왕자의 난 때 정도전과 왕세자 방석을 죽이고 태조를 물러나게 한 이방원은 인과에 따른 응보를 받아야 마땅하나, 오히려 왕이 되어 천복을 누렸으니까요. 하지만 민본주의를 주창한 정도전은 인과에 따른 응보를 받지 못하고 62세의 나이에 이방원의 칼날에 맞아 세상을 뜨게 되었습니다. 정도전의 무덤이 어디인지 현재까지도 정확하게 알 수 없습니다.

이방원, 하륜을 얻고 명의 신임까지 얻다

정도전이 정치의 전면에 나서자, 신의 왕후 한씨 소생의 왕자들과 소외된 세력들은 불만을 삭이고 있었습니다. 태조의 이복동생 이화는 태조에게 "정도전 세력이 군권과 정권을 모두 쥐고 있어 위험하다."라는 변중량의 발언을 전하기도 했지요. 태조는 변중량을 귀양 보내 정도전에 대한 신뢰가 변하지 않았음을 보여 주었어요.

정도전과 함께 이색 문하에 있었던 하륜도 정도전이 있는 한 자신의 앞길은 막힐 수밖에 없다고 생각했어요. 생각이 다른 잘난 사람이 함께 있기는 힘든 모양입니다. 정도전과 정몽주가 함께할 수 없었듯이 말이에요. 하륜은 이성계의 위화도 회군 후 이색 진영으로 몰려 추방당하기도 했고, 무악 천도를 주장하다 정도전에게 무시당한 적도 있었어요.

정도전이 이성계를 찾아가 대업을 도모했듯이 하륜은 이방원을 찾아갔습니다. 하륜을 책사로 영입한 이방원 세력과 정도전

세력 간의 대립이 표면화되었지요. 두 진영 간의 싸움이 예고된 가운데, 조선과 명 사이에 외교 분쟁이 불거졌어요.

명이 들어선 지 스무 해가 지났을 때 **명 태조(홍무제)**는 예순이 넘은 나이였습니다. 황제는 여리고 착한 황태자 주표가 공신들에게 휘둘릴 것이 걱정되었어요. 명 태조는 갖은 죄목을 붙여 만 명이 넘는 공신들을 죽였지만 정작 황태자가 죽고 말았지요. 주표의 아들 주윤모가 황태손이 되자, 이번에는 황태손을 위해 만 명이 넘는 신하들을 제거했어요.

명 태조는 신하에게만 의심을 품은 게 아니었어요. 신생국 조선도 같은 시선으로 바라보았지요. 명 태조는 "조선이 국경에서 정탐을 일삼고 여진족을 회유해 데려가고 있는데, 당장 여진족을 돌려보내라."고 명했어요. 당시 조선은 여진족에 대해서는 교린(交隣, 이웃 나라와의 사귐) 정책을 펴고 있었지요. 조선은 여진족을 돌려보내고 나름대로 사대의 예를 표했어요.

○ 하조대(강원 양양군)
조선의 개국공신 하륜과 조준이 은거하던 곳이다. 하조대라는 이름은 두 사람의 성을 따서 지었다고 전해진다. 기암절벽과 바다, 노송이 어우러져 있는 명승지이다. 양양군청 제공하지만 명 태조는 명으로 간 사신 이념을 매질한 후 걸어서 돌아가도록 한 적도 있었어요. 뒤이어 "왜구로 가장한 조선 해적 1,000여 명이 명의 섬에 들어와 난동을 피웠다. 첫째나 둘째 왕자가 직접 와서 해명하라."고 요구했지요. 술을 즐기던 첫째 왕자 이방우는 건강이 나빠 이미 죽었고, 둘째 방과는 왠지 미덥지 않아 태조는 똑똑한 방원을 보내기로 했습니다. 이방원은 볼모가 되는 것을 무릅쓰고 기꺼이 명으로 갔지요.

예상과는 달리 명 태조는 이방원을 세자에 준하는 최상의 대우로 맞이했어요. 이방원이 마음에 들어서라기보다는 이이제이(以夷制夷, 오랑캐로 오랑캐를 무찌른다는 뜻), 즉 이방원으로 정도전을 제압한다는 전략에 따른 것이지요. 이방원이 성공적으로 임무를 마치고 귀국하자 조정은 그를 새롭게 보기 시작했어요.

정도전, 표전문 정국에 휘말리다

명 태조는 1395년(태조 4년)과 1396년 두 차례나 조선 사신이 올린 **표전문**을 문제 삼았어요. 조선이 명에 바치는 표전문이 겉으로는 예의 바르나 살펴보면 매우 무례하고 조롱 조였다는 것이 그 이유였어요. 명 태조는 조선 사신을 억류(抑留, 억지로 머무르게 함)하고 표전문을 지은 정도전을 보내라고 명했어요.

평민 출신인 명 태조는 신분에 대한 콤플렉스가 강했어요. 황제가 된 후에는 자신의 출생과 과거를 떠올리게 하는 단어나 문자의 사용을 금지했지요. 문제는 조선이 올린 표전문에 명이 금지한 단어가 있었다는 거예요. 하지만 표전문은 단순한 평계에 불과했습니다. 명 조정은 정도전이 문제가 된 표전문에 손을 댄 인

○ 명 태조
(홍무제, 1328~1398)
홍건적 출신으로 각지의 세력을 평정하여 중국의 통일을 완성했다. 한족(漢族) 왕조인 명을 세운 후 초대 황제가 되었다.

물이 아니라는 사실을 알고 있었지만, 표전문을 트집 삼아 요동 정벌을 도모하는 정도전을 제거하려 한 것으로 보여요.

표문은 정탁이 쓰고 정도전이 교정했으며, 전문은 김약항이 지었어요. 정탁은 중풍으로 쓰러져 가지 못했고, 정도전은 체면상 가지 않았지요. 김약항 혼자 명에 갔다가 억류되었어요. 명 태조는 정탁과 정도전을 불렀으나 이에 불응하자 명 사신을 보내 다시 재촉했습니다. 이때도 정도전은 명으로 가지 않았어요. 오히려 진법 훈련을 강화하며 요동 정벌을 위한 준비를 진행하고 있었지요.

이때 이색 문하에서 수학했던 권근이 자신도 표전문 작성에 관여했다며 명에 사신으로 가겠다고 자청했어요. 하륜이 권근, 정탁과 함께 명에 가서 "정도전은 교정 책임자이긴 하나 다른 일로 바빠 권근과 정총이 대신 교정에 관여했습니다."라고 해명했지요. 하륜과 권근은 이방원 쪽 사람이었으므로 표전문 작성의 경과를 해명하는 데 쉽게 성공했어요.

명 태조는 조선을 눈엣가시로 여겼어요. 고려 말부터 조선 초까지 조선과 명 사이에는 불편한 기류가 이어졌지요. 명의 황제는 왜구·홍건적·북원과의 전쟁에서 연이어 승리를 거둔 고려와 조선을 군사 강국으로 여겼어요. 더구나 정도전이 국경 지역의 국방력과 여진족에 대한 영향력을 강화하고 있었기에 명은 조선과 여진의 연합에 신경을 곤두세우고 있었지요.

명 태조는 공공연히 조선 침공을 입에 담았지만 허세가 섞여 있었던 것 같아요. 명의 실록에는 "조선은 한양에서 압록강까지 요충지에 엄청난 군량을 비축해 놓고 있었다. 만약 20만 대군으로 쳐들어오면 지금 상황에서 어떻게 막겠는가?"라는 기록도 있습니다.

『태종실록』에는 놀랍게도 "정도전은 변방 민족들이 중원의 임금이 된 사례들을 들며 '조선도 그럴 수 있다.'라고 말했다."라는 기록이 있어요. 이는 한족이 아닌 다른 민족도 중원의 주인이 될 수 있다는 표현이었지요.

개국 1등 공신인 좌정승 조준은 태조에게 "신생국으로서 명분 없이 군사를 일으켜서는 안 됩니다."라고 반대했어요. 우정승 김사형도 "부역에 지친 백성을 전쟁으로 내몰면 안 됩니다."라고 반대했지요. 태조도 마음이 약해지고 있었어요. 그런데 억류되었던 조선 사신들이 처형되었다는 소식을 듣자 다시 요동 정벌 쪽으로 마음이 기울어졌습니다.

명의 터무니없는 압박에 격분한 정도전과 남은은 태조의 지원을 받아 요동 정벌을 준비했어요. 군량미를 비축하고 병력을 증강하며 진법 훈련을 강화했지요. 정도전이 요동 정벌 계획을 밀어붙인 것은 가깝게는 종친의 사병 혁파를 위해서였고, 멀게는 고토 회복을 통한 조선의 입지 강화를 위해서였어요. 마침내 태조는 "왕자, 종친, 공신들이 보유하고 있는 모든 사병을 관군에 편입하라."는 명을 내립니다. 요동 정벌 분위기에 밀려 이방원은 저항할 수도 없었지요.

그런데 예상치 못했던 변수가 발생했어요. 1398년 5월 명 태조가 죽은 것이지요. 같은 해 9월에는 제1차 왕자의 난이 발생했습니다. 왕자의 난으로 요동 정벌을 추진하던 핵심 인물인 정도전이 죽었고, 그해에 태조는 정종에게 양위했어요. 전쟁 준비에 박차를 가했던 조선은 요동 정벌 계획을 추진할 동력을 잃어버렸지요.

정도전의 재상 중심 정치와 입헌 군주제는 어떤 유사성이 있을까요?

조선 개국의 1등 공신 정도전은 성리학을 통치 이념으로 하는 민본적 통치 규범을 마련했어요. 이를 위해 정도전은 왕권과 신권의 조화를 추구하는 재상 중심의 정치를 펼쳐 나갔지요. 정도전은 "임금에게는 어리석은 자질도 있고 현명한 자질도 있으며, 강력한 자질도 있고 유약한 자질도 있어 대대로 성품이 한결같지 않으므로 당대의 가장 훌륭한 재상이 중심이 되어 나라를 이끌어 가야 한다."라고 생각했습니다. 왕이 늘 현명하리라는 보장이 없으니, 똑똑한 재상을 곁에 두어 제대로 보좌하자는 것이지요. 정도전의 재상 중심 정치는 똑똑한 신권을 추구한다는 점에서 현대의 입헌 군주제와 맞닿아 있습니다. 영국에서는 1688년에 일어난 명예혁명 후에 "국왕은 군림하되 통치하지 않는다."라는 원칙에 따라 입헌 군주제가 정립되기 시작했어요. 정도전은 영국보다 200년이나 앞서 입헌 군주제의 방향을 제시했다고 볼 수 있지요. 정도전의 정신은 세종 때 의정부 서사제로 이어집니다. 하지만 확실한 제도가 뒷받침되지 않은 상황에서 왕권과 신권의 갈등은 조선 왕조가 저물 때까지 계속되었습니다.

삼봉 정도전 사당

3 정종실록, 태종실록 | 세상을 바꾼 '왕자의 난'

태조는 막내아들 이방석을 세자로 삼았습니다. 조선 건국에 가장 큰 공을 세웠던 다섯째 아들 이방원은 권력에서 소외되었지요. 이방원은 제1차 왕자의 난을 일으켜 정도전 세력을 제거하고 권력을 장악했어요. 자신의 형인 이방과를 왕(정종)으로 세우고, 태조를 상왕으로 물러나게 했지요. 이방원이 정권을 잡은 것에 불만을 품은 넷째 아들 이방간이 제2차 왕자의 난을 일으켰으나, 이방원에게 제압당했어요. 태조는 이방원 제거를 내세운 조사의의 반란군에 합류했으나 반란은 실패하고 말지요. 이후 태조는 여러 명산을 둘러보았어요. 이때 함흥차사의 고사가 생겨났지요. 국왕 중심의 통치 체제를 정비한 태종은 후계 구도를 공고히 하기 위해 원경 왕후의 네 동생을 제거하기도 했어요. 지금부터 권력의 냉엄함, 그 속으로 들어가 볼까요?

- **1398년** 태조의 다섯째 아들 이방원, 제1차 왕자의 난을 일으켜 정도전을 제거하고 정권을 장악하다.
- **1400년** 태조의 넷째 아들 이방간, 제2차 왕자의 난을 일으켰으나 이방원에게 진압되다.
- **1402년** 태상왕 이성계, 조사의의 반란군에 합류하였으나 반란이 실패로 돌아가다.
- **1405년** '조선의 미켈란젤로' 박자청, 세계 문화유산 창덕궁을 건설하다.

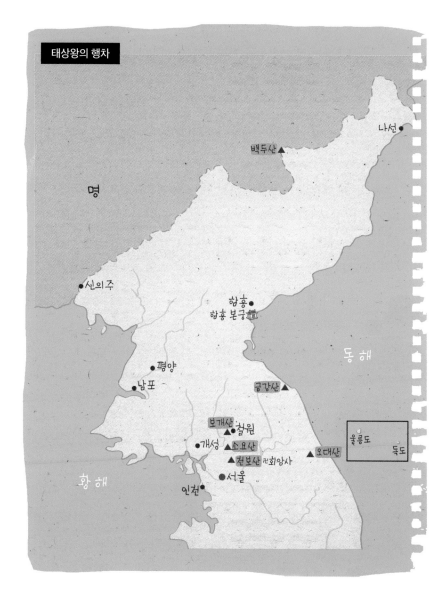

1 왕자의 난과 정종의 즉위

이방원, 제1차 왕자의 난을 일으켜 정도전을 제거하다

사병을 혁파한 정도전 세력은 긴장이 풀려서인지 이방원에 대한 경계심을 늦추어 버렸어요. 하지만 위험인물로 지목된 하륜은 충청도 관찰사로 보내 이방원과 떼어 놓았지요. **하륜**은 이방원이 베풀어 준 환송연에서 술상을 일부러 엎어 버렸어요. 그는 사과하는 척 이방원을 뒤따라가 "이미 엎어진 술상입니다. 선수를 치는 것 외에는 방법이 없습니다."라고 마지막 방책을 내놓았지요. 하륜은 "이숙번이 정릉을 지키는 임무를 맡고 무장한 채 상경하니 그에게 역할을 맡기십시오."라며 정규군을 동원하는 조처도 취해 놓았어요.

태조가 재위 7년째인 1398년 8월 병으로 몸져눕게 되자 사태는 매우 급하게 돌아갑니다. 정도전은 왕자들에게 태조가 병을 치료하기 위해 피접을 가야 하니 모두 들어와 보라는 전갈을 보냈어요. 이방원을 비롯한 왕자들을 제거하기 위해서였지요. 궁궐 노비와 갑사들을 동원해 공격하고 정도전 자신은 밖에서 호응하기로 계획했어요.

이방원은 **이방의**, 이방간, 이화(이성계의 이복동생), 이제(신덕 왕후 강씨의 딸 경순 공주의 남편) 등과 근정문 밖의 서쪽 행랑에 모여 숙직하고 있었어요. 비슷한 시각에 이방원의 부인 민씨(훗날 원경 왕후 민씨)는 동생 민무질과 마주 앉아 있었지요. 민무질의 형 민무구는 정도전, 남은 등이 동대문 밖에 있는 송현동 남은의 첩 집에서 일이 성사되기를 기다리며 술잔을 기울이고 있다는 정보를 알아냈습니다. 이를 전해 들은 민씨는 종인 소근에게 은밀히 이방원을 불러오라고 시켰어요. 사저로

피접

사람이 병이 들어 약을 써도 효험이 없거나 병의 원인이 분명하지 않을 때, 살던 집을 피하여 다른 곳으로 옮겨 요양하던 풍습을 말한다.

○ 이방의(?~1404)

태조 이성계의 셋째 아들이다. 제1차 왕자의 난과 제2차 왕자의 난 때 아우인 이방원을 보좌해 공신으로 책록되었다.

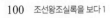

돌아온 이방원은 그날 밤 거사를 결행하기로 하고 민무질에게 "이숙번과 함께 무장하고 대기하라."고 명했지요.

일단 이방원은 병중에 있는 태조를 알현하기 위해 궁궐로 돌아갔어요. 종친인 이화와 이제는 안으로 들어갔지만, 이방원은 궁궐 문 앞에 불이 꺼져 있는 것을 보고는 셋째 형 방의, 넷째 형 방간과 함께 집으로 발길을 돌렸지요.

이방원의 집에는 이미 군사가 대기하고 있었어요. 이들은 사병이 해체되기 전에 방원의 부인 민씨가 숨겨 두었던 무기로 무장하고 있었지요. 민씨는 방원에게 궐기할 것을 권하며 스스로 갑옷을 입고 나서려 했어요. 이방원의 군대는 광화문으로 몰려갔습니다. 남산까지 군대가 들어찼다는 소식을 들은 세자 방석은 전의를 상실했어요. 이방원이 수하들에게 광화문과 남산에서 횃불을 흔들어 허장성세(虛張聲勢, 실속은 없으면서 큰소리치거나 허세를 부림)하도록 지시한 것이지요.

일부 병력은 정도전 제거에 나섰습니다. 반란군은 정도전이 가 있는 남은의 첩 집에 불을 질렀어요. 하지만 정도전과 남은은 이미 달아나고 없었지요. 정도전은 전 판서 민부의 집에 숨어 있다

○ **하륜 부조묘**
(경남 함양군)
4대가 넘는 조상의 신주는 사당에서 꺼내 묻어야 하지만, 나라에 공훈이 있는 경우에는 왕의 승인 아래 그대로 둘 수 있었다. 이러한 신주를 모신 사당을 부조묘라고 부른다. 함양군청 제공

가 민부가 고발하는 바람에 방원의 종 소근에게 잡혀 와 죽었어
요. 남은은 자진해서 나오다가 살해당했지요. 세자 방석과 한 살
위의 형 방번은 궁궐 밖으로 강제로 불러내 자객을 시켜 죽였어
요. 경순 공주의 남편 이제도 정도전 일파로 몰려 살해당했지요.

실록에는 "정도전이 목숨을 구걸하며 비굴한 최후를 맞았다."
라고 기록되어 있습니다. 하지만 목이 베이기 전에 지었다는 시
는 다른 모습을 보여 주지요.

조심하고 또 조심해 살면서
책 속에 담긴 성현의 말씀 저버리지 않았네
삼십 년 긴 세월 고난 속에 쌓아 놓은 업적
송현방 정자에서 한잔 술에 허사가 되었네

○ 삼봉 정도전 사당
(경기 평택시)
정도전을 기리는 사당이다.
정도전의 후손인 봉화 정씨
문중에서 건립했다.

정도전은 이방원 세력에 의해 철저히 간신으로 그려졌고, 정
몽주는 고려의 충신으로 그려졌어요. 정권을 잡은 이방원에게
필요한 것은 재상 정치가 아니라 충신의 보필이었기 때문이었
지요. 손을 마주 잡았던 어제의 동지가 역적이 되고, 어제의 적
이 충신이 되는 것이 바로 역사입니다. 정도전은 흥선 대원군
때에 와서야 역적의 굴레에서 벗어났어요.

　　정도전은 재상 중심 정치를 추구했습니다. 늘 인품과 능력이
훌륭한 왕이 나올 수 없으므로 당대의 뛰어난 신하가 직접 정치
를 관장해야 한다고 생각한 것이지요. 이는 '왕은 군림하되 통치
하지 않는다.'라는 영국의 입헌 군주제 정신과 일맥상통해요. 정
도전의 재상 중심제는 '우리식 입헌 군주제'를 시험할 좋은 기회
가 될 수도 있었지만, 왕자의 난으로 말미암아 결국 이상에 그치
고 맙니다.

방과(정종)가 왕이 되고 태조는 상왕으로 물러나다

제1차 왕자의 난이 벌어지던 날 영안군 방과는 태조의 쾌유를 비는 제사를 준비하고 있었어요. 이방원이 난을 일으켰다는 소식을 듣자 어느 쪽에도 휘말리기 싫었던 방과는 김인귀라는 자의 집에 몸을 숨겼지요.

반란군 세력은 이방원을 세자로 추대하려 했으나, 방원은 형인 방과를 세자로 내세웠어요. 이방과는 "오늘에 이르기까지 모든 업적은 정안군(이방원)이 세웠는데, 내가 어찌 세자가 될 수 있겠느냐?"라고 거절했지요. 하지만 방원이 "적장자가 세자가 되어야 한다."라는 반란의 명분을 내세우는 바람에 결국 방과(훗날 정종)가 세자로 책봉되었습니다. 정종의 정실부인 정안 왕후 김씨는 결혼한 지 오래되었지만 아들을 얻지 못했어요. 김씨가 적자를 낳을 수 없다고 본 이방원은 정종에게 잠시 왕좌를 맡겨 놓는다고 생각했지요.

난이 벌어진 지 8일 후 태조는 세자 방과에게 왕위를 물려주고 상왕으로 물러나 앉았어요. 태조는 상왕이 된 후에도 상당 기간 가택 연금 상태에 있었지요.

○ 강세황의 「송도전경」,
『송도기행첩』
(국립중앙박물관)
표암 강세황은 송악산 앞에 펼쳐진 송도의 전경을 묘사했다. 송도는 고려의 수도인 개경(개성)의 다른 이름이다.

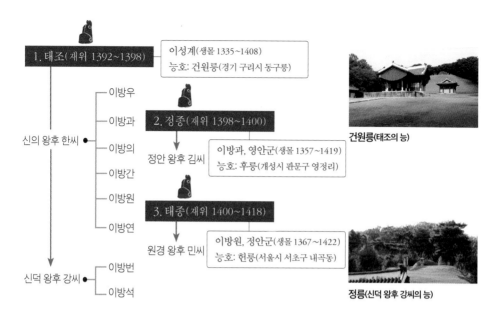

1. 태조(재위 1392~1398)

이성계(생몰 1335~1408)
능호: 건원릉(경기 구리시 동구릉)

건원릉(태조의 능)

이방우

이방과

신의 왕후 한씨

이방의

2. 정종(재위 1398~1400)

정안 왕후 김씨

이방과, 영안군(생몰 1357~1419)
능호: 후릉(개성시 판문구 영정리)

이방간

이방원

3. 태종(재위 1400~1418)

이방연

원경 왕후 민씨

이방원, 정안군(생몰 1367~1422)
능호: 헌릉(서울시 서초구 내곡동)

정릉(신덕 왕후 강씨의 능)

신덕 왕후 강씨

이방번

이방석

후릉(정종의 능)

헌릉(태종과 원경 왕후 민씨의 능)

　　조선의 제2대 왕 정종은 자신의 힘이 아니라 동생 방원의 양보로 즉위했으므로 무력할 수밖에 없었어요. 이방원은 스스로 재상이 되어 주요 정책을 결정했습니다. 따라서 정종 때의 정치는 거의 이방원의 뜻에 따라 전개되었어요. 심복인 이숙번을 왕의 비서관인 우부승지에 앉혀 정종을 감시하기까지 했지요.

　　형제끼리 죽고 죽이는 골육상쟁이 떠올라서였을까요? 태조가 상왕으로 물러난 지 6개월 정도 지난 1399년(정종 1년) 3월 정종과 이방원은 새로운 도읍인 한양을 버리고 옛 도읍인 개경으로 돌아가기로 했습니다. 개경으로 떠나는 날 상왕은 신덕 왕후의

이거이(1348~1412)
제1차 왕자의 난 직후 공신
에 올랐다. 아들 이저는 태
조 이성계의 장녀 경신 공
주와 혼인했고, 또 다른 아
들 이백강은 태종의 장녀
정순 공주와 혼인했다.

**○ 박포 신도비와 묘역
(경기 용인시)**

박포는 방간을 꾀어 제2차
왕자의 난을 일으킨 죄목으
로 유배된 후 참수되었다. 경
기도 용인시에 허묘를 썼다.
용인문화원 부설 용인학연구소
제공

능인 정릉을 둘러보면서 "한양으로 옮긴 것이 나만의 뜻이었는
가?"라며 울분을 토했다고 해요.

조선 왕실이 개경으로 환도하자 개경 사람들은 "형제간의 싸
움으로 5년도 안 돼 돌아왔다. 이성계는 명당이라는 한양으로
갔다가 마누라에 두 아들과 사위까지 잃고 돌아왔다."라며 비아
냥거렸어요.

정종은 이방원의 의사를 반영해 왕족, 권신 등이 거느리던 사
병을 폐지하고 병권을 의흥삼군부에 집중시켰습니다. 의정부는
정무를 담당하고 의흥삼군부는 군정을 담당하도록 했지요.

당시 사병은 신변 보호와 정치적 목적 달성을 위한 개인 무력
집단이었어요. 대다수 신하가 사병을 거느리고 있었으므로 이
방원의 사병 혁파에 불만을 품었지요. 제1·2차 왕자의 난 때 이
방원을 도운 공신들도 마찬가지였습니다. 특히 정몽주를 살해
한 조영무와 이성계·이방원과 겹사돈을 맺은 이거이는 노골적
으로 불만을 쏟아 냈어요. 조영무는 무기를 거두러 온 장교를 두
들겨 패기도 했지요. 하지만 정종은 곧 두 사람을 유배 보내고,
사병은 모두 국가 병력에 흡수했어요.

제2차 왕자의 난을 일으킨 이방간, 이방원의 적수가 되지 못하다

제1차 왕자의 난을 거치면서 이방원이 실권을 장악했지만 여전히 사병을 거느리고 있었던 형제들은 위협적인 존재였어요. 이성계의 셋째 아들 이방의는 권력에 뜻이 없었지만 넷째 아들 이방간은 적자임을 내세워 은근히 왕위를 계승하려는 야심을 품고 있었지요.

이때 이방원의 부관 출신 **박포**가 방간 앞에 나타났어요. 박포는 제1차 왕자의 난 때 공을 세운 인물입니다. 박포는 제1차 왕자의 난 당시 "정도전이 이방원을 제거하려 한다."라고 사전에 정보를 제공해 거사가 성사되는 데 큰 역할을 했지요. 박포는 자신이 이숙번, 민무구, 민무질 등과 함께 2등 공신에 책봉된 것에 늘 불만을 품고 있었어요. 이방원에게 정도전의 모든 행보를 알려 준 변절자 이무와 별다른 공이 없는 조준이 정략적으로 1등 공신에 책봉된 데 대해서도 못마땅하게 여기고 있었지요. 박포가 눈치 없이 불평을 늘어놓고 다니자 이방원은 박포를 귀양 보냈어요.

○ 회안 대군 묘
(전북 전주시)
앞에 있는 것이 부인의 묘이고, 뒤에 있는 것이 회안 대군 이방간의 묘이다. 이 묘자리가 왕이 나는 터라 하여 지기가 흐르는 곳에 뜸을 떠버렸다는 일화가 전해진다.

유배에서 풀려난 박포는 방간 앞에 나타나 "이방원이 대군(이 방간)을 죽이려 한다. 선제공격하면 비록 군사가 약하더라도 제압할 수 있다."라고 이간질했습니다. 1400년(정종 2년) 1월 방간은 사냥하는 척하며 사병을 동원해 개경으로 진군했어요. 이방간은 정종과 태조에게 사람을 보내 "방원이 저를 해치려 하므로 거병했습니다."라고 고했지요.

정종과 태조가 만류했으나 이미 엎질러진 물이라고 생각한 방간은 개경 한복판에서 시가전을 벌였습니다. 하지만 방간은 방원의 적수가 되지 못했어요. 이방원은 형제를 죽였다는 비난을 피하고자 "형님에게 화살을 쏘는 자는 엄하게 벌하겠다."라고 병사들에게 당부했지요. 무모한 싸움을 건 방간은 붙잡혀 유배에 처해졌고, 박포는 주범으로 몰려 처형되었어요.

이방의는 제2차 왕자의 난 당시 병중이었어요. 방간이 난을 일으켰다는 소식을 듣자, 병사 명부를 삼군부에 바쳐 자신은 정치

에 아무 미련이 없다는 뜻을 비쳤지요. 방간과 방의가 물러난 상황에서 방원이 사실상의 적자가 되었어요.

거사 다음 날 하륜은 정종에게 "정몽주의 난, 정도전의 난, 방간의 난에 정안군(이방원)이 없었으면 어찌 오늘이 있었겠습니까? 정안군이 세자가 되어야 합니다."라고 청했어요. 하륜의 주청에 따라 정종은 "정안군을 세자로 봉하고 모든 군사를 지휘하게 하겠다."라며 더는 왕좌에 미련을 두지 않았지요.

정종은 상왕 이성계의 허락을 받아 방원을 세자로 책봉했습니다. 그런데 정종의 동생인 방원이 왜 세제(世弟, 임금의 아우)가 아닌 세자(世子)로 책봉되었을까요? 방원은 아버지 태조의 세자로 자처했다고 합니다. 그래서 정종이 죽은 후에도 공정왕이라고 했을 뿐 묘호(廟號, 임금이 죽은 뒤에 생전의 공덕을 기리어 붙인 이름)는 정하지 않았지요. 정종이라는 묘호는 숙종 때 가서야 정해졌어요.

⊙ 경복궁 근정전
(서울시 종로구)
역대 국왕의 즉위식이나 대례 등을 거행하고 외국 사신을 맞이하던 경복궁의 정전이다. 정도전이 지어 올린 '근정(勤政)'이라는 이름은 '천하의 일은 부지런하면 잘 다스려진다.'라는 뜻을 지닌다. 왕자의 난으로 권력을 잡은 태종 이방원이 근정전에서 즉위식을 올렸다. 사진작가 서헌강 제공

태상왕 이성계, 조사의의 반란군에 합류하다

1400년(정종 2년) 7월 세자 이방원이 태조의 존호를 태상왕으로 올렸어요. 태조 이성계는 세자의 제안을 받아들이면서 "조영무(이성계의 사돈), 조온(동북면의 휘하 장수), 이무(정도전의 휘하)는 나를 배신하고 너에게 붙었다. 앞으로 또 배신하지 않는다고 말할 수 있겠느냐?"라며 처벌을 요구했습니다. 이방원은 정종에게 청해 이들을 유배 보냈으나 머지않아 다시 불러들였어요. 태상왕은 자신이 실권이 없는 허수아비임을 절감했지요.

정종은 재위 기간에 격구를 즐기는 등 정치에 뜻이 없음을 보이며 이방원을 안심시켰어요. 정종은 즉위한 지 2년 만인 1400년 11월 세자에게 왕위를 물려주고 상왕으로 물러났지요. 상왕이 된 정종은 태종의 배려로 인덕궁에 머물면서 사냥, 격구, 연회, 온천 여행 등으로 세월을 보내다 1419년(세종 1년) 63세를 일기로 세상을 떠났습니다. 정종이 옛 도읍인 개경으로 도읍을 옮겼기 때문에 정종은 정안 왕후와 함께 개성시 판문군 령정리에 있는 후릉에 묻혀 있어요.

태종이 왕위에 오르자 개경의 민심은 더 험악해졌어요. "태상왕을 내쫓고 동생들을 죽이더니 결국 왕이 되었다. 태상왕을 배신한 신하들도 똑같은 사람들이다."라며 누구나 한마디씩 했지요.

태상왕 이성계는 개경에서 벗어나 금강산, 소요산, 오대산 등 이름난 산과 큰 절을 찾으며 마음을 달랬어요. 개경의 조정은 민심을 의식해서인지 태상왕의 행차를 말릴 수조차 없었지요. 소요산 절 옆에는 아예 거처할 궁까지 지었어요. 태종이 직접 **소요산**까지 찾아와 귀경할 것을 청했지만 태상왕은 "두 아이(방번과 방석)와 사위(방원에게 죽은 경순 공주의 부마 이제)가 공중에서 '저희는 서방 정토로 가고 있나이다.'라고 말하고 있는데, 내가 어찌

인덕궁
정종이 상왕으로 물러나며 머물렀던 궁이다. 정궁이었던 경복궁에 비해 좁고 격이 떨어졌다. 인덕궁의 위치는 도성의 서문인 돈의문 근처(지금의 종로구 통인동 일대)로 추정된다.

○ 소요산 자재암
(경기 동두천시)

소요산은 규모는 크지 않지만 산세가 수려하고 아름다워 경기의 소금강(小金剛)으로 불린다. 자재암은 신라 무열왕 때 원효가 창건했다고 전해진다. 근처에 태조가 즐겨 찾았던 백운대(白雲臺)와 폐정(廢井)이 있다. 한국관광공사 제공

돌아갈 수 있겠느냐."라며 태종의 손을 뿌리쳤지요.

1402년 가을 태상왕은 임진강 근처에서 명으로 돌아가는 사신을 맞이해 잔치를 베풀었어요. 태종은 최정예 부대인 별시위를 보내 태상왕을 호위하게 했지요. 명 사신이 떠난 후 태상왕은 "이참에 조상의 능을 참배하러 동북면에 다녀올까 한다."라며 별시위에게 계속 호위해 달라고 요청했어요. 별시위 군사들은 "태종의 명을 받지 못했다."라며 머뭇거렸으나 태상왕이 "너희는 내가 키운 군사가 아니더냐."라며 호통 반, 애원 반으로 종용하는 바람에 어쩔 수 없이 따라나섰지요.

태상왕은 왜 갑자기 군사를 끌고 동북면으로 향했을까요? 안변 부사 조사의에 대한 11월 5일 자 실록의 기록을 보면 그 이유를 짐작할 수 있습니다. 태상왕은 신덕 왕후 강씨의 척속(戚屬, 성이 다른 일가)인 조사의를 매우 총애했어요. 조사의는 제1차 왕자의 난 때 정도전 일당으로 몰려 하옥되었다가 곧 풀려난 인물입

안변

함흥과 함께 동북면의 요지로, 이성계의 터전이기도 했다. 1946년 9월 강원도(북한)에 편입되었다.

니다. 조사의가 신덕 왕후 강씨의 복수를 명분으로 거병하자 주변 고을에서 호응해 반란군이 점차 늘어났어요. 태상왕이 내응하고 있었기에 가능한 일이었지요.

조정에서는 주변 수령들을 설득하기 위해 **박순**을 파견했으나 반란군에게 살해되었어요. 태상왕을 회유하기 위해 이서와 설오 대사를 보냈지만 반란군에 가로막혀 되돌아왔지요. 선발 부대인 이천우 부대가 조사의 군대에 패하자 태종은 장인인 민제에게 개경 수비를 맡기고 직접 출정했어요. 태상왕은 조사의와 합세했지요.

처음에는 반군이 우세해 관군의 선봉 이천우를 격파했어요. 조사의는 병사를 평안도 덕천, 안주 방면으로 이동하였고, 평안도 군사까지 합세해 군사는 만 명으로 늘어났습니다. 이에 당황한 태종은 정예군 4만 명을 동원해 전면전을 마다치 않았지요.

아버지와 아들의 한판 싸움은 시시하게 끝나 버립니다. 포로로 잡힌 김천우가 "4만이 넘는 관군에게 어찌 맞서겠느냐."라고 말했는데, 그 말이 조사의의 병사들에게 퍼진 거예요. 겁을 먹은

○ 용강 서원(경기 고양시)
1686년(숙종 12) 박순을 제향하기 위해 만든 서원이다. 원래는 박순이 죽은 함경도 용흥강변에 세워졌지만, 분단으로 제사를 모실 수 없게 되자 박순의 후손들이 이곳에 중건했다.

병사들이 불을 지르고 도망치면서 하룻밤 사이에 조사의 부대는 와해했어요. 1402년 11월 청천강에서 관군과 싸움이 벌어졌으나 조사의가 이끄는 반란군이 대패했어요. 관군에 사로잡힌 조사의는 12월 도성으로 압송되었다가 참수되었지요.

함흥차사에 얽힌 이야기들

반란군을 뒤에서 조종했던 태상왕은 아들의 처분을 기다려야 하는 처량한 신세가 되었어요. 태종은 계속 사람들을 보내 개경으로 귀경할 것을 요청했고, 태상왕은 결국 귀경길에 올랐지요. 이때의 이야기가 함흥차사 이야기의 주요 소재가 되었어요.

'함흥차사(咸興差使)'는 태상왕 이성계가 왕위를 물려주고 함흥이나 소요산에 머무를 때 태종이 보낸 차사를 죽인 데서 유래합니다. 흔히 심부름을 가서 오지 않거나 늦게 온 사람을 이르는 말로 쓰이지요. 태상왕이 함흥에 머무르는 것은 태종의 즉위를 인정하지 않겠다는 뜻이었으므로 태종은 어떻게든 태상왕을 개경으로 모셔 와야 했습니다.

함흥차사 이야기는 선조 때 차천로가 지은 『오산설림』, 조선 후기의 학자 이긍익의 『연려실기술』에 나와요. 최근 연구 성과를 바탕으로 재구성한 이야기는 대체로 다음과 같습니다. 실록과는 상당한 차이를 보이지만 실록을 보완하는 차원에서 살펴볼까요?

먼저 『태종실록』에는 "이성계가 성석린의 요청을 받아들여 1401년(태종 1년) 4월에 환궁했다."라고 기록되어 있는데, 명신들에 대한 이야기를 담은 『명신록』에는 다음과 같이 기록되어 있어요.

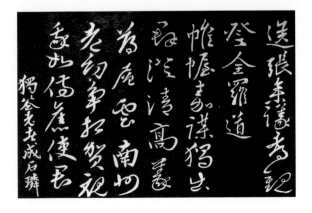

◔ **성석린 필 송장참의시 탁본**
고려 말·조선 초의 문신이었던 성석린(1338~1423)은 시문에 능하고 초서(草書)를 잘 써 이름을 떨쳤다. 초서는 곡선 위주의 흘림체인 한문체를 말한다.

◔ **함흥 본궁 옛 사진**
태조가 머물렀던 함흥 본궁에서 '함흥차사'라는 말이 유래되었다. 임진왜란 때 소실된 것을 광해군 때 다시 지었고, 이후 여러 차례에 걸쳐 보수했다. 북한 국보 문화유물 제107호로 지정되어 있다.

성석린이 태상왕이 머무는 곳 주변에서 밥을 짓는 시늉을 했더니 태상왕이 하인에게 "밥 한 끼를 먹이라."고 지시했어요. 가까이 와서 보니 오랜 지기지우(知己之友, 자기의 속마음을 참되게 알아주는 친구)인 성석린이었지요. 성석린을 반갑게 맞이한 태상왕이 "너의 임금을 위해서 나를 달래려고 온 것이냐?"라고 의심하자 성석린은 "만약 그래서 왔다면 신의 자손은 반드시 눈이 멀어 장님이 될 것입니다."라고 대답했어요. 태상왕은 이 말을 믿고 개경으로 돌아왔지요. 나중에 성석린의 아들과 손자가 눈이 먼 채 배냇병신으로 태어났다고 합니다.

1401년 11월 태상왕은 자신에게 충성을 다하던 사람들이 보이지 않자, 한밤중에 아들 태종의 전송도 받지 않고 다시 수도를 떠났어요. 이듬해 1월 태종은 성석린을 다시 보내 환궁을 청했지만, 이번에는 성석린 혼자만 돌아왔지요. 빈손으로 돌아온 성석린은 태종에게 "태상왕께서 빨리 돌아오실지, 늦게 돌아오실지 아직 모르겠습니다."라고 보고했어요.

태종은 급히 태상왕에게 신하들을 보내 도성으로 돌아올 것을 간청했어요. 이때 파견된 박순이 살아 돌아오지 못한 마지막 함

○「함흥 본궁」
1392~1398년경 태조 이성계가 왕위에 오른 후 자신의 조상이 살던 집터에 세운 사당이다. 목조·익조·도조·환조 4대조의 신주를 모셔두고 제사를 지냈다. 태조가 임금의 자리에서 물러난 이후 본궁이라 불렀다.

흥차사로 알려졌으나 사실이 아닙니다. 박순은 새끼 딸린 어미 말을 **함흥**까지 끌고 가서 "어미를 따르는 말도 저러한데 하물며 인간이 부모를 그리는 정은 얼마나 깊겠습니까?"라며 태상왕의 환궁을 설득했어요. 하루는 태상왕과 박순이 장기를 두는데 천장에서 쥐가 새끼를 안고 떨어질 상황에 부닥쳤으나 서로 붙잡고 떨어지지 않았습니다. 이를 본 박순이 장기판을 제쳐 놓고 눈물을 흘리며 돌아가자고 청하니, 태상왕은 그제야 "곧 도성으로 돌아가겠다."라고 약속했지요.

　태상왕의 환궁 약속을 받은 박순이 돌아가자, 반란을 준비하고 있던 조사의는 이곳 사정을 알릴 우려가 있으니 박순을 죽여야 한다고 태상왕에게 고했어요. 태상왕은 이미 박순이 용흥강을 건넜으리라 여겨 "용흥강을 건넜다면 쫓지 마라."고 명령했지요. 하지만 박순은 병이 나서 몸을 추스르느라 용흥강을 건너지

못했어요. 결국 쫓아온 조사의의 군사가 막 나룻배에 오르려는 박순을 칼로 내리쳐 죽였다고 합니다.

　박순이 함흥에 갔다가 조사의의 반란군에 피살된 것은 사실이지만 용흥강을 건너려다 죽었다는 이야기는 후대 사람이 덧붙인 거예요. 야사에서는 태상왕 이성계가 태종이 보낸 차사들을 모두 죽였다고 전하지만 실제로 죽은 인물은 박순이 유일합니다.

　태상왕은 친구 박순과의 약속을 지키기 위해 도성으로 돌아왔어요. 하지만 태상왕은 다시 화가 치밀어 올라 함흥으로 돌아가 버렸지요. 태상왕이 함흥으로 돌아오자 조사의는 태종을 처단하자는 기치를 내걸고 반란을 일으켰어요.

　1402년 11월 조사의의 난을 진압한 태종은 무학 대사를 불러 "아버지가 도성에 계시지 않아 곳곳에 역모자들이 들끓고 있다."라면서 아버지를 모시고 와 달라고 부탁했어요. 무학 대사가 함

● 살곶이 다리
(서울시 성동구)
함흥에서 돌아오던 태조는 자신을 마중 나온 태종에게 활을 쏘았다. 화살은 큰 기둥에 꽂혔고, 그때부터 이곳은 '살곶이'로 불리게 되었다고 한다.

홍에 가서 태상왕을 알현하니 태상왕은 "대사도 나를 달래러 오셨구려."라고 말했지요. 대사가 웃으면서 "전하께서 저를 안 지 수십 년인데 제 마음을 모르십니까? 저는 전하를 위로하러 왔을 뿐입니다."라고 대답했어요.

무학 대사는 함흥 본궁에 머물면서 태종의 단점만 말해 태상왕도 무학을 믿게 되었습니다. 수십 일 후 대사가 태상왕에게 환궁을 청하자 태상왕은 비로소 청을 받아들였어요.

여러 야사에서는 태상왕이 환궁할 때에도 태상왕과 태종 사이에 갈등이 있었다고 전합니다. 태종이 직접 교외로 나가서 태상왕을 맞이하려 하자, 하륜이 "태상왕의 진노가 아직 다 풀어지지 않았으니 안심해서는 안 됩니다. 큰 장막을 받치는 굵고 높은 기둥을 많이 세우십시오."라고 조언했어요.

하륜이 우려한 대로 태상왕 이성계는 태종을 보고 갑자기 활을 쏘았습니다. 태종은 급히 기둥 뒤로 몸을 피했고, 화살은 기둥에 꽂혔지요. 이에 태상왕이 "모두 하늘의 뜻이로다."라고 탄식하며, 태종에게 옥새를 건네주었다고 합니다.

태종은 태상왕에게 잔을 올릴 때도 하륜이 일러준 대로 직접 잔을 올리지 않고 내시에게 잔을 바치게 했어요. 태상왕은 소매 속에서 철퇴를 꺼내 놓으면서 "모두 하늘의 뜻이로다."라고 말했지요. 태상왕은 태종을 왕으로 인정하고 다시는 함흥으로 돌아가지 않았다고 합니다.

한양에서 지내던 태상왕은 1408년(태종 8년) 1월 갑자기 풍질에 걸렸어요. 태종은 죄수를 방면하고 쾌차를 비는 제사를 지냈으나, 태상왕은 그해 5월 24일 74세에 세상을 떠났습니다. 태상왕 이성계는 죽으면서 "조상이 묻혀 있는 함흥에 묻어 달라."고

유언했어요. 아버지의 능을 먼 곳에 둘 수 없었던 태종은 고민 끝에 함흥의 흙과 억새로 봉분을 만들었답니다.

신덕 왕후 강씨의 능호는 정릉입니다. 이성계가 죽은 후 태종은 여러 차례에 걸쳐 이장을 단행했어요. 방석이 세자로 책봉된 분풀이였지요. 정릉은 200년이나 방치되어 있다가 현종 때 송시열의 주장에 따라 강씨가 정비로 책봉되면서 정릉도 정비의 능으로 다시 조성되었습니다. 신의 왕후 한씨의 능은 현재 개성시에 있어요. 한씨의 능이 개성에 있는 것은 한씨가 조선 개국 전에 죽었기 때문입니다.

◑ 정릉(서울시 성북구)

정릉은 신덕 왕후 강씨의 능이다. 태조의 정비는 신의 왕후 한씨였으나 태조 즉위 전에 죽어 신덕 왕후 강씨가 조선 최초의 왕비로 책봉되었다. 신덕 왕후에 대한 감정이 좋지 않았던 태종은 도성 안에 있던 정릉을 지금의 자리로 옮긴 후 능을 묘로 격하하였다. 200여년 후인 현종대에 이르러 묘에서 능으로 복원되었다.

2 한양 환도와 태종의 업적

조선의 미켈란젤로 박자청, 세 개의 세계 문화유산을 남기다

1399년(정종 1년) 개경으로 도읍을 옮겼지만 개경에서 제2차 왕자의 난, 조사의의 난 등 좋지 않은 일들이 연이어 일어났어요. 한양 재천도가 거론되자 하륜이 또다시 무악에 도읍을 둘 것을 주장했지요. 무악을 둘러본 대신들과 천문을 담당한 서운관 관리들도 동조해 이번에는 하륜의 주장이 받아지는 듯했어요. 하지만 점괘가 좋지 않게 나왔다는 이유로 태종의 뜻에 따라 새로 창덕궁을 짓기로 합니다.

❍ 건원릉(경기 구리시)
조선을 개국한 태조 이성계의 능이다. 태종은 고향을 그리워했던 아버지를 위해 태조의 고향 함흥에서 가져온 흙과 억새로 봉분을 덮었다.

1405년(태종 5년) 10월 태종은 개경에서 한양으로 도읍을 옮길 때 왕자의 난을 겪은 경복궁을 피하고 새로 건설한 창덕궁으로 들어갔어요. 창덕궁을 건축한 책임자는 평민 출신으로 태종의 눈에 들어 공조 판서까지 오른 박자청입니다.

개국 공신 황희석의 수행원 출신인 박자청은 태조 때 중랑장으로서 궁궐을 지켰습니다. 경복궁 출입문을 지키게 된 박자청은 태조의 이복형제 의안 대군이 부름도 받지 않고 궁궐 안으로 들어가려 하자 "임금의 명이 없으면 들어갈 수 없습니다."라며 허락하지 않았어요. 의안 대군이 발길질하는 바람에 얼굴에 상처가 나기도 했지만 끝끝내 궁궐 안으로 들여보내지 않았지요. 이 사실을 알게 된 태조는 박자청을 기특하게 여겨 어전을 지키는 일을 맡겼어요. 박자청은 저녁부터 새벽까지 잠자리에 들지 않고 순찰을 하며 이성계를 호위했다고 합니다.

○ **광통교의 거꾸로 놓인 문양석**(서울시 종로구)
신덕 왕후의 능침을 지켜야 할 신장석이 6백여 년 가까이 묻혀 있다가 청계천 복원 공사로 햇빛을 보게 되었다. 아름다운 문양석을 다리 벽에 거꾸로 놓아 둔 것은 태종이 신덕 왕후의 기를 누르기 위해 의도적으로 그렇게 한 것이라고 보고 있다.

태조 때 종묘, 사직단, 성벽, 궁궐 등을 짓기 시작했지만 도성 안은 허허벌판이었어요. 태종이 마을을 만들기 시작했으나 주로 국가에서 필요로 하는 건물 위주로 건설했고, 백성의 집터는 설정해 놓은 도로에 맞춰 나누어 주었다고 합니다.

태종이 천도를 감행할 때 가장 먼저 착수한 것이 동서를 이어 주는 **청계천** 정비였어요. 그 후 동대문에서 시작해 종묘 앞, 창덕궁, 경복궁 동북쪽, 운종가, 남대문까지 이어진 도로 양옆으로 행랑을 세웠습니다. 행랑은 도성 안의 대로변에 설치된 어용 상점이나 집채를 말해요. 행랑 건설은 박자청이 단독으로 책임을 지고 진행했어요. 행랑 공사가 완성된 후 태종은 "한양이 비로소 도읍의 모양새를 갖추게 되었다."라며 박자청을 치하했어요.

궁궐 내의 건축 사정에 밝았던 박자청은 1405년(태종 5년) 창덕궁을 창건할 때 제조를 맡게 됩니다. 태종은 박자청에게 대부

행랑

태종은 1412년부터 1414 년까지 네 차례에 걸쳐 2천 여 칸의 행랑을 지었다. 이는 무질서한 상행위를 막기 위해서였다. 상인들은 행랑에서 장사를 하고 점포세를 냈다.

◑ 청계천 광통교
(서울시 종로구)

서울 한복판을 가로지르는 청계천은 장마 때마다 물이 범람하여 민가가 침수되었다. 한양 천도를 단행한 태종은 청계천의 바닥을 넓히고 둑을 쌓는 등 정비 사업을 시행했다. 광통교, 혜정교 등의 다리도 이때 세웠다.

◐ 창덕궁(서울시 종로구)

창덕궁은 조선의 이궁이다. 이궁이란 전쟁이나 재난으로 인해 공식 궁궐을 사용하지 못할 때를 대비하여 만든 궁궐이다. 경복궁의 동쪽에 있어 창경궁과 더불어 동궐이라고 불린다. 사진작가 서헌강 제공

분의 건설 공사를 맡겼어요. 창덕궁과 종묘는 물론이고 **경복궁 경회루**, 헌릉, 성균관 등 수많은 곳에 박자청의 손길이 닿아 있지요.

1407년에는 **성균관 대성전**을 건설했어요. 박자청은 새벽부터 저녁까지 인부들을 동원해 불과 넉 달 만에 건물을 완성했다고 합니다. 『태종실록』에는 "박자청은 성질이 까다롭고 급해서 공사를 재촉하며 백성을 괴롭혔다."라는 기록이 있어요. 박자청에 대한 비난에도 1408년(태종 8년) 태종은 건축에 탁월한 재주가 있는 박자청을 공조 판서로 임명했지요.

경회루를 건설할 때였어요. 경회루의 연못을 팠는데 물이 나오기는 했지만 가득 차지 않았지요. 박자청은 물을 빼낸 다음에 물이 스며든 곳을 검은 진흙으로 메워 물을 가두는 공법을 사용해 성공적으로 경회루 공사를 마쳤지요.

어느날 박자청이 공사를 감독하는데 종5품 무관인 이중위가 인사도 없이 말을 타고 지나갔습니다. 박자청은 이중위를 말에서 끌어 내려 구타했지요. 사헌부, 사간원, 형조에서 합동으로 탄핵하자 태종은 "박자청은 부지런히 일하는데 오히려 미움을 받는구나. 그렇다면 다른 사람을 천거해 보라."고 명했습니다. 하지만 의정부에서 "박자청만큼 일을 잘 아는 인물이 없어 교체할 수 없습니다."라고 보고했지요.

박자청은 마지막으로 태종의 헌릉을 조성했습니다. 1422년(세종 4년) 산릉도감(山陵都監, 임금이나 왕비의 능을 새로 만들 때 임시로 두던 기관)의 제조를 맡은 박자청은 공사를 위해 인부 만 명을 요구했으나 가뭄이 심해 경기도 일원에서 2,000명만 동원할 수 있었어요. 나머지 일은 소를 동원해 충당했지요. 박자청은 자신을 끝까지 믿어 준 태종의 헌릉을 조성하는 데 온 힘을 쏟았어요. 박자청은 1423년 67세의 나이로 눈을 감았습니다. 박자청이 사망

○ **성균관 대성전**
(서울시 종로구)
유학자들의 위패를 모시고 봉사하는 사당을 말한다. 평민 출신 박자청이 4개월 만에 완공하였는데, 지금 남아 있는 것은 임진왜란 이후에 중건한 것이다.

○ **경복궁 경회루**
(서울시 종로구)
나라에 경사가 있거나 사신이 왔을 때 연회를 베풀던 누각이다. 처음에는 규모가 작았지만 1412년(태종 12)에 연못을 넓혀 중건하였다. 우리나라에서 단일 평면으로는 규모가 가장 큰 누각이다.

하자 세종은 이례적으로 3일간 조회를 정지하고, 박자청의 공을 치하하는 제문을 지어 제사를 올리게 했어요.

평민 출신의 박자청은 뛰어난 실무 능력으로 조선 왕실의 인정을 받아 공조 판서까지 오른 전문 건축가였습니다. "한양의 도시 기획은 정도전이 했지만 그 공사를 완성한 인물은 박자청이다."라는 말이 있을 정도로 대부분의 도성 건물이 박자청의 손을 거쳐 완공되었어요.

박자청은 세상에서 가장 아름다운 궁궐을 만든 조선의 미켈란젤로였어요. 박자청과 공사를 함께한 백성들은 창덕궁, 종묘, 조선 왕릉이라는 세계 문화유산을 우리에게 남겼습니다. 조선이 우리에게 남긴 것의 대부분은 이름 없는 백성과 박자청 같은 이들이 남긴 거예요. 그런데도 그들에 대한 기록은 교과서에 단 한 줄도 나오지 않지요.

○ 경복궁 교태전
(서울시 종로구)
왕비가 거처하였던 침전이다. 경복궁과 더불어 창건되었으나 화재로 소실되었다. 지금의 건물은 1869년(고종 6)에 새로 지은 것이다.

조선의 1등 공신 원경 왕후, 남편(태종)에게 네 동생을 잃다

태종 이방원보다 두 살 연상이었던 원경 왕후 민씨는 태종이 즉위하는 데 큰 역할을 했어요. 태종의 책사이자 보기 드문 여장부였다고도 할 수 있지요. 원경 왕후 민씨에게는 네 명의 남동생이 있었어요. 그중 첫째 민무구와 둘째 민무질은 제1ㆍ2차 왕자의 난 때 큰 공을 세워 조정의 막강한 실세로 부상했지요. 그래서였을까요? 원경 왕후는 자신이 태종의 즉위에 큰 역할을 했다고 생각했습니다. 하지만 태종은 이를 늘 불편하게 여겼어요. 게다가 처남인 민씨 형제가 어린 시절을 외가에서 보낸 세자 제(양녕 대군)와 각별한 사이인 것도 마음에 걸렸지요. 태종은 세자가 보위에 오르면 처남들이 정사를 농단할 것이라고 여겨 몹시 경계했어요.

태종은 왕이 되고 나서 후궁을 아홉 명이나 두어 원경 왕후 민씨와 자주 언쟁을 벌였습니다. 한동안 태종은 왕후가 있는 **교태전**에 가지 않았지요. 태종은 민씨가 오만방자하게 구는 것은 동생들의 권세를 믿고 있기 때문이라고 생각했지요.

○ 경복궁 아미산
(서울시 종로구)

경복궁 아미산은 교태전 뒤에 있는 왕비의 후원이다. 경회루를 세울 때 연못에서 파낸 흙을 쌓아 만들었다. 교태전 온돌방 밑을 통과한 연기가 나가는 굴뚝은 보물 제811호로 지정되어 있다.

1406년 태종은 세자에게 왕위를 넘기겠다고 선언했어요. 조
정 대신들은 태종의 전위 선언에 술렁였지요. 반대 움직임도 거
세게 일어났습니다. 그러나 세자 제와 각별한 사이였던 민무
구 · 민무질 형제는 전위 소식에 은근히 기뻐했어요. 그러자 태
종은 슬그머니 선언을 철회했지요. 태종이 건강에 문제가 있다
는 점을 내세워 전위를 표명한 것은 신하들과 외척 세력의 충성
도를 시험하기 위해서였습니다. 민무구 · 민무질 형제는 태종의
덫에 걸려든 것이지요.

태조의 이복동생이자 태종의 삼촌인 이화가 "전하께서 전위의
뜻을 밝히셨을 때 민무구 · 민무질 형제가 기쁜 표정을 지었습니
다. 전위의 뜻을 거두셨을 때는 실망하는 모습을 보였나이다."라
며 탄핵 상소를 올렸어요. 태종은 민씨 형제에게 "어린 세자 제
를 끼고 권력을 잡으려 했다."라는 죄목을 씌워 제주도로 유배
보냈습니다. 1410년에는 민씨 형제에게 자결하라는 명령을 내

렸어요. 6년 후에는 두 아우 민무휼과 민무회도 자결하도록 조치했지요.

외척의 독선적 행위를 경계했던 태종은 네 처남의 목숨을 모두 빼앗았습니다. 민씨 형제는 자형(姉兄, 손위 누이의 남편)의 속마음을 읽지 못한 첫값을 톡톡히 치른 셈이지요. 조선 왕조 초기에는 꺼림칙한 것을 근본부터 제거하지 않으면 끝없는 후환에 시달려야 하는 허약한 체제였습니다.

원경 왕후 민씨는 양녕 대군, 효령 대군, 충녕 대군, 성녕 대군 등 네 명의 왕자와 공주 네 명을 두었어요. 왕후는 걸출한 두 명의 왕을 탄생시켰습니다. 태종을 왕으로 만들었고, 조선의 부흥을 이끈 세종을 낳았지요. 태종과 세종을 있게 한 것만으로도 원경 왕후 민씨는 조선의 1등 공신이라 할 만합니다.

태종, 국왕 중심의 통치 체제를 정비하다

태종은 두 차례에 걸친 왕자의 난을 일으켜 개국 공신 세력을 몰아내고 34세 때 왕위에 올랐습니다. 태종은 국왕 중심의 통치 체제를 정비하고자 신권의 상징이었던 의정부 서사제 대신 6조 직계제를 채택했습니다. 6조에서 의정부를 거치지 않고 곧바로 사안을 왕에게 올려 재가를 받도록 함으로써 의정부의 삼정승인 영의정, 좌의정, 우의정의 힘을 약화한 것이지요. 나아가 언론 기관인 사간원을 독립시켜 대신들을 견제했고, 승정원과 의금부를 설치해 왕권 강화를 위한 핵심 기구로 삼았습니다. 또한 공신이 보유한 사병을 혁파하고

❍ 헌릉 신도비
신도비는 왕들의 공덕을 적은 비석이다. 현재 조선 왕릉의 신도비는 건원릉과 헌릉에만 있다.

◆ 호패(국립중앙박물관)
조선 시대에 인구를 파악하고 신분을 증명하기 위해 만든 표식이다. 앞면에는 이름, 직함, 관직에 진출한 연도, 출생 연도 등이 적혀 있고, 뒷면에는 호패의 발행 연도와 발행처의 낙인이 찍혀 있다.

의흥삼군부로 병력을 집중했지요.

태종은 세금과 군역을 확보하기 위해 양전 사업과 호구 파악에 노력했고, 양인의 수를 확보하기 위해 16세 이상의 남자에게 호패를 가지고 다니게 하는 호패법을 시행했습니다. 또 사찰이 보유한 막대한 토지와 재산을 국고로 환수했고, 억울한 노비를 조사해 해방함으로써 사찰의 경제적 기반을 축소했어요. 호구 조사, 호패법 시행, 사찰 노비의 해방은 군사력과 왕권을 강화하는 성과를 거두었지요.

태종은 유교 윤리에 따른 법제도 정비했어요. 조준의 책임으로 편찬된 『경제육전』의 내용을 간략하게 하고 법례가 될 부분을 모아 『속육전』을 만들었지요. 서얼 출신에게 문과 응시를 금지하는 서얼 금고법을 시행하고, 서얼 출신이 무과나 잡과를 통해 관직에 올라도 승진에 한계를 두는 한품서용법을 두었어요. 또한 부녀자의 재혼을 금지하고 재가해 낳은 자식은 문과에 응시할 수 없도록 했지요. 능력보다는 출신을 우선시하는 서얼 차별은 태종이 만든 대표적인 악법이에요.

세자 시절부터 추진하던 태종의 개혁 정치는 상왕으로 물러날 때까지 계속되었어요. 태종은 상왕으로 물러나기 전에 양녕 대군이 방탕한 생활을 한다는 이유로 세자를 폐하고 셋째 아들인 충녕 대군 도를 세자로 삼았습니다. 2개월 후 태종은 세자 도에게 양위했지요.

? 종친은 무슨 일을 하며 살았을까요?

임금의 친족을 종친이라 합니다. 조선 초기에 종친들은 나름대로 국정에 참여했어요. 하지만 태종은 왕권의 안정을 위해 종친과 서얼의 정치 참여를 제한했습니다. 종친은 목숨을 부지하기 위해서라도 권좌에 있는 사람을 위해 조용히 지내야 했지요. 이에 조선에서는 일도 하지 않는 수많은 허수아비 왕실 가족이 형성되었어요. 정종은 10명의 부인으로부터 17남 8녀를 두었고, 태종과 성종은 각각 12명의 부인을 두었습니다. 태종은 가장 많은 자녀인 12남 17녀를 두었지요. 성종은 16남 12녀, 선조는 14남 11녀를 두었어요. 결국 백성이 땅 한 번 갈아 보지 않은 수많은 대군과 공주를 먹여 살려야 했지요. 종친은 권력 암투 속에서 납작 엎드려 살아야 하는 불운한 존재였습니다. 성종 때 서얼 금고법이 제도화되면서 종친은 정치 참여를 법적으로 제한받게 되지요.

숙신 옹주 가옥 상속 문서

4 세종실록, 문종실록 |
멀티플레이어 세종과 모범생 문종

태종의 맏아들이었던 양녕 대군은 많은 기행을 저질러 태종의 분노를 샀어요. 이로 말미암아 세자 자리는 셋째 아들인 충녕 대군(세종)에게 돌아갔지요. 세종 때에는 모든 분야에 걸쳐 발전이 이루어졌어요. 대마도 정벌, 4군 6진 개척, 조선식 역법인 『칠정산』 편찬, 각종 천문 관측 기구 발명, 한글 창제 등 전부 나열하기 힘들 정도입니다. 그 비법은 유능한 신하들을 적극적으로 등용한 데 있어요. 세종은 하루에 18시간 넘게 정사에 몰두해 건강이 좋지 않았어요. 새 왕으로 등극한 문종은 세자 시절에 대리청정했던 경험을 토대로 안정적으로 국정을 운영했으나, 어린 단종을 남기고 재위 2년 3개월 만에 죽고 맙니다. 세종이 주도하고 문종이 함께 창제한 한글은 현재까지도 우리의 일상에 가장 큰 영향을 미치고 있지요.

- **1419년** 이종무가 군졸 17,000여 명을 거느리고 대마도 정벌에 나서 왜구의 소굴에 큰 타격을 주고 회군하다.
- **1434년** 장영실이 자동으로 시간을 알려주는 시계인 자격루를 완성하다. 금속 활자 갑인자를 만들다.
- **1442년** 한양을 기준으로 천체 운동을 계산한 우리식 역법 『칠정산 내편』을 완성하다.
- **1446년** 세종이 훈민정음을 직접 창제하다. 정인지가 쓴 해례본 서문에는 1446년 9월 상순으로 발간일이 명시돼 있다.
- **1449년** 최윤덕, 김종서가 압록강과 두만강에 4군과 6진을 개척하여 조선의 국경선을 확정하다.

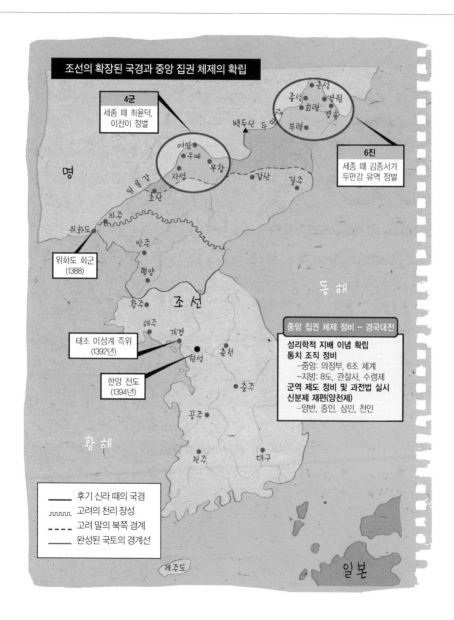

조선의 확장된 국경과 중앙 집권 체제의 확립

4군
세종 때 최윤덕,
이천이 정벌

6진
세종 때 김종서가
두만강 유역 정벌

백두산 두만강

종성 · 온성 · 경원 · 회령 · 경흥 · 부령

여연 · 우예 · 무창 · 자성 · 조산

갑산 · 길주

명

위화도

위화도 회군
(1388)

외주 · 안주 · 평양 · 황주 · 해주 · 개경 · 한성 · 춘천 · 충주 · 공주 · 전주 · 대구

조선

동해

중앙 집권 체제 정비 - 경국대전

성리학적 지배 이념 확립
통치 조직 정비
　-중앙: 의정부, 6조 체계
　-지방: 8도, 관찰사, 수령제
군역 제도 정비 및 과전법 실시
신분제 재편(양천제)
　-양반, 중인, 상민, 천인

태조 이성계 즉위
(1392년)

한양 천도
(1394년)

황해

제주도

일본

─── 후기 신라 때의 국경
⌒⌒⌒ 고려의 천리 장성
- - - 고려 말의 북쪽 경계
─── 완성된 국토의 경계선

135

1 상왕 태종과 양녕 대군

양녕 대군, 과연 충녕 대군을 위해 길을 비켰나

1404년(태종 4년) 태종은 원경 왕후와의 사이에서 태어난 첫째 아들이 11세가 되었을 때 왕세자에 책봉했습니다. 세자(훗날 양녕 대군)는 어렸을 때부터 품행이 자유분방해 자주 문제를 일으켰어요. 학문을 싫어하고 사냥이나 여색을 좋아했지요. 이에 대해서는 정사와 야사에 모두 공통으로 기록되어 있습니다.

태종은 아들에게 세자로서 모범을 보이라며 타일렀어요. 하지만 세자는 엇나가기만 했지요. "세자가 민가의 처녀와 기생을 훔쳐 온다."라는 소문을 들은 태종은 동궁의 내시들을 모두 불러들여 **태형**을 가하기도 했습니다. 세자에게 직접 매를 댈 수 없었기 때문에 내시에게 윗사람을 잘못 모셨다는 죄로 매질했던 것이지요.

1415년(태종 15년) 5월 세자가 기생 초궁장과 놀아난 사실이 발각되어 태종의 질책을 받았어요. 초궁장은 상왕인 정종이 가까이하던 여자였지요. 세자는 "상왕의 여자라는 사실을 몰랐다."라며 발뺌해 초궁장만 쫓겨났어요.

1416년에는 구종수라는 관원이 세자를 꾀어 물의를 일으켰습니다. 구종수는 대나무 다리를 만들어 밤마다 담을 넘어 궁에 잠입했어요. 궁궐 안에서 술을 마시고 놀거나, 세자를 제집으로 맞아들여 여색을 즐기게 했으며, 비밀리에 세자가 좋아하는 매를 바치기도 했지요. 태종이 황희에게 사건의 진상을 묻자 "구종수가 한 짓은 매나 개의

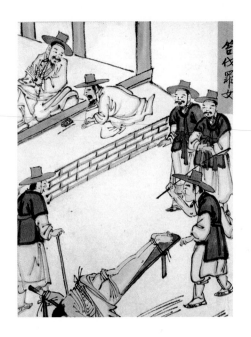

○ 태형

작은 형장으로 볼기를 치는 형벌이다. 태·장·도·유·사의 오형(五刑) 가운데 가장 가벼운 벌에 속한다.

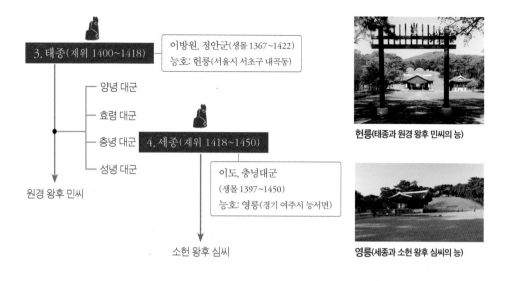

3. 태종(재위 1400~1418)

이방원, 정안군(생몰 1367~1422)
능호: 헌릉(서울시 서초구 내곡동)

양녕 대군

효령 대군

충녕 대군

성령 대군

4. 세종(재위 1418~1450)

이도, 충녕대군
(생몰 1397~1450)
능호: 영릉(경기 여주시 능서면)

원경 왕후 민씨

소헌 왕후 심씨

헌릉(태종과 원경 왕후 민씨의 능)

영릉(세종과 소헌 왕후 심씨의 능)

일에 불과하지만 세자는 어렵니다."라고 세자를 두둔했어요.

1417년 2월 세자는 곽선의 첩 어리가 미모가 뛰어나다는 소문을 듣고 곽선의 집에 직접 찾아갔어요. 어리에게 반한 세자는 곽선의 양아들이 막아서는 것을 뿌리치고 어리를 낚아채 궁궐로 데려왔지요. 조선 시대에 사대부의 첩은 엄연히 남편이 있는 유부녀였어요. 이를 알게 된 태종은 어리를 내쫓고 관련자들을 엄히 처벌했습니다.

세자는 스승인 변계량에게 쓰게 한 반성문을 태종에게 올려 사태를 모면했어요. 세자의 장인 김한로는 쫓겨난 어리를 몰래 거두어 살피다가 부인의 몸종으로 꾸며 세자궁으로 들여보내기까지 했지요. 어리가 임신한 사실을 알게 된 태종은 어리를 잡아들여 먼 곳으로 보내고, 세자의 비행을 조장한 김한로는 귀양을 보냈어요. 당시 세자는 자신의 잘못을 충녕 대군이 부왕에게 일러바친 것으로 알고 충녕 대군을 원망했다고 합니다.

어느 날 밤, 세자는 태종과 원경 왕후가 "충녕 대군의 재질이

뛰어나지만 셋째 아들이라 아쉽다."라고 대화하는 내용을 엿듣
게 되었어요. 그 이후 세자가 왕세자 자리를 거부하려고 일부러
미친 척했다는 이야기가 전합니다. 이 이야기는 세종의 즉위를
정당화하고 세자를 깎아내리기 위해 만들어진 것으로 보여요.
실제 세자에 대한 사랑이 남달랐던 원경 왕후는 "형을 폐하고 아
우를 세우는 것은 분란의 원인이 됩니다."라며 충녕 대군을 세자
로 삼는 것을 반대했습니다. 태종도 원경 왕후의 말에 동의했으
나 "어진 이를 고르는 것이 마땅하다."라며 충녕 대군을 염두에
두었지요.

　1418년 태종의 처사에 불만을 품은 세자는 내관을 통해 태종
에게 다음과 같은 글을 올렸어요.

　"전하는 열 명도 넘는 시녀를 궁중에 받아들이면서 왜 신의 첩
은 내보내 원망이 가득 차게 하십니까? 자식이란 아버지를 보고
배우는 법입니다. 신이 어리를 좋아하는 것은 단지 남녀가 정을

나누는 것일 뿐입니다. 어리 하나를 금하다가 잃는 것은 많고 얻는 것은 적을 것입니다.”

태종은 자신까지 끌어들여 자신의 방종을 합리화하려는 세자에게 분노했어요. 세자가 올린 글을 받은 지 3일 만에 태종은 세자를 폐하고, 충녕 대군을 세자로 삼았습니다. 뒤이어 세자의 작위를 낮춰 양녕 대군이라는 이름을 주고 경기도 광주로 물러나 살게 했지요.

둘째였던 **효령 대군**은 부왕과 모후의 뜻이 양녕 대군에게서 떠나 있다는 것을 간파하고는 태종의 마음에 들기 위해 열심히 공부했어요. 하루는 양녕 대군이 술을 잔뜩 마시고 효령 대군을 찾아갔습니다. 양녕 대군은 효령 대군에게 “공부해야 소용이 없다. 부왕의 뜻이 충녕 대군에게 있으니 다른 마음을 먹지 마라.”고 충고했다고 해요. 이에 크게 낙담한 효령 대군은 모든 공부를 중단하고 출가해 합천 해인사로 들어갔습니다.

❂ 청권사 부묘소 내 효령 대군 묘(서울시 서초구)
청권사 부묘소는 효령 대군의 사당과 묘소를 모신 곳이다. 영조가 1736년(영조 12) 효령 대군을 기려 사당을 짓고, 1789년(정조 13) 정조가 청권사라는 편액을 내렸다. 조선 초기 대군 묘역의 규모와 형식을 보여 주는 좋은 사례로 꼽힌다.

태종, 세종의 장인 심온을 제거하다

태종은 양녕 대군에서 충녕 대군으로 세자를 교체한 후 곧 왕위를 물려줄 것이라는 의사를 밝혔습니다. 신하들과 세자는 반대했지만 태종의 뜻은 확고했어요. 태종은 세자에게 국왕의 복장을 갖추게 하고 경복궁에서 즉위식을 하도록 명령했지요. 신하들은 국왕의 복장을 갖춘 세자를 보고서야 태종의 진심을 확인했어요. 1418년 8월 10일 충녕 대군은 세자가 된 지 두 달여 만에 22세의 나이로 왕위에 올랐습니다.

태종은 상왕이 된 후에도 군권을 지니고 있었어요. 당시 병조 판서는 박습이었고 병조 참판은 강상인이었습니다. 실권은 상왕의 가신인 강상인이 가졌지요. 그런데 강상인은 군사에 관한 일을 상왕이 아닌 세종에게만 보고했어요. 상왕은 강상인을 불러 "내가 군사 문제에 대해 보고를 받는 것이 사직에 무슨 해라도 된다는 것인가?"라며 꾸짖은 후 의금부에 하옥해 국문했지요. 강상인은 "사리를 제대로 살피지 못해 빚어진 일"이라고 변명했어요. 상왕은 강상인을 **함경남도 단천**의 관노로 보내고 박습

관노
관아(官衙)에 소속된 노비를 말한다. 사노비와는 달리 독립 생활을 하면서 부역과 공납의 의무를 부담하기도 했다.

○ 함경남도 단천 지도
(국립중앙박물관)
함경남도 단천의 모습을 정교하게 표현한 지도이다. 군사와 관련된 건물과 유생들이 공부했던 양사재 등이 상세히 묘사되어 있고, 마을과 암자, 창고, 역참 등이 그려져 있다.

은 경상남도 사천으로 귀양 보냈습니다.

　점점 군권은 상왕이, 행정권은 **세종**이 행사하는 모양새가 되었어요. 하늘에 해가 두 개 떠 있는 셈이었지요. 세종의 장인 심온도 강상인 사건에 연루됩니다. 1418년(세종 즉위년) 9월 심온은 세종이 왕위를 이은 사실을 알리기 위해 사은사(謝恩使, 임금이 중국의 황제에게 사은의 뜻을 전하기 위해 보내던 사절)로 명에 가게 되었어요. 전송 잔치 때는 장안의 내로라하는 사람들이 다 모여들었지요. 한양에서 출발할 때 사신 행렬이 왕의 행차에 버금갈 정도로 위세가 대단했어요. 상왕은 심온의 행차 소식을 전해 듣고 불편한 기색을 감추지 않았지요.

　신하가 위세를 부리면 반드시 왕의 견제를 받게 됩니다. 상왕은 느닷없이 강상인 사건을 다시 끄집어냈어요. 강상인에게 네 차례나 압슬형(壓膝刑, 무릎을 무거운 물건으로 짓눌러 고통을 주는 고문)을 가하자 고문에 못 이긴 강상인이 "신이 '군사는 마땅히 한곳에서 처리해야 한다.'라고 말했더니 심온도 '옳다.'라고 맞장구를 쳤습니다."라며 심온을 끌어들였습니다. 거열형에 처해진 강상인은 수레에 오르면서 "나는 죄가 없는데 매를 견디지 못해 죽는다."라고 외쳤어요.

　명나라에 사신으로 간 심온은 돌아오지 않은 상태였고, 물증이라고는 가혹한 고문에 의한 자백뿐이었습니다. 이때 좌의정 박은과 영돈녕부사 유정현은 심온 일가를 제거해야 한다고 부추겼어요. 상왕은 "심온이 돌아오면 연루자와 대질이라도 시키는 게 옳다."라고 말했지만, 박은은 "반역의 증거가 명백하니 대질할 필요가 없다."라면서 즉각 사형시켜야 한다고 주장했지요.

　귀국길에 의주에서 체포된 **심온**은 한양으로 압송되었습니다.

❂ 세종(1397~1450)
22세의 나이에 조선 제4대 왕으로 즉위한 세종은 정치 · 경제 · 사회 · 문화 등 다방면에 걸쳐 많은 업적을 남겼다.

거열형
죄인의 다리를 두 대의 수레에 한쪽씩 묶어서 몸을 두 갈래로 찢어 죽이던 형벌이다.

심온은 영의정이자 세종의 장인이었지만 하루에 두 차례나 곤장을 맞고 세 차례나 압슬형을 당했어요. 수사를 맡은 영동녕부사 겸 의금부 제조 유정현이 "이렇게 국문을 당하고도 상황 판단을 못 하시오."라며 혀를 찼지요. 심온은 상왕의 뜻임을 깨닫고 "강상인의 말에 동조했다."라고 자백했어요. 심온은 강상인이 죽는 바람에 대질 한번 하지 못한 채 사약을 마셔야 했지요. 야사에서는 심온이 사약을 받아 들고 "앞으로 박씨 집안과는 절대 혼인하지 마라."는 말을 남겼다고 합니다.

박은은 심지어 병조 당상관에게 "죄인의 딸(세종 비 소헌 왕후 심씨)도 왕비의 자리에 있을 수 없다."라고 말했어요. 태종은 "예전에 민씨(원경 왕후)의 동생도 불충한 일을 벌였으나 왕비를 폐하자는 말은 없었다."라면서 소헌 왕후를 옹호했지요.

심온의 옥사 이후 세종의 장모 안씨를 포함해 심온의 자녀들은 모두 천인으로 전락했습니다. 1426년(세종 8년)에 가서야 천인 명부에서 빠졌지요. 태종이 죽은 후 소헌 왕후 심씨는 몰래 대

○ 심온의 묘(경기 수원시)
심온은 외척의 세력이 커짐을 염려한 태종에 의해 억울하게 사사되었으나 사후에 진실이 밝혀져 명예를 회복했다. 묘비의 비문은 안평 대군 이용이 썼다.

궐을 빠져나와 어머니를 만나곤
했지만 평생을 눈물로 보내야만
했어요. 태종은 세종에게 외척에
게 휘둘리지 않고 정사를 돌볼 수
있도록 심온을 제거하는 악역을
마다치 않았습니다. 이렇듯 세종
은 피로 물든 역사의 장을 딛고 왕
위에 올랐지요.

　태종이 죽자 사람들은 세종이 자신의 장인을 죄인으로 몰아 죽
인 박은과 유정현에게 복수할 것으로 생각했습니다. 하지만 세
종은 그렇게 하지 않았어요. 오히려 세종은 박은의 의견을 받아
들여 집현전을 부활하기도 했지요. 유정현은 보복을 받기는커녕
1419년(세종 1년) 대마도를 정벌할 때 삼군 도통사에 임명되었
고, 1426년에 다시 좌의정에 임명되었어요. 세종은 유정현의 능
력을 높이 사서 계속 등용함으로써 정치 보복의 고리를 끊었지요.

이종무가 정벌한 대마도, 왜 우리 땅이 못 되었나

1419년(세종 1년) 5월 5일 왜선 39여 척이 명 해안으로 향하던 중 비인현(충청남도 서천군 일대)에 침입했어요. 5월 12일에는 왜선 7척이 해주 해안을 침탈했지요. **대마도**에 흉년이 들어 왜 적들이 출몰했던 거예요.

　5월 15일 상왕은 세종과 유정현, 조말생 등을 불러 회의를 열었어요. 대신들은 모두 반대했으나 병조 판서 조말생은 "이번에 왜구를 확실히 눌러놓지 않으면 노략질이 더욱 심해질 것입니다."라며 대마도 정벌에 찬성했습니다. 왜구의 소굴을 공격하기로 한 상왕은 "대마도는 원래 우리 땅이다. 궁벽하게 막혀 있고 누추해 왜놈이 살도록 했더니 개처럼 도둑질하고 쥐처럼 훔치는 악행을 그치지 않는구나."라며 군사를 일으켰어요.

　대마도는 본래 신라에 소속되어 있었으나 왜인들이 들어와 거주하게 되면서 일본 땅이 되었습니다. 대마도는 인구가 적고 농토가 매우 척박해 기근을 면하기 어려운 곳이었어요. 더구나 당시 몰락한 무사와 농민 등 빈민이 증가해 대마도는 한반도를 약탈하는 왜구의 근거지가 되었지요.

◐ 대마도
왜군은 대마도 산맥의 험준한 지형을 이용하여 밤에 기습을 하거나 매복 작전을 펼쳐 조선 군사 200여 명을 죽였다.

1419년 6월 17일 도체찰사(都體察使, 비상시 임시로 군대를 총지휘하던 직책) 이종무는 9명의 절제사(節制使, 지방 수령을 겸하면서 국방을 담당하던 직책)와 군졸 1만 7,000여 명을 거느리고 대마도 정벌에 나섰습니다. 동원된 227척의 전함에 65일분이나 되는 군량을 실었어요. 대마도에 쳐들어간 조선 군사들을 본 대마도 주민들은 명으로 떠난 자기네 배가 돌아오는 줄 알고 떡과 술을 가지고 나와 환영하려 했어요. 하지만 곧 조선군이 대마도를 정벌하러 온 것을 알게 되자 겁에 질려 모두 산속으로 도망갔지요.

조선군은 포구에 정박해 있는 129척 중에서 쓸 만한 배 20여 척을 남기고 모두 불태웠어요. 그래도 대마도 도주가 항복하지 않자 1,939채의 집도 불태웠으며, 적병 114명을 죽이고 20명을 사로잡았지요. 포로로 잡혀 와 있던 조선과 명나라 사람들을 구출하기도 했어요.

○ 조선과 왜구의 전쟁
(기록화, 전쟁기념관)

13세기에서 16세기까지 조선과 중국 연안은 왜구의 노략질로 몸살을 앓았다. 1396년(태조 5) 1차로 대마도를 정벌했으나 노략질은 그치지 않았다. 1419년(세종 1) 세종이 이종무를 도체찰사로 삼아 2차로 대마도를 정벌했다.

고지도 속 대마도(규장각 한국학연구원)

신숙주가 쓴 『해동제국기』에는 대마도가 일본의 영토로 표기되어 있다. 신숙주는 1443년(세종 25) 당시 27세로서 서장관으로서 통신사에 합류하여 일본을 방문했다. 일곱 달 동안 일본에 체류하며 대마도 도주와 계해약조(癸亥約條)를 체결하였다.

고지도 속 대마도(보물 제 1591호, 규장각 한국학연구원)

1750년경에 제작된 해동지도(경상도)다. 대마도가 우리 영토로 표기되어 있다.

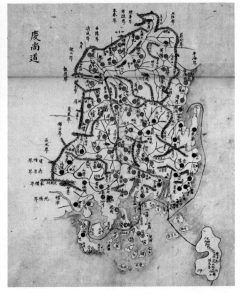

우리는 세종 때 이종무가 **대마도**를 정벌했다고 배웠어요. 그런데 의문이 남습니다. 대마도를 정벌했으면 왜 우리 땅으로 못 만들었을까요? 그게 궁극적으로 왜구를 근절하는 방법인데도 말입니다. 당시에 대마도를 복속했다면 일본이 임진왜란을 일으키기도 쉽지 않았을 거예요. 여기에는 그만한 이유가 있었습니다.

군량미가 바닥날 것을 두려워한 조선군은 육상전을 벌일 계획을 세웠어요. 제비뽑기로 선봉에 나선 좌군 절제사 박실의 군대가 대마도 안쪽까지 깊숙이 진격했습니다. 산으로 도망친 대마도의 병사들은 매복하고 있다가 기습 작전을 펼쳐 박실의 군대를 함선까지 밀어붙였어요. 남아 있던 병사 대다수는 함선 위에서 구경만 하고 있었지요. 이때 200여 명의 조선군이 전사했습니다. 왜적이 함선에 불을 지르려 하자 그제야 우군 절제사 이순몽이 왜적을 물리쳤어요.

때마침 대마도 도주가 화해를 청하면서 "머지않아 태풍이 올 것이니 조심해야 할 것이오."라는 글을 보내왔습니다. 이종무는 기습과 태풍 때문에 더는 추격이 불가능하다고 판단하고 대마도에서 퇴각했어요. 조정에서는 이종무를 처벌해야 한다는 주장이 거셌고, 결국 이종무는 유배에 처해졌어요. 태종은 대마도 도주의 화해 약속을 받아 온 점을 인정해 이듬해 이종무를 유배에서 풀어 주었어요. 이것이 대마도 정벌의 실상입니다.

대마도의 왜구를 제압하기는커녕 약탈을 우려해 1426년(세종 8년) 대마도 도주의 통교 요구를 받아들였어요. 남해안의 부산포, 제포(진해), 염포(울산) 등 삼포를 개방해 무역을 허용하고, 제한된 범위 안에서 교역을 허락한 것이지요. 이를 계해약조라고 합니다. 제포와 진해는 'ㅈ'이 공통으로 들어 있고, 염포와 울산은 'ㅇ'이 공통으로 들어 있으니 '제포는 진해, 염포는 울산' 이런 식으로 연결해서 기억하면 편하겠지요?

양녕 대군, "살아서는 왕의 형, 죽어서는 불자의 형"

세종은 즉위한 뒤 세 번이나 국상을 치렀어요. 즉위한 이듬해에는 큰아버지인 정종이 죽었고, 정종의 3년상이 끝나기도 전인 1420년(세종 2년)에는 어머니 원경 왕후 민씨가 죽었습니다. 2년 후에는 아버지 태종도 죽었지요.

상왕 태종이 죽자 신하들의 새 임금 길들이기도 시작되었습니다. 신하들은 "양녕 대군을 궁궐에서 속히 내보내야 합니다."라고 연이어 상소문을 올렸어요. 한 달쯤 실랑이한 끝에 세종은 양녕 대군을 이천으로 보냈습니다. 이천

○ 숭례문

양녕 대군의 친필로 알려져 있는 숭례문 현판은 다른 문과는 달리 세로로 쓰인 것이 특징이다. 이 글씨를 세로로 길게 늘어뜨리면 관악산의 화기가 성안으로 들어오지 못할 거라고 믿었기 때문이다.

에 간 양녕 대군은 태종의 장례가 끝나자마자 사냥을 나가 빈축을 샀고, 집수리를 시킨 마을 사람에게 술을 지나치게 먹여 죽음에 이르게 한 적도 있었어요. 심지어 개를 훔치기도 했지요. 신하들은 또다시 "불충의 죄를 물어야 한다."라고 아우성이었으나 세종은 양녕 대군을 청주로 보내는 것으로 일단락 지었어요. 이후에는 아우로서 형님에게 술과 고기를 보내는 것도 잊지 않았지요.

　1446년(세종 28년) 양녕 대군은 아우의 배려에 힘입어 한양으로 돌아와 종실 어른으로 대우받게 되었습니다. 하루는 양녕 대군이 사냥을 마친 후 **회암사**에 들렀어요. 양녕 대군은 회암사에 머물고 있던 **효령 대군** 앞에서 사냥감을 요리하기 시작했지요. 효령 대군이 기겁하며 "형님, 신성한 산사에서 이게 무슨 짓입니까."라고 따졌어요. 양녕 대군은 대수롭지 않은 듯 "살아서는 왕의 형이고 죽어서는 불자의 형인데 두려울 게 뭐가 있겠느냐."라고 대답했다고 합니다.

　1453년(단종 2년)에 계유정난이 일어나자 양녕 대군은 조카 수양 대군의 편을 들었습니다. 계유정난 직후 양녕 대군은 단종을 보호하려 한 수양 대군의 친동생 안평 대군을 사형시키라고 청했지요. 사육신 사건이 일어났을 때는 세조에게 단종을 죽이라고 간청했어요. 이는 양녕 대군이 일부러 세자 자리를 박찼다는 세간의 속설이 얼마나 근거 없는 것인지를 말해 줍니

○ 효령 대군(1396~1486)
태종의 둘째 아들이다. 효성과 우애가 지극하여 세종·문종·단종·세조·예종·성종 모두에게 극진한 대우와 존경을 받았다. 불교의 보호와 진흥에 공헌했다.

○ 회암사(경기 양주시)
1328년(충숙왕 15) 인도에서 원나라를 거쳐 고려에 들어온 지공선사가 인도의 아라난타사를 본떠서 창건한 266칸 규모의 사찰이었다. 조선 초기까지 전국에서 가장 규모가 큰 사찰이었으나 억불 정책이 심화되면서 결국 폐허가 되었다. 1821년(순조 21)에 지공·나옹·무학대사 등 세 승려의 부도와 비(碑)를 중수하면서 옛터의 뒤에 작은 절을 짓고 회암사의 절 이름을 계승하였다.

다. 오히려 자신의 자리를 빼앗은 동생 세종에게 보복한 느낌이 짙지요.

양녕 대군은 1462년(세조 8년) 향년 69세에 세상을 떠났어요. 자유분방한 기질에 걸맞게 문학에 재능을 보여 시와 서에 능했다고 합니다. 국보 제1호인 **숭례문의 현판 글씨**도 양녕 대군이 썼다고 전하지요. 풍류와 예능은 정치와는 잘 어울리지 않는 것인지도 모릅니다.

효령 대군은 1435년 회암사 중수를 건의했고, **원각사** 조성도감 도제조로 활동하기도 했어요. 효령 대군은 성격이 유순하고 권력에는 관심이 없었던 인물로 알려져 있습니다. 그래서인지 세종, 문종, 단종, 세조, 예종, 성종 등 여섯 왕을 거치며 91세까지 살았지요.

⊙ 원각사지 10층 석탑
전체적인 형태와 구조, 표면의 장식과 재질이 고려 시대의 개성 경천사지 10층 석탑과 흡사하다. 세련되고 뛰어난 솜씨가 돋보인다.

2 세종 초기의 업적

불평등한 사대 외교가 실리 외교로 바뀌다

조선은 태조 때 정도전이 요동 정벌 계획을 추진하여 명과 갈등을 빚었지만, 태종 이후에는 조선과 명의 관계가 안정되고 문화 교류가 활발하였어요. 하지만 불평등한 사대 외교에 시달렸지요. 흔히 '칙사 대접'이라는 말을 씁니다. 당시 명 사신들을 두고 하는 말이에요. 명 사신이 오면 영접사를 보내고 태평관에서 잔치를 베풉니다. 다음 날부터는 왕의 잔치, 종친 잔치, 의정부 잔치, 송별연 등이 끝없이 이어집니다. 많은 선물을 챙겨 명으로 돌아가는 길에서도 잔치가 이어졌지요. 당시 명에서는 앞 다투어 조선에 사신으로 파견되기를 희망하였다고 해요.

　팽창정책을 폈던 명 태종(영락제)은 조선에 주로 전쟁 비용 분담을 요구하였어요. 말 만 필을 요구하기도 하고 처녀와 내시를 찾기도 하였지요. 영락제의 총애를 받은 한씨라는 여인은 영락제가 죽었을 때 순장을 요구받자 목을 매었습니다. 한씨의 오라비 한확은 다른 여동생을 영락제의 손자 선덕제에게 보냈는데,

명 태종(영락제)
명의 제3대 황제(1360~1424)이다. 해외 원정과 무역로 확장, 대규모 공사와 문화 정책 등을 펼치며 명의 전성기를 이끌었다.

○ 사냥용 매
한반도에서는 삼국 시대부터 훈련된 매를 이용한 사냥(매 사냥)이 성행했다. 덕분에 질 좋은 매가 많이 산출되었는데, 대표적인 것이 참매와 송골매이다. 참매는 나무가 많고 들판이 좁은 지역에서 쓰였고, 송골매는 넓은 평원에서 사냥할 때 쓰였다. 한국 전통 매사냥 보전회 제공

그녀 또한 선덕제의 총애를 받았어요. 두 누이 덕에 출세한 한확은 나중에 자신의 여섯째 딸(훗날 인수 대비)을 수양 대군의 아들 도원군(성종의 아버지로 덕종으로 추존됨)과 혼인시켰어요.

사냥을 좋아했던 명 태종의 손자 선종(선덕제)은 조선에 **사냥용 매**를 요구하였어요. 조정에서는 지방에서 매를 잡아 올리면 상을 내릴 정도였어요. 이때 조선에 온 명 사신은 어릴 때 조선에서 보낸 내시들이었어요. 이들이 요구하는 선물이 너무 과도해 조선 정부 입장에서는 매우 부담스러웠어요.

세종은 명 사신들의 요구에 분노했지만 나라와 백성을 위해 참을 수밖에 없었습니다. 선덕제가 죽고 명 영종(정통제)이 즉위하자 사대 외교는 점차 정상적인 실리 외교로 자리 잡게 됩니다. 조선은 금, 은, 종이, 붓, 인삼, 화문석 등을 수출하고, 명으로부터는 비단, 자기, 약재, 서적, 문방구 등을 수입하였어요. 명과의 사대 외교는 점차 선진 문물을 수용하기 위한 문화 외교인 동시에 일종의 공무역 성격을 띠게 되었지요.

○ 『황화사후록』
(국립중앙박물관)
'황화'는 중국 사신을 의미하고 '사후'는 문안한다는 뜻이다. 중국에서 사신이 오면 조정에서는 관리들을 파견하여 사신을 수행하고 접대하는 일을 맡겼다.

명 선종(선덕제)
명의 제5대 황제(1399~1435)이다. 조부였던 영락제의 총애를 받았다. 적극적인 대외 정책은 펴지 않았으나 내정 면에서는 큰 치적을 올렸다.

명 영종(정통제)
명의 제6대 황제(1427~1464)이다. 영종 재위 동안 환관들이 전횡을 일삼았고, 나라 재정은 궁핍해졌다.

우리나라를 기준으로 한 최초의 역법, 『칠정산』이 만들어지다

1422년(세종 4년) 1월 1일 일식으로 말미암은 재앙을 막기 위해 의식이 행해졌습니다. 이때 예보한 시각이 1각(약 15분)이나 차이가 난다는 이유로 담당 예보관이 곤장을 맞았어요. 어진 임금으로 알려진 세종이 15분 틀린 것으로 곤장을 때린 데는 나름의 이유가 있습니다. 당시 역법은 농사의 절기를 알려 주고 천재지

◑ 혼천의

천체의 운행과 위치를 관측하던 기구다. 해와 달, 오행성의 위치와 시각을 측정하는 데 사용되었다. 1433년(세종 15) 정초, 정인지 등이 연구하고 이천, 장영실 등이 제작을 감독했다.

◑ 규표

방위, 절기, 시각을 측정하는 천문 관측 기기다. 표는 지상에 수직으로 세운 막대를, 규는 표 끝에 붙여서 수평으로 북을 향하여 누인 자를 말한다.

◑ 간의 조선의 천문대에 설치한 가장 중요한 관측 기기 가운데 하나이다. 혼천의를 간소화한 것으로 오늘날의 각도기와 비슷한 구조를 가졌다.

변을 예측하는 데 쓰였으므로 정치적으로 큰 의미가 있었거든요. 세종은 중국의 역서를 그대로 써 왔기 때문에 오차가 생겼다고 보고 독자적인 역법을 만들기 위해 천문학 연구와 천문 기구 제작을 진행하기로 했습니다.

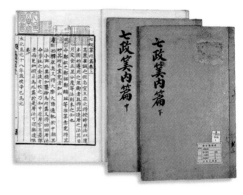

먼저 세종은 천문에 능한 정초, 수학에 능한 이순지에게 관측기구 제작을 위한 이론을 연구하게 하고, 손기술에 능한 장영실과 이천에게는 관련 자료를 취합해 관측기구를 제작하도록 명했어요.

정초를 중심으로 장영실의 뛰어난 손기술과 이순지의 역산 능력이 합쳐지자 뛰어난 과학 발명품이 수없이 탄생했습니다. 이들의 솜씨로 천체의 운행과 위치를 측정하는 혼천의, 간의, 규표가 제작되었지요.

○ 『칠정산 내편』
(규장각 한국학연구원)
원나라 수시력에 대한 해설서이다. 칠정(七政)이란 해와 달, 그리고 오성(五星 : 수성, 금성, 화성, 목성, 토성)을 가리키는데, 이 해설서에는 이들 천체의 운행에 관한 자료가 담겨 있다.

1432년(세종 14년)에는 원의 수시력을 참조한 새로운 달력이 만들어졌습니다. 혼천의, 간의 등을 이용해 한양의 위도를 확인하고, 칠정(七政, 해, 달, 수성, 금성, 화성, 목성, 토성)의 운행 궤도와 주기도 밝혀냈지요. 그 결과 1442년(세종 24년) 칠정이 운동하는 위치를 계산하는 방법을 서술한 **『칠정산 내편』**이 완성되었어요. 우리나라 최초로 한양을 기준으로 천체 운동을 정확하게 계산한 역법이 탄생한 것입니다.

이어서 1444년 아라비아의 회회력을 참조해 더욱 정확한 『칠정산 외편』을 완성했습니다. 『칠정산 외편』과 『칠정산 내편』은 『세종실록』의 별책 부록에 수록되어 있을 정도로 비중 있게 다루어졌지요. 1422년에 일식을 예보한 담당관이 1442년에 예보를 담당했다면 곤장을 맞지 않았을 텐데 좀 아쉽네요.

만물박사 정초와 신의 손 장영실이 만났을 때

세종 때 과학 기술을 주도한 삼인방으로는 정초, 이순지, 장영실을 꼽을 수 있어요. 세종은 정초를 과학 기술을 담당하는 공조 참의에 임명했고, 이순지를 정4품 호군에 임명해 천문과 역산(曆算, 역법에 관한 계산) 연구에 주력하게 했습니다. 기계 제작은 손기술이 좋은 장영실에게 맡겼지요. 정초가 브레인을 맡았다면 이순지는 실무, 장영실은 제작을 맡은 셈이에요.

정초는 무슨 책이든 한 번 보면 외우는 수재로 이름났어요. 『농사직설』, 『삼강행실도』를 지은 정초는 세종이 세자일 때 학문을 가르치기도 했지요. 조선의 학자들은 주로 유학만 공부했지만 정초는 유학은 물론 천체학, 산학(수학), 과학에도 조예가 깊었어요. 정초는 이천과 함께 혼천의를 제작했고, 예문관 대제학을 맡아 외교 문서를 관장하기도 했습니다.

이순지 역시 문과에 급제한 유학자였지만 천문학과 수학에 뛰어났습니다. 어머니 장례를 치르는 이순지를 세종이 특별히 불러 벼슬을 내렸어요. 이순지는 두 차례나 관직을 사양했지만 세종은 받아들이지 않았지요.

장영실은 동래현의 관노였어요. 아버지인 장성휘는 고려 때 송에서 귀화한 중국인이었으므로 오늘날로 치면 다문화 가정 출신이지요. 아버지가 역적으로 몰려 어머니가 관노가 되었다는 주장도 있답니다. 영남 지방에 가뭄이 들었을 때 장영실은 펌프 같은 기계를 고안해 강물을 끌어들여 큰 공을 세웠어요. 동래 현감이 이 사실을 알고는 장영실을 장인으로 발탁했지요. 그후 태종 때 동래 현감이 추천해 장영실은 주자소에서 활자 만드는 일을 했어요. 세종의 눈에 띈 장영실은

앙부일구(보물 제845호)

장영실, 이천 등이 만든 해시계이다. 앙부일구는 '우묵한 솥이 하늘을 우러르고 있다.'라는 의미를 지닌다. 눈금 위로 바늘의 그림자가 비치면 그림자의 길이와 위치에 따라 시간과 계절, 절기를 알 수 있다.

보루각 자격루(국보 제229호)

물의 흐름을 이용해 종과 징, 북을 쳐서 시간을 알려 주는 자동 물시계이다. 1434년 세종이 장영실에게 만들도록 지시했다. 당시 제작된 자격루는 모두 소실되고 현재 남아 있는 것은 1536년(중종 31)에 제작된 자격루의 일부이다.

금영 측우기(보물 제561호)

조선 시대에 강우량을 측정하기 위해 쓰던 기구이다. 1441년(세종 23)에 제작한 후 서울과 각 도의 군현에 설치했다. 세종 때 만든 측우기는 남아 있지 않고 1837년에 만든 한 점만 전해 온다. 기상청 제공

노비의 신분에서 벗어나 대궐의 일용품을 관리하는 벼슬에 오르게 되었어요.

1434년(세종 16년) 장영실은 베이징에 유학까지 다녀와서 자격루를 완성했어요. 이전의 물시계는 사람이 항상 옆에 서 있다가 시각을 알려야 했으므로 불편했습니다. 하지만 자격루는 자동 물시계여서 당시로서는 획기적인 발명품이었지요.

세종은 장영실이 만든 자격루를 보고는 "비록 나의 가르침을 받아서 했지만, 장영실이 아니었다면 결코 만들어 내지 못했을 것이다. 원 때도 물시계가 있었다고 하나 정교함은 장영실이 만든 것에 못 미친다."라고 격찬했어요. 세계적인 과학사학자인 도널드 힐 박사도 "장영실은 15세기를 대표하는 시계 기술자"라고 평가했지요.

빗물을 재는 그릇인 측우기는 1441년 세종 때 장영실이 최초로 만들었다고 알려졌지만 진짜 측우기의 발명가는 세종의 장남인 문종입니다. 물론 문종이 측우기를 실험하고 제작하는 과정에서 장영실 등 과학 기술자의 도움을 받았을 수는 있어요. 하지만 장영실이 측우기를 발명했다는 기록은 어디에도 없습니다. 『세종실록』에는 다음과 같이 기록되어 있어요.

"가뭄을 걱정하던 세자는 비가 올 때마다 비 온 뒤에 땅을 파서 젖어 들어간 깊이를 재었다. 정확하게 얼마나 젖어 들어갔는지 알 수 없어 **구리로 만든 원통형 기구**를 궁중에 설치하고, 고인 빗물의 푼수를 조사했다."

문종의 실험은 측우기 발명으로 이어졌습니다. 호조에서 구리 측우기의 규격을 정하고 현 단위까지 구체적으로 측정 장소를 지정하는 방안을 내놓아 전국적 강우량 관측망이 갖추어졌어요.

○ 구리로 만든 원통형 기구
빗물을 받는 그릇이다. 주척이라 부르는 자를 이용하여 고인 빗물의 깊이를 쟀다. 원통형 기구는 3단으로 포개서 세울 수 있게 만들었다.

박연의 피리 소리, 듣는 이의 애간장을 녹이다

예악(禮樂, 예법과 음악)은 임금의 즉위식 등 중요한 행사에 꼭 필요했지만 당시에는 음악이 제대로 정리가 되어 있지 않았어요. 음악에도 관심이 많았던 세종은 박연에게 악기를 개량하거나 만들게 했습니다. 성현이 쓴 『용재총화』에 따르면 박연은 젊은 시절에 우연히 피리를 익히게 되었는데, 음률에 대한 감각이 뛰어나 지역에서 모두 인정할 만큼 솜씨가 빠르게 늘었다고 해요.

하루는 박연이 한양에 온 광대 패거리의 공연을 구경하게 되었습니다. 광대의 피리 소리에 반한 박연은 공연 후에 광대를 찾아가 자신의 피리 소리를 들려주며 평을 부탁

○ 박연 초상화
(국립국악원)
박연 부부의 모습이 담긴 초상화다. 박연은 궁중 음악을 정비하고 악학 연구에 공헌했다.

했어요. 광대는 박연의 피리 소리를 듣더니 잘못된 습관이 굳어져 있어 음을 고치기 힘들다는 예상 밖의 평가를 했지요. 박연은 광대에게 가르침을 청했습니다. 광대로부터 피리를 배우게 된 박연은 한 달도 안 되어 스승을 능가할 정도로 피리를 잘 불게 되었지요.

박연은 피리에 이어 거문고, 장구, 북 등 모든 악기를 배웠어요. 가야금 연주에도 뛰어났는데, 가야금을 연주할 때면 새와 짐승들이 와서 그 소리에 맞춰 춤을 추었다는 민담이 전해지기도 합니다.

박연은 관리가 된 후에도 늘 피리를 불고 다녔어요. 박연이 피리를 잘 분다는 소문이 세종의 귀에도 들어갔습니다. 세종은 직

접 박연의 피리 연주를 듣고는 "이처럼 낭랑하고 애절한 피리 소리는 처음 들었다."라며 크게 칭찬했어요. 세종은 곧 박연을 악학별좌에 임명하고 음악에 관한 업무를 맡겼어요. 세종은 박연에게 중국 음악만 정리하는 데 그치지 말고 우리 고유의 음악도 함께 정리할 것을 명령했어요.

세종은 직접 「여민락」 등의 악곡을 짓고, 소리의 장단과 높낮이를 표현하기 위해 만든 악보인 「정간보」를 창안했어요. 「여민락」은 임금의 거둥 때나 궁중의 잔치 때에 연주하던 아악곡으로, 세종이 「용비어천가」 1~4장과 125장을 아악 곡조에 얹어 부를 수 있도록 작곡한 웅대한 가락입니다. 모두 10장이었는데 7장만 관현악기로 연주하며 노래는 부르지 않아요.

박연은 계유정난으로 말미암아 불우한 말년을 보내게 됩니다.

◉ **편경(국립국악원)**
박연이 정비하여 궁중 아악에 사용해온 타악기이다. 편경은 ㄱ자 모양의 돌 16개를 두 단으로 된 나무틀에 매달아 놓은 것이고, 편종은 두께만 다른 똑같은 크기의 종 16개를 두 단으로 매달아 놓은 것이다. 문묘제례악과 종묘제례악 등에 쓰인다.

막내아들 박계우가 세조에게 반대하다가 처형되고 관직마저 박탈당하자 박연은 고향인 영동으로 낙향했어요. 박연은 한강에서 배를 타고 고향으로 내려가기 전에 배웅 나온 사람들을 위해 피리 소리를 들려주었는데, 듣는 이의 애간장을 녹일 정도로 슬펐다고 합니다. 박연은 낙향한 지 4년 만에 81세의 나이로 세상을 등졌어요. 지금도 박연의 고향인 영동에서는 해마다 박연의 호를 딴 영동 난계국악축제를 열어 박연의 업적을 기리고 있답니다.

4군 6진 개척으로 두만강 북쪽 700리까지 확보하다

조선 초까지는 북방의 국경이 명확하지 않았습니다. 세종은 1433년 최윤덕과 김종서를 북방으로 보내 여진족을 정벌하도록 했어요. 최윤덕에게는 압록강 상류 유역에 4군을, 김종서에게는 두만강 유역에 6진을 설치하도록 했습니다. 압록강과 두만강 이남을 조선의 영토로 편입하였지요.

조선의 대외 정책은 큰 나라를 받들어 섬기고 이웃 나라와는 화평하게 지내는 사대교린 정책이었습니다. 명에 대해서는 사대 정책을 시행했고, 일본과 여진족에 대해서는 교린 정책을 시행했지요. 교린 정책이란 회유책과 강경책을 병행하는 것입니다. 4군 6진 개척은 여진족에 대한 강경책이고, 사신 파견이나 북평관(北平館, 여진족 사신을 접대하기 위해 만든 객관으로 동대문 근처에 있었음) 설치 등은 회유책에 해당하지요.

단순히 군사력으로 여진족을 밀어낸다고 우리의 강역이 확장되는 것은 아닙니다. 세종은 4군 6진 지역에 백성이 없었으므로 남쪽 지역의 백성을 이주하는 사민 정책을 시행했어요. 또한 지방관을 지역 출신 사람으로 임명하는 토관 제도를 시행했지요. 4군 6진 개척으로 현재와 같은 국경선이 확보되었어요.

압록강 방면의 개척은 고려 말에 상당한 진척이 있어서 강의 하류인 서북 방면은 대부분 고려의 영역으로 편입되었습니다. 강의 상류인 동북 방면에도 강계 만호부, 갑주 만호부를 설치한 바 있지요. 그 후 1416년(태종 16년) 현재의 중강진 부근에 여연군을 설치함으로써 압록강 남쪽 유역이 조선의 영역으로 확정되었어요.

○ **4군 6진**
압록강 상류 지역을 개척한 최윤덕은 여연·자성·무창·우예에 4군을 설치했고, 두만강 하류 지역을 개척한 김종서는 종성·온성·회령·경원·경흥·부령에 6진을 설치했다.

그런데 세종 때 여진족의 침입이 빈번해지자 1433년(세종 15년) 최윤덕을 평안도 도절제사로 삼아 황해도, 평안도의 군사 1만 5,000여 명을 동원해 만주 지역을 공격했습니다. 일곱 개 부대가 최첨단 무기인 화포를 동원해 야인 180여 명을 사살하고 250여 명을 생포했으며 자성군을 설치했지요. 그래도 여진족의 침입이 계속되자 1437년(세종 19년) 평안도 도절제사 이천에게 군사 8,000명을 내주어 여진족의 소굴인 오라산성(지금의 환인현 오녀산성)까지 토벌하게 했어요. 1440년에는 무창현을 설치해 1442년 군으로 승격하였고, 1443년 우예군을 설치함으로써 중강진 지역에 4군이 개척되었어요.

세종은 최윤덕에게 좌의정 벼슬을 내리고 한양으로 돌아오기를 청했지만 최윤덕은 70세에 세상을 떠날 때까지 변방의 장수로 남았답니다.

1439년 세종은 공조 참판 최치운을 명에 보내 '공험진이 조선 경계'라는 사실을 인정받았어요. 『세종실록지리지』 함길도 조항에는 다음과 같은 기록이 있습니다.

○ **「척경입비도」 「북관유적도첩」**
(고려대학교박물관)
1107년 동북 지역의 여진족을 토벌하고 9성을 개척한 윤관의 군사들이 '고려의 영토'라고 새긴 경계비를 세우는 장면이 그려져 있다.

○ 「야연사준도」, 『북관유적도첩』(고려대학교박물관)

6진을 개척한 김종서가 연회를 베풀 때 화살이 날아와 술통에 맞았다. 주위 사람들은 모두 두려워했지만 김종서는 태연하게 연회를 마쳤다는 일화를 그린 그림이다.

"함길도는 원래 고구려의 옛 땅이다. 고려 예종 2년(1107년) 윤관이 군사 17만 명을 거느리고 동여진을 쳐서 몰아냈고 함주에서 공험진까지 9성을 쌓아 경계를 정하고 비석을 공험진의 선춘령에 세웠다."

또한 『세종실록지리지』에는 "함길도의 경계가 백두산에서 시작해 남쪽으로 철령까지 1,000여 리에 걸쳐져 있고, 철령으로부터 북쪽 공험진까지는 1,700여 리다."라고 기록되어 있어요. 양성지 등이 작성한 동국지도에도 공험진과 선춘령이 두만강 북쪽에 표기되어 있지요.

일제 식민학자들과 그 제자인 강단학자들이 세종 때 조선 국경을 두만강으로 축소했지만, 당시의 기록들은 국경을 두만강 북쪽 700리 지점으로 못 박고 있고 명 측도 이를 인정했습니다.

1434년 이래 10여 년에 걸친 6진 개척은 4군의 설치와 함께 우리나라 북쪽 국경선을 압록강과 두만강까지 이르게 했어요. 여진족의 내분을 틈타 김종서가 세종의 뜻을 받들어 1434년부터 6진을 개척하기 시작해 회령부·경원부·종성군·경흥군이 설치되었고, 1440년에는 황보인의 건의로 온성군이 설치되었습니다. 이어서 1449년(세종 31년)에 부령부를 설치함으로써 6진이 완성되었어요.

세종은 6진 개척의 영웅인 김종서에 대해 이렇게 칭찬했습니다.

"함경도 도절제사 김종서는 원래 유학을 공부한 신하로 몸집이 작고 무예도 짧아 장수로서는 적합하지 않으나 일을 처리하는 것이 정밀하고 상세했다. 4진을 새로 설치할 때도 일을 알맞게 처리했으니 가히 포상할 만하다."

세종은 통념을 뛰어넘어 인재를 발탁할 줄 알았으므로 성공한 군주가 되었지요.

3 열심히 일한 당신, 세종

세종만의 비밀 프로젝트, 한글 창제

"나라말이 중국과 달라 한자와 서로 통하지 않으므로, 어리석은 백성이 말하고자 할 것이 있어도 마침내 제 뜻을 잘 펴지 못하는 사람이 많도다. 내가 이를 딱하게 여겨 새로 스물여덟 자를 만드노니, 사람마다 쉽게 익혀 날마다 쓰기에 편하게 하고자 할 따름이라."

국어 교과서에서 보았던 친숙한 글이지요?

『훈민정음』 언해본 서두에 실린 글입니다. 한글이 창제되어 반포되었을 당시 한글의 공식 명칭이 훈민정음이었어요. 『훈민정음』 해례본은 한자로 된 훈민정음 해설 원문이고, 언해본은 해례본을 한글로 번역한 것이지요.

세종은 1446년 훈민정음 28자를 반포하면서 창제 목적을 분명히 밝혔어요. 백성을 위한 문자를 만들어 백성이 불이익을 당

❖ 경복궁에서 열린 훈민정음 서문 쓰기
훈민정음 반포를 기념하여 외국인과 어린이들이 자경전에서 훈민정음 서문을 써 보고 있다. 보물 제809호인 자경전은 대왕대비가 거처했던 곳이다.

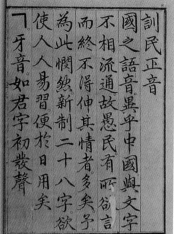

하지 않도록 하겠다는 다짐이었지요. 한글의 원래 이름인 훈민정음은 '백성을 가르치는 바른 소리'라는 의미를 지니고 있어요.

훈민정음은 누가 만들었으며, 언제부터 연구하기 시작했을까요? 흔히 훈민정음은 세종과 집현전 학자들이 공동으로 만들었거나, 집현전 학자들이 만들고 세종이 제작을 지원한 것으로 알려졌습니다. 하지만 훈민정음은 세종이 직접 만든 거예요.

『세종실록』(세종 25년 12월 30일 자)에는 "이달에 임금이 친히 언문 28자를 만들었다. 옛 글자를 본떠 만들었는데 초성, 중성, 종성을 합해 글자를 이룬다. 글자는 간단하지만 전환이 무궁하다. 이를 훈민정음이라고 불렀다."라는 기록이 있어요. 실록에 따르면 한글은 세종이 단독 창제한 셈입니다.

그렇다면 왜 세종과 집현전 학자들이 훈민정음을 공동 창제한 것으로 여기게 되었을까요? 이는 세종이 집현전 학자인 신숙주와 성삼문에게 훈민정음을 기반으로 한 『운서(韻書, 음을 기반으로 분류한 사전)』를 편찬하게 한 데서 비롯되었습니다. 훈민정음

을 실용적으로 사용하는 데 도움이 되는 작업이지요. 집현전 학자들은 『운서』 편찬 과정에 참여했는데, 이것이 마치 훈민정음 창제에 관여한 것으로 와전된 거예요.

훈민정음은 뛰어난 문자였으나 곧바로 세상에 반포되지 못했습니다. 당시의 많은 사람이 훈민정음의 참다운 가치를 몰랐고, 고질적 병폐라고 할 수 있는 사대주의 사상에 빠져 있었기 때문이지요.

세종의 한글 창제 작업은 철저하게 비밀리에 진행되었습니다. 세종은 훈민정음을 반포할 때까지 문자 창제에 관해 단 한마디도 언급하지 않았어요. 세종이 극비리에 한글 창제 작업을 진행한 것은 최만리의 상소문을 통해 짐작할 수 있습니다. "새 문자를 만들어 단독으로 사용한다는 말이 중국에 흘러들어 가면 비난을 받을 수 있고, 한자를 대신해 새 문자를 쓰면 오랑캐가 된다."라는 것이었지요. 상소문의 요지는 곧 '사대주의'였어요.

❖ 경복궁 수정전
(서울시 종로구)
세종 때 집현전으로 사용된 건물이다. 임진왜란으로 소실되었다가 고종 때 재건되었다. 보물 제1760호로 지정되어 있다.

세종은 부제학 최만리를 비롯한 집현전 학자들에게 호통을 쳤습니다. "너희가 운서를 아느냐? 4성 7음에 자모가 몇 개가 있느냐? 새롭고 기이한 기예라니 무슨 말인가? 너희가 이러하니 내가 아니면 누가 운서를 바로잡을 것인가?"

평소에는 인자한 세종도 한글 반대에는 단호하게 대처했어요. 한글 반대는 곧 한글을 창제한 자신에 대한 능멸이라고 간주한 것이지요. 최만리는 의금부에 가두었다가 이튿날 석방했고, 찬성에서 반대로 돌아선 김문은 곤장을 쳤어요.

당시 최만리는 집현전의 수장이었는데도 한글 창제에 대해 제대로 알지 못했던 것으로 보입니다. 세종은 사대의 예에 어긋난다는 반발을 우려해 비밀리에 한글 창제 작업을 진행했지요. 세종의 둘째 딸 **정의 공주**가 세종의 한글 창제를 돕기도 했어요. 『죽산 안씨 대동보』에는 다음과 같은 내용이 전해집니다.

"세종이 훈민정음을 창제할 당시 발음을 바꾸어 토를 다는 것에 대한 연구가 끝나지 않아 대군들에게 해결하도록 했으나 모두 풀지 못했다. 이를 정의 공주가 해결하니 세종이 크게 칭찬하

● **죽산 안씨 연창위 종가 (오른쪽 건물, 경기 양주시)**
세종의 둘째 딸 정의 공주와 결혼한 안맹담은 '연창위(延昌尉)'로 봉해졌다. 이 집은 안맹담과 그의 손자가 1500년(연산군 6)에 지은 것으로 후손이 대대로 거주했다.

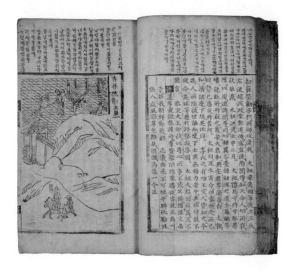

고 상으로 특별히 노비 수백
명을 내려 주었다."

　평민이나 천민이 쉽게 익힐
수 있는 훈민정음의 등장은
기득권층에게는 결코 반가운
일이 아니었을 것입니다. 양
반들만 알던 지식을 평민과
공유하게 되면 학문적 권위
는 물론 권력까지 잃게 될 수
도 있으니까요. 당시에는 일
반 백성이 법의 내용을 알거나 관리를 고발하는 것조차 허락되
지 않았습니다. 그러니 기득권을 지키고자 했던 양반 사회는 세
종의 결심을 쉽게 받아들일 수 없었겠지요?

　1434년(세종 16년) 충신, 효자, 열녀 등의 행실을 한문과 그림
으로 묘사한 『삼강행실도』가 간행되었는데, 세종은 이를 훈민정
음으로 번역해 반포하려 했어요. 그러자 정창손이 "사람이 행하
고 행하지 않는 것은 각자의 자질에 달려 있습니다. 어찌 언문으
로 번역한 것을 읽는다 해 사람이 본받을 것입니까?"라고 부정
적인 반응을 보였지요. 세종은 답답한 나머지 정창손을 "아무짝
에도 쓸모없는 속물 선비"라며 파직하였어요.

　『훈민정음』 언해본 서두의 "내가 이를 딱하게 여겨 새로 스물
여덟 자를 만드노니"에서도 알 수 있듯이 훈민정음의 창제 이념
에는 사람을 널리 이롭게 한다는 홍익인간의 정신이 담겨 있습
니다. 반포 당시에는 성리학에 입각한 기득권 유지를 위해 한글
을 경시하는 풍조가 만연했지만, 실제 사용해 보니 한글이 매우
편리하다는 것을 알게 되었어요. 이에 세종은 『용비어천가』, 『석

보상절』, 『월인천강지곡』 등을 펴내
한글 보급에 나섰지요.

　사대부들은 훈민정음을 멸시했어
요. '여자들이 쓰는 글'이라는 의미로
암글, '어린아이들의 글'이라는 의미
로 아햇글이라 부르기도 했지요. 연
산군 때는 한글을 전면 금지하기도
했어요.

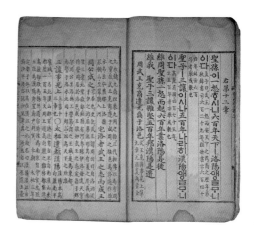

하루 18시간 이상 일한 세종, 각종 직업병에 시달리다

세종은 큰아버지, 어머니, 아버지가 연이어 죽었기 때문에 6년이
나 상중에 있었어요. 석 달간 삼우제를 지낸 후 곡을 끝내는 졸곡
이후에도 아침, 저녁 제사 때 곡을 했습니다.

　그뿐만이 아니에요. 세종 때 편찬을 시작해 성종 때 신숙주가
완성한 『국조오례의』에서는 산천과 종묘사직에 올리는 제사와
함께 선농제, 선잠제, 기우제 등 국가 제사의 절차를 다루고 있습
니다. 조선 왕실의 일과는 제사로 시작해 제사로 끝난다고 해도
과언이 아니지요. 제사는 왕에게 주어진 가장 비중 있는 업무 중
의 하나였어요. 성리학의 불합리한 예법이 조선을 초기부터 짓
누르고 있었지요.

　세종은 상중에 있으면서도 대부분 하루에 18시간 이상 일하
고 공부했어요. 경서는 모두 100번씩 읽었고, 역사서와 다른 책
들도 30번씩 읽었다고 합니다. 그러려면 상을 치르는 시간을 포
함해 하루 18시간도 부족했을 거예요. 깨어 있는 시간 자체가 공
부하거나 일하는 시간이었지요. 1418년(태종 18년) 태종이 세자
를 폐하고 충녕 대군을 세자로 선택하면서 "충녕 대군은 천성이

○『용비어천가』
(서울역사박물관 외)
훈민정음으로 쓴 최초의 작
품인 용비어천가는 1445년
(세종 27)에 정인지, 권제 등
이 지어 1447년(세종 29)에
간행했다. 조선 건국의 정당
성을 높이고자 선조들의 공
덕을 칭송했다.

국조오례의
예법과 절차에 관하여 기록
한 책이다. 오례(五禮)는 왕
실이 주관하는 제사인 길례
(吉禮), 왕실의 장례인 흉례
(凶禮), 군사 훈련을 다른 군
례(軍禮), 왕실의 경사를 다
룬 가례(嘉禮), 사신 접대에
관한 예절인 빈례(賓禮)를
말한다.

선농제, 선잠제
선농제는 농업신인 신농씨
와 후직씨에게 드리는 제
사이다. 선잠제는 인간에게
처음으로 누에치는 법을 가
르쳤던 서릉씨에게 지냈던
제사이다.

총명해 추울 때나 더울 때에도 밤을 새우며 글을 읽었다. 나는 그 아이가 병이 날까 두려워 밤에 글 읽는 것을 금했으나 나의 큰 책은 모두 청해 가져갔다."라고 말한 적도 있어요. 세종은 읽은 책의 내용을 정리하고 비교하기까지 했답니다.

　과로 때문이었는지 세종은 20대부터 두통과 이질에 시달렸고, 30대에는 중풍과 종기로 고생했으며, 40대에는 백내장과 당뇨병, 전립선염, 각기병, 고혈압 등을 앓았다고 해요. 세종은 40세 전에 시력이 나빠져 앞이 잘 안 보이고, 종기로 눕기가 어려워 치료차 온천에 자주 다녔다고 합니다. 초정리 약수를 찾은 것도 이 때의 일이지요. 세종은 좋지 않은 건강에도 훈민정음 창제에 몰두하는 등 국사를 돌보다가 결국 세자에게 대리청정을 맡기게 되었습니다.

너무 똑똑한 세종, 그 이후가 문제다

세자(훗날 문종)가 섭정을 잘 해내고 세손도 잘 크고 있는 상황에서 세종에게는 자신의 병 말고 걱정할 게 없는 듯했습니다. 그런데 다섯째 아들인 광평 대군이 1444년 스무 살의 나이로 죽고, 한 달 후에는 일곱째 아들인 평원 대군이 열아홉의 나이로 죽었으며, 이듬해인 1446년(세종 28년)에는 소헌 왕후 심씨마저 52세로 세

상을 떴어요. 소헌 왕후 심씨는 셋째 왕자에게 시집왔다가 생각하
지도 않았던 중전의 자리에 올랐고, 이 때문에 아버지 심온이 죽
는 것도 지켜봐야 했던 비운의 왕비였지요.

소헌 왕후 소생인 첫째 향과 둘째 유(수양 대군)는 등극해 문종
과 세조의 묘호를 얻게 됩니다. 셋째인 안평 대군은 시, 서, 화에
모두 능해 삼절이라고 불렸어요. 당대 제일의 서예가로 명성을
떨친 안평 대군의 서풍은 원 조맹부의 영향을 받았지만 독자적
인 개성을 확보하고 있었습니다. 현존하는 안평 대군의 작품으
로는 「**몽유도원도**」 발문이 있지요.

슬픔이 잊혀져 갈 무렵 세자의 등에 난 부스럼이 갈수록 커져
위험한 지경에 이르자 세종이 아픈 몸으로 정사를 맡아 처리했
습니다. 세자가 점점 회복되자 이번에는 세종의 등에 난 부스럼
이 급격히 악화되었어요. 결국 54세의 세종은 막내아들 영응 대
군의 집에서 눈을 감았습니다.

세종은 먼저 간 소헌 왕후 심씨의 능에 합장되었습니다. 능호
는 영릉이에요. 위치는 태종이 묻힌 헌릉 서쪽인데, 세종이 생
전에 수릉(壽陵, 임금이 죽기 전에 미리 만들어 두는 임금의 무덤)으
로 직접 정한 곳이지요. 수릉이 정해질 무렵 풍수 논란이 벌어
졌습니다. 경복궁이 명당이 아니라고 주장해 파문을 일으켰던

○「몽유도원도」(일본 덴리대학교 중앙도서관)

조선 전기의 화가 안견이 1447년(세종 29) 안평 대군의 꿈 이야기를 듣고 3일 만에 완성하였다고 전하는 산수화이다. 도연명의 「도화원기」와도 밀접한 관계가 있다. 현실 세계에서 출발해 이상향인 도원에 이르는 과정을 장중하게 표현했다. 안견에게 들려준 꿈 이야기가 손에 잡힐 듯 생생하다. 그림의 줄거리가 두루마리 그림의 일반적인 수법과는 달리 왼쪽 하단부에서 오른편 상단부로 전개되고 있다. 왼쪽의 현실 세계와 오른쪽의 도원 세계가 대조를 이루고 있다. 몇 개의 경관이 따로 독립되어 있으면서도 전체적으로 조화를 이루고 있는 게 특징이다.

○「몽유도원도」 발문

「몽유도원도」 발문은 안평 대군이 직접 썼다. 안평 대군의 제서와 시 1수를 비롯해 당대 20여 명의 고사(高士)들이 쓴 20여 편의 찬문이 들어 있다. 그림과 그들의 시문은 현재 2개의 두루마리로 나뉘어 표구되어 있다. 이들 시문은 저마다 친필로 되어 있어 문학사적으로는 물론, 서예사적으로도 큰 가치를 지니고 있다.

최양선이 이번에는 수릉을 정하면 절사손장자(絶嗣孫長子), 즉 후손이 끊어지고 장자를 잃는다고 주장했거든요.

당시에는 문제 삼지 않고 그냥 지나갔지만 나중에는 최양선의 예언이 실현되는 것처럼 보였어요. 세종의 장자 문종이 일찍 죽고, 문종의 장자 단종이 죽임을 당했으며, 세조의 장자인 의경 세자와 예종의 장자인 인성 대군이 일찍 죽었기 때문입니다. 예종 대에 이르러 세종의 능은 여주에 있는 영릉으로 옮겨졌어요.

세종은 몸이 약한 큰아들(문종)이 오래 살지 못할 거라는 생각 때문에 늘 큰아들과 어린 손자(단종)를 걱정했어요. 세종의 우려는 현실이 되고 말았어요. 문종이 일찍 죽자 어린 단종이 즉위했습니다. 세종의 둘째 아들인 수양 대군은 1453년 계유정난을 일으켜 정권을 장악하더니 조카의 왕위를 빼앗고 말지요.

세종 이후 극도의 혼란상이 빚어진 것은 세종의 치세가 당대에 한정되었기 때문이에요. 치세가 후대에도 이어질 수 있도록 세종이 정치적·경제적 제도를 보완하지 못한 것은 아쉬움으로 남습니다. 세종 이후 조선 왕조는 위아래 할 것 없이 성리학적 질서에 갇혀 생존을 위한 싸움에만 몰두했어요. 조선 왕조에서는 뜻밖으로 운수가 좋아 성군이 나타나기를 바라는 것 외에는 다른 방법이 없었어요. 벼농사에 필요한 물을 빗물에만 의존하는 논을 천수답이라고 하는데, 조선은 내내 가뭄에 시달리는 천수답 왕조였어요.

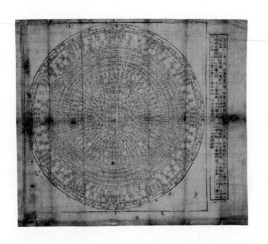

○ **방위도(국립중앙박물관)**
풍수가나 지관이 사용하던 방위도이다. 풍수적인 내용 뿐만 아니라 절기, 천문, 점술과 관련된 내용도 수록되어 있다.

4 세종의 명재상들

청렴의 상징 황희, 뇌물과 치정에 얽혔나

세종은 1422년(세종 4년) 예순 살의 황희를 등용해 정치를 맡겼습니다. 당시 황희는 양녕 대군의 비행을 두둔하다가 태종의 노여움을 사서 지방에 내려가 있었지요. 조정에 돌아온 지 4년 만에 우의정에 임명된 황희는 87세에 이를 때까지 24년간 정승의 자리에 있었어요.

❶ 황희(1363~1452)

　황희 정승은 청렴의 표상입니다. 하루는 세종이 황희 정승의 집을 찾았는데 보기에도 너무 초라했어요. 사랑방 안에는 거적이 깔려 있었고, 이불은 누덕누덕 기워져 있었으며, 천장은 빗물이 새서 얼룩이 져 있었지요. 세종은 나라에서 비용을 내줄 테니 당장 집과 세간을 마련하라고 지시했어요. 하지만 황희는 "나라의 녹을 먹는 선비가 옷과 비바람을 막을 집만 있으면 충분합니다."라며 한사코 거절했지요.

❶ 반구정(경기 파주시)
반구정은 '갈매기를 벗삼는 정자'라는 뜻을 지닌다. 관직에서 물러난 황희가 이곳에서 여생을 보냈다. 임진강이 내려다보이는 절벽 위에 위치하고 있다.

그렇게 원칙적인 황희 정승이었는데 『조선왕조실록』에는 몇 가지 뇌물 수수 사건과 간통 사건 등으로 물의를 빚은 것으로 기록되어 있어요. 1452년(문종 2년) 실록에는 "성품이 지나치게 관대해 단점이 있었으며, 청렴결백한 지조가 모자라서 자못 청렴하지 못하다는 비난이 있었다."라는 뜻밖의 글이 나오기도 합니다. 『세종실록』은 황희가 죽은 후 단종 때 편찬되었어요. 그런데 실록을 검토하는 과정에서 이호문의 사초(史草, 사관이 기록해 둔 사기(史記)의 초고. 실록의 원고가 되었음)가 사사로이 나중에 써진 것으로 밝혀졌지요.

어린 단종을 보좌했던 고명대신 허후는 "자식의 일까지 책임질 수는 없는 노릇이고, 개인적인 여자관계를 타인이 잘 알 수는 없는 것 아닌가?"라며 사초의 황당함을 지적했습니다. 하지만 정창손과 황보인은 "실록은 아무리 명백한 일이라도 고쳐서는

안 된다. 한 번 고치기 시작하면 폐단이 잇따를 것이다."라며 반대해 결국 왜곡된 기록이 그대로 남게 되었어요. 조선에서는 잘나가는 원칙적인 인물을 존중하기보다는 흔들어서 내려 앉히는 분위기가 팽배했지요.

황희는 조선의 재상 가운데 가장 오래 살았던 인물이에요. 87세의 나이에도 영의정 자리를 지키고 있었고, 벼슬에서 물러난 뒤에도 세종의 정치에 조언했지요. 세종을 함께 보필했던 맹사성이 죽은 후에도 황희는 14년을 더 살다가 1452년 90세의 나이로 세상을 떠났습니다.

정승 맹사성, 아랫사람에게도 상석을 내주다

조선 시대에 정승을 지낸 사람은 많지만 이름 뒤에 '정승'을 붙여 인구에 회자되고 있는 인물은 몇 명 되지 않습니다. 황희, 맹사

성, 이원익 등을 꼽을 수 있겠지요.

맹사성은 황희와 함께 조선 시대의 대표적인 청백리(淸白吏, 재물에 대한 욕심이 없이 곧고 깨끗한 관리)로 꼽힙니다. 두 사람은 비슷한 것 같으면서도 서로 다른 점이 많았어요. 황희가 분명하고 강직한 성품이었다면, 맹사성은 어질고 섬세한 성품을 지녔지요. 황희가 학자적인 기질이 있었다면 맹사성은 예술가적 기질을 지녔고요. 그래서 황희는 이조, 병조 등 과단성이 필요한 업무를 주로 관장했고, 맹사성은 예조, 공조 등 유연성이 필요한 업무를 관장했답니다.

맹사성은 황희보다 나이가 세 살 위였지만 직위는 늘 아래였어요. 황희가 도승지였을 때는 좌부승지였고, 황희가 좌의정이었을 때는 우의정을 지냈으며, 황희가 영의정이었을 때는 좌의정이 되었지요. 하지만 두 사람은 호흡이 아주 잘 맞는 짝이었어요. 세종은 두 사람과 함께 국사를 의논해 나라를 안정되게 발전시킬 수 있었지요.

맹사성은 소탈한 인간미를 지닌 사람이었어요. 『성호전집』에는 맹사성의 이런 모습을 잘 알 수 있는 유명한 이야기가 실려 있지요.

어느 날, 맹사성은 고향인 온양으로 향했습니다. 고을 현감은 맹사성에게 잘 보이기 위해 길을 닦고 영접할 준비를 하고 있었어요. 그런데 맹사성이 올 시간에 웬 노인이 소를 타고 나타났지

○ 김홍도의 「기우선인」
탕건을 쓴 선비가 소 등을 타고 자연 속을 이리저리 돌아다니는 장면을 묘사한 그림이다.

요. 현감은 하인들에게 노인을 잡아 오라고 시켰어요. 하지만 노인은 하인들에게 "맹꼬불이가 이제 소를 타고 제 갈 길을 가는데 어찌 길을 막아서는가?"라며 유유히 제 갈 길을 갔습니다. 맹꼬불이는 맹사성의 호인 고불을 이르는 말이에요.

하인들이 노인의 말을 그대로 전하자, 현감은 그제야 노인이 맹사성임을 알고 부리나케 뛰어가다가 그만 현감 **관인**(官印, 정부 기관에서 발행하는, 인증이 필요한 문서 따위에 찍는 도장)을 연못에 빠뜨렸어요. 그 연못은 현감이 관인을 빠뜨렸다 해 인침연(印沈淵)이라 불렸다고 합니다. 맹사성은 재상이라는 신분에도 소탈한 모습으로 나타나 현감이 알아보지 못한 것이지요.

○ **조선 시대 관인**
(국립중앙박물관)
관인(官印)은 관청에서 사용하는 도장을 말한다.

맹사성은 소탈하고 조용한 성품을 지녔고, 아랫사람이라도 함부로 대하지 않았습니다. 벼슬이 낮은 사람이 방문해도 공복을 갖추고 대문 밖까지 나가 마중했으며, 방에 들어와서는 반드시 상석을 내주었지요. 맹사성의 이런 성품을 잘 보여 주는 일화가 있어요. 온양의 고향 집에 머물고 있던 맹사성은 저수지에서 낚시를 즐기다 그 마을에 사는 전 첨지라는 노인을 만났습니다. 맹사성은 자신을 맹 첨지라고 소개한 후 자신이 가져온 보리개떡을 나누어 먹었어요. 헤어지면서 맹사성은 자신의 생일에 놀러 오라고 말했지요.

가난한 농부였던 전 첨지는 맹사성의 생일에 집을 찾아갔다가 많은 벼슬아치가 와 있는 것을 보고는 깜짝 놀랐습니다. 전 첨지가 왔다는 전갈을 받은 맹사성은 버선발로 뛰어나와 반갑게 맞으며 고관들에게 낚시 친구 전 첨지를 소개했어요. 전 첨지는 그제야 맹사성이 정승이라는 사실을 알고 거듭 절하며 용서를 빌었지요. 맹사성은 손사래를 치며 다음과 같이 말했어요.

"사람 위에 사람 없고 사람 밑에 사람 없소. 비록 내 벼슬이 정승이지만 만백성이 내 벗 아니겠소? 그러니 사죄라는 말은 하지 말고 앞으로도 자주 함께 낚시를 즐깁시다."

맹사성이 만년에 벼슬을 버리고 강호(江湖, 자연)에 묻혀 있을 때 지은 4장의 연시조 「강호사시가」가 『청구영언』에 수록되어 전해집니다. 각 종장에 '역군은이샷다'가 붙은 것이 특징이지요. 이 작품에서 자연은 현실을 벗어난 곳이 아니라 임금의 은혜가 깃든 유교적 현실 공간입니다. 제1수를 감상해 볼까요? 맹사성에 대해 알고 난 후 작품을 읽으면 남다른 재미를 느낄 수 있을 거예요.

○ 맹사성 고택
(충남 아산시)
고려 말의 무신 최영이 지은 집이다. 최영의 손자사위인 맹사성이 물려받았다는 설화가 전해진다.

강호에 봄이 드니 미친 흥이 절로 난다

탁료계 변 (濁醪溪邊, 막걸리 마시며 노는 시냇가)에 금린어 (錦鱗魚, 싱싱한 물고기)가 안주로다

이 몸이 한가하옴도 역군은 (亦君恩, 임금의 은혜)이 샷다

5 세종의 오른팔, 문종

세종 말기 8년의 업적은 문종의 업적

세종의 재위 기간은 무려 31년 8개월이나 되었습니다. 세자 향은 세종이 즉위한 지 3년 만에 왕세자에 책봉되었어요. 불과 8세의 나이였지요. 향은 29년 동안 왕세자로 지냈고, 이 기간 중 8년 동안은 세종 대신 대리청정했어요. 세자는 어렸을 때부터 착하고 어질어서 누구에게나 좋은 소리를 들었어요. 세계 최초로 강우량 측정기인 측우기를 발명할 정도로 천문학과 산술에 뛰어났고 서예에도 능했지요.

1436년 세종은 병상에 누워 지내야 했습니다. 당시 세자는 23세였어요. 더는 건강에 자신이 없었던 세종은 왕세자가 대리청정해야 한다고 주장했지요. 하지만 신하들이 강력하게 반대해 무산되었어요.

세종의 업무량을 줄이기 위해 도입한 의정부 서사제도 세종의 건강이 나빠지는 것은 막지 못했습니다. 1442년(세종 24년) 세종

4. 세종(재위 1418~1450)

이도, 충녕 대군
(생몰 1397~1450)
능호: 영릉(경기 여주시 능서면)

소헌 왕후 심씨

5. 문종(재위 1450~1452)

이향, (생몰 1414~1452)
능호: 현릉(경기 구리시 동구릉)

현덕 왕후 권씨

수양 대군
안평 대군
임영 대군
광평 대군
금성 대군
평원 대군
영응 대군

영릉(세종과 소헌 왕후 심씨의 능)

현릉(문종과 현덕 왕후 권씨의 능)

은 눈병이 심해져 정사를 돌볼 수 없을 정도였어요. 세종은 세자에게 서무 결재권을 넘겨주겠다고 선언했지요. 신하들은 "두 곳에서 정사를 보게 되면 폐단을 낳게 됩니다."라며 반대했어요. 하지만 세종이 "내 한 몸 건사하기도 힘들다."라며 뜻을 굽히지 않자 신하들도 세자의 대리청정을 받아들였지요.

29세의 세자 향은 이후 8년 동안 대리청정하며 많은 업적을 남겼어요. 따라서 세종 후반기의 업적은 문종의 업적이라고 할 수 있습니다. 성삼문이 『직해동자습』 서문에서 "세종과 세자(문종)께서 훈민정음을 만드시니 천하의 모든 소리를 다 기록할 수 있게 되었다."라고 기록한 것을 보면 세자가 훈민정음 창제에도 힘을 보탰음을 알 수 있습니다. 『용비어천가』를 완성하고 훈민정음을 반포한 것 등은 세종과 문종의 공동 업적이라고 할 수 있지요.

1450년 2월 세종이 승하하자 그 뒤를 이어 문종이 즉위했어요. 문종은 이미 대리청정을 하고 있었기 때문에 정사를 돌보는 데 문제가 없었지요. 문종 때 『고려국사』를 개편한 『고려사』, 『고려사』를 저본으로 편찬한 『고려사절요』, 고조선에서 고려 말까지의 전쟁사를 정리한 『동국병감』 등이 완성되었습니다.

○ 어의정(충남 아산시)
세종이 눈병 치료 차 온양에 왔을 때 사용했던 우물이다.

처복이 없었던 문종, 어린 단종을 남기고 눈을 감다

문종은 젊은 나이에 혼인했으나 처복은 없었습니다. 첫 번째 부인이었던 휘빈 김씨는 평범한 외모로 문종의 관심을 끌지 못하자 문종의 사랑을 얻으려 온갖 잡술을 이용하다가 발각되어 폐위되었어요. 두 번째 부인이었던 순빈 봉씨는 폭력적이고 동성애적인 기질이 있었습니다. 나인 소쌍과 동침한 것이 발각되어 폐위되었지요.

세자 향(문종)은 이미 후궁으로 들어와 있던 권씨를 세자빈으로 맞았어요. 권씨는 1441년 홍위(단종)를 낳았지만 난산으로 3일 만에 죽고 말았습니다. 세자 향이 즉위하자 권씨는 현덕왕후로 추숭되었어요. 권씨는 죽기 직전에 세종의 후궁인 혜빈 양씨에게 홍위를 부탁하고 숨을 거두었어요. 혜빈 양씨는 홍위에게 젖을 먹이기 위해 자신의 둘째 아들을 유모에게 맡기기까지 했어요.

문종은 세종 때 대리청정을 하면서 많은 업무를 처리하느라 건강이 나빠졌어요. 그래서 즉위 후에는 재위 기간의 대부분을 병상에서 보내야 했지요. 문종의 치료를 맡은 어의 전순의는 대신들에

○ 현릉(경기 구리시)
문종의 능이다. 9개의 조선 왕릉(건원릉, 현릉, 목릉, 휘릉, 숭릉, 혜릉, 원릉, 수릉, 경릉)으로 이루어진 동구릉 안에 있다.

게 "성상의 종기에서 농즙이 흘러나와 침이 저절로 뽑혔습니다. 오늘 처음으로 아픈 증세를 보이지 않으시니 평소의 모습과 같았습니다."라고 말했어요. 병환에 차도가 있다는 말에 모두 안심했으나 일주일 후 문종은 갑자기 죽고 말았습니다.

근래에는 세조가 문종의 사망 이전부터 왕권을 빼앗으려 했고, 그 결과 형인 문종을 독살했다는 설도 제기되고 있어요. 문종의 의관 전순의를 통해 문종의 병을 고의로 악화시켜 빨리 죽게 했다는 것이지요. 왕이 사망할 경우 큰 벌을 받는 게 일반적이었으나 의관 전순의는 작은 형벌에 그쳤습니다. 수양 대군이 왕이 된 이후 전순의가 일개 의관 신분으로 1등 공신으로 책봉되었다는 점은 의혹으로 남아 있어요.

문종은 죽기 전 김종서와 황보인을 불러 어린 세자(단종)를 잘 보위해 달라는 고명을 남겼습니다. 문종의 고명에 따라 조정은 신권에 의해 장악되었어요. 문종이 요절했다고 알고 있는 사람이 많은 것은 재위 기간이 짧았던 데다 어린 단종을 남겨 두고 죽었기 때문일 것입니다. 문종의 능은 경기도 구리시 동구릉 내의 현릉에 조성되어 있어요.

❂ 현릉(경기 구리시)
뒤에서 본 문종의 능이다. 문종과 현덕 왕후 권씨의 능 사이에 소나무가 빽빽하게 있었는데, 능역을 시작하자 저절로 말라 죽어 두 능 사이를 가리지 않게 되었다는 일화가 전해진다.

훈민정음은 어떤 원리로 만들어졌나요?

세종이 만든 훈민정음은 과학적인 소리글자입니다. 『훈민정음』 해례본을 살펴보면 훈민정음 창제의 비밀을 밝힐 수 있어요. 훈민정음은 음운을 닿소리(자음)와 홀소리(모음)로 구분했습니다. 발음 기관의 모양을 본떠 만든 닿소리는 어금닛소리(아), 혓소리(설), 입술소리(순), 잇소리(치), 목구멍소리(후)로 나눌 수 있어요. 기본형 글자에 획을 하나씩 더해 새로운 글자를 만들어 냈지요. 홀소리는 천지인을 형상화했어요. 아래아(ㆍ)는 하늘의 둥근 모양, 으(ㅡ)는 땅의 평평한 모양, 이(ㅣ)는 사람이 꼿꼿이 선 모양을 기호화했지요. 한글의 가장 큰 장점은 기본 자모로 글자를 거의 무한정 만들 수 있다는 것입니다. 이러한 과학적 창제 원리 덕분에 한글은 자판 입출력이 자유로운 글자가 되었어요. 한글이 우리나라를 세계 최고의 인터넷 강국으로 만들었다면 과언일까요?

훈민정음이 창제된 장소, 경복궁 수정전

5 단종실록, 세조실록 |
계유정난과 세조의 치적

문종에 이어 12세의 단종이 보위에 올랐습니다. 단종을 둘러싸고 종친 세력은 안평 대군파와 수양 대군파로 나뉘었어요. 김종서, 황보인 등 고명대신은 안평 대군과 손을 잡았지요. 위기의식을 느낀 수양 대군은 책사 한명회의 도움을 받아 계유정난을 일으켰습니다. 수양 대군은 김종서, 황보인, 안평 대군 등을 제거하고 왕위에 올랐어요. 세조 집권 초기에 사육신의 단종 복위 미수 사건이 일어났습니다. 단종은 폐위되어 영월에서 죽임을 당하지요. 세조는 강력한 왕권을 토대로 6조 직계제 단행, 호패법 복원, 『경국대전』「호전」 및 「형전」 간행 등 많은 업적을 남겼어요. 신숙주, 한명회 등 중신들이 세조의 정책을 보좌했지요. 세조는 피로 얼룩진 과거를 씻기 위해 불경을 간행하고 원각사를 창건하는 등 불교 중흥에 힘썼어요.

- **1453년** 수양 대군이 계유정난을 일으켜 정권을 장악한 후 어린 조카 단종을 압박하다.
- **1456년** 사육신이 상왕인 단종의 복위를 기도했으나 실패로 돌아가다.
- **1457년** 끈질기게 자살을 강요당한 단종이 영월에서 죽음을 맞이하다.
- **1467년** 세조가 중앙의 권력을 강화하고 북방을 통제하다.
  조정의 북방 차별 정책에 불만을 품은 함길도 백성들이 이시애를 중심으로 난을 일으키다.

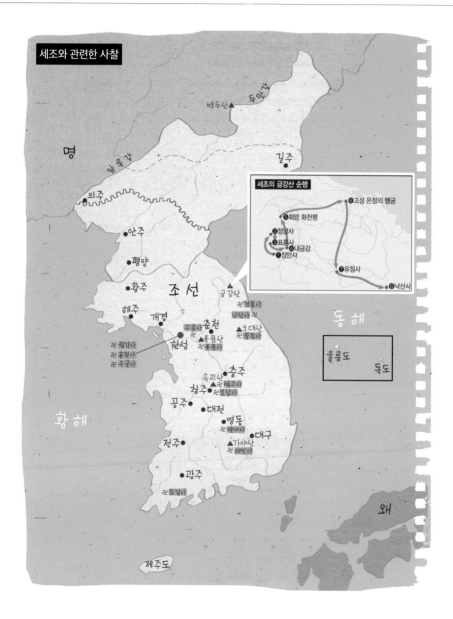

1 계유정난 전후

어린 단종을 둘러싸고 두 세력으로 나뉘다

1448년(세종 30년) 단종은 8세에 왕세손으로 책봉되었고, 2년 뒤 문종이 즉위하자 세자로 책봉되었어요. 병약했던 문종은 어린 세자를 염려해 재상인 황보인과 김종서, 집현전의 소장파 학자인 성삼문 · 박팽년 · 신숙주에게 세자를 지켜 달라고 부탁했지요.

문종의 재위 기간은 2년 3개월로 짧았습니다. 문종이 죽은 지 나흘 후 **경복궁 근정문**에서 단종의 즉위식이 거행되었어요. 이날 가장 애통해한 이는 수양 대군이었습니다. "형님은 나에게 '바르고 충성스러우며 지식이 남다르다. 수양이 만든 진법은 제갈량을 능가한다.'라고 칭찬하셨다."라면서 누구보다 서럽게 울부짖었지요.

그런데 그날 수양 대군은 단종 즉위 교서에 분경 금지 조항이 들어 있다는 것을 알게 되었어요. 분경은 관직을 얻기 위해 인사 권자의 집을 찾아다니며 청탁하는 것을 말합니다. 단종이 어린 나이에 왕위를 이었고, 삼촌인 대군들이 강성했으므로 이들이 딴

○ **경복궁 근정문(보물 제812호, 서울시 종로구)**
근정전의 정문으로 경복궁이 창건되면서 함께 세워졌다. 임진왜란 때 소실되었다가 1867년(고종 4)에 다시 지어졌다.

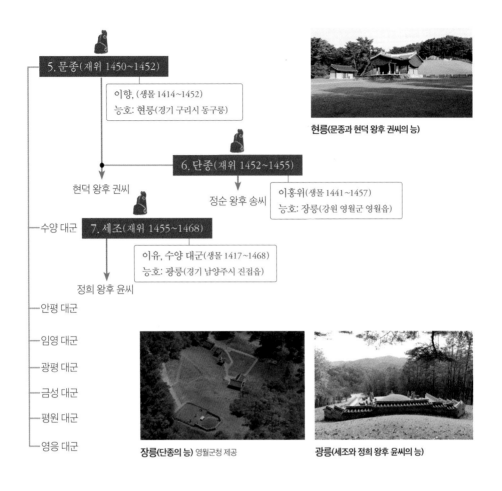

5. 문종(재위 1450~1452)

이향, (생몰 1414~1452)
능호: 현릉(경기 구리시 동구릉)

현릉(문종과 현덕 왕후 권씨의 능)

6. 단종(재위 1452~1455)

현덕 왕후 권씨

정순 왕후 송씨

이홍위(생몰 1441~1457)
능호: 장릉(강원 영월군 영월읍)

수양 대군

7. 세조(재위 1455~1468)

이유, 수양 대군(생몰 1417~1468)
능호: 광릉(경기 남양주시 진접읍)

정희 왕후 윤씨

안평 대군

임영 대군

광평 대군

금성 대군

평원 대군

영응 대군

장릉(단종의 능) 영월군청 제공

광릉(세조와 정희 왕후 윤씨의 능)

마음을 먹지 못하도록 하려는 조처였지요. 대간의 청에 따라 의
정부 대신들이 받아들인 조치였지만 수양 대군은 강하게 반발했
어요. 분경을 금지한 다음 날 수양 대군과 안평 대군은 도승지 강
맹경을 불러 "우리를 의심하기에 분경을 금지하는 것 아니냐. 이
러면 우리가 세상에서 무엇을 할 수 있겠는가?"라고 항의했지요.

영의정 황보인은 분경을 해제해 대군 집에 사람들이 찾아가는
것을 허용했어요. 이로써 수양 대군은 합법적으로 자신의 세력을
규합할 길을 열었지요. 바로 여기에서 비극이 시작되었어요. 분경

만 해제하지 않았어도 단종 애사는 생기지 않았을지도 모릅니다.

단종은 어릴 때부터 세종의 칭찬이 자자했을 만큼 명석했지만 12세의 어린 나이에 혼자서 나랏일을 결정할 수는 없었습니다. 관례에 따르면 스무 살 이하인 미성년의 왕이 즉위하면 궁중에서 가장 웃어른인 대비가 수렴청정을 했어요. 하지만 단종에게는 보호막이 될 웃어른이 없었지요. 단종의 할머니인 소헌 왕후 심씨와 단종의 어머니인 현덕 왕후 권씨는 이미 이 세상 사람이 아니었고, 유모 역할을 했던 혜빈 양씨는 세종의 후궁인 탓에 전면에 나설 수 없었어요. 문종이 현덕 왕후의 죽음 이후 계비도 맞지 않아 단종은 수렴청정조차 받을 수 없는 처지였어요.

모든 결정은 의정부와 6조의 신하들이 도맡아 했고, 단종은 형식적인 결재를 하는 데 그쳤습니다. 특히 인사 문제는 '황표정사(黃票政事)'라는 방식으로 결정되었어요. 황표정사는 조정에서 지명된 신하들이 인사 대상자의 이름에 황색 점을 찍어 올리면 왕은 그 점 위에 낙점하는 방식입니다. 이로써 정치적 실권은 문종의 유명을 받든 고명대신인 영의정 황보인, 좌의정 김종서 등에게 집중되었지요.

세종의 둘째 아들인 수양 대군은 김종서가 정치를 좌지우지하는 것을 그냥 보고만 있을 수는 없었습니다. 그래서 어린 단종을 보필한다는 명목으로 정치에 뛰어들었어요. 그러자 김종서, 황보인 등이 **안평 대군** 주변에 모여들었지요. 안평 대군은 왕권을 넘볼 가능성이 없는 인물이라고 판단했던 거예요. 황표정사로 조정을 장악한 고명대신들이 세종의 셋째 아들인 안평 대군과 연합한 것은 힘과 대의명분을 모두 쥔 것이나 다름없었지요.

안평 대군은 형인 수양 대군보다 더 실세로 부상했습니다. 세종의 여섯째 아들인 금성 대군과 세종의 후궁 혜빈 양씨의 아들 한남군 등은 안평 대군과 가까웠고, 태종의 폐세자 양녕 대군과 세종의 넷째 아들인 임영 대군 등은 수양 대군과 가까웠어요. 종친이 두 세력으로 갈라진 것이지요. 왕권이 약화되어 신하들과 왕족 세력들이 서로 맞서게 되면서 피바람이 불어오고 있었습니다.

● 안평 대군 집터
(서울시 종로구)

안평 대군은 꿈에서 도원(桃園)을 보고 비슷한 풍광을 가진 곳에 정자를 지었다. 정자 터 앞 바위에는 안평 대군이 쓴 것으로 전해지는 '무계동(武溪洞)'이라는 글자가 새겨져 있다. 중국의 무릉도원 계곡과 같다는 의미를 지니고 있다.

수양 대군, 희대의 책사 한명회를 얻다

분경 해제를 기다렸다는 듯이 수양 대군은 권람, 한명회, 신숙주 등 많은 사람을 집으로 끌어들였습니다. 먼저 권람이 한명회의 부탁을 받고 수양 대군을 찾았어요. 권람은 수양 대군에게 한명회를 책사로 소개했지요.

"장사 몇 명을 얻어 만일의 사태에 대비해야 합니다. 이 일을 할 인물로는 한명회가 제격이지요. 외양은 볼 것이 없으나 머릿속에는 천하를 품을 지략을 담고 있습니다."

수양 대군은 한명회가 큰일을 함께할 사람이라고 생각해 쾌히 받아들였어요.

권람과 한명회의 만남에는 나름의 인연이 있습니다. 개국 초의 유학자 권근의 손자인 권람은 청년 시절에 과거에 뜻을 두지 않고 책과 책상을 말에 싣고 명산 고적을 찾아다니며 학문을 쌓고 있었어요. 권람이 전국을 배회한 것은 아버지 권제가 첩에 빠

○ 양촌 권근 3대 묘소와 신도비(충북 음성군)
권근 3대 묘소와 신도비각의 모습이다. 맨 위가 권근의 묘이고, 가운데가 아들 권제, 맨 아래가 손자 권람의 묘이다. 「디지털음성문화대전」, 「한국향토문화전자대전」(한국학중앙연구원, 2008)

져 어머니를 내쫓은 것에 대한 불만 때문이었다고 합니다. 권람은 젊은 시절 전국을 돌아다닐 때 만년 과거 낙방생 한명회와 만나 평생의 벗이 되지요. 집을 나온 자와 세상의 인정을 받지 못한 자가 서로 동병상련을 느낀 거예요.

권람은 한명회와 "남자로 태어나 무공을 세우지 못할 바에는 만 권의 책을 읽어 후세에 이름을 남기자."라는 약속을 할 정도로 친밀했어요. 한명회와 권람을 흔히 망형우(忘形友)라고 말합니다. 망형우는 '서로의 용모나 지위 등은 문제 삼지 않고 마음으로 사귀는 벗'을 뜻해요. 두 사람은 "권람은 문장이요, 한명회는 경륜이다."라며 서로의 장점을 인정하며 추켜세웠지요.

한명회는 나이 40세가 다 되어 겨우 음서로 경덕궁직이 되었어요. 나이 탓에 과거로는 출세하기 어렵다고 판단한 한명회는 친구 권람에게 수양 대군을 찾아가 거사를 논의하도록 유도했고, 권람은 한명회를 책사로 천거한 것이지요. 훗날 세조는 한명회를 "나의 장량(한고조 유방의 책사)"이라고 할 정도로 총애했답니다.

한명회는 책사로 천거 받은 후에도 수양대군을 직접 만나지는 않았어요. 신분을 드러내지 않고 은밀하게 활동하기 위해서였지요. 한명회는 김종서 측의 동향을 파악하고 홍달손, 양정 등 무인을 끌어들였습니다.

수양 대군, 김종서와 안평 대군을 죽이다

수양 대군은 엉뚱하게도 거사를 단행하기 6개월 전 명에 사은사로 갈 것을 자청했어요. 훗날 쿠데타를 일으켰을 때 명의 지지를 얻으려는 속셈이 깔렸었지요. 수양 대군은 측근들의 만류에도 반대 세력의 경계심을 무너뜨리기 위해 명으로 떠났습니다. 수

경덕궁직

이성계의 집을 지키는 문지기이다. 개경에 있던 태조 이성계의 집은 조선이 수립된 이후 증축해 경덕궁이라 불렀다.

양 대군은 명으로 떠날 때 영의정 황보인의 아들 황보석과 우의정 김종서의 아들 김승규를 일종의 인질로 데려가는 용의주도함을 보였어요.

수양 대군이 명에서 돌아오자 거사 계획은 급진전합니다. 때마침 한명회의 동갑내기 친구 홍달손이 변방에서 돌아와 도성의 야간 순찰 책임자가 되었어요. 수백 명의 군사가 확보된 것이지요.

수양 대군은 사심을 숨기기 위해 종친들과 함께 단종을 찾아가서 "비록 국상 중이지만 종묘사직을 위해 중전마마를 맞으십시오."라고 청을 올렸어요. 단종은 "국상 중에 대례는 불가하다."라고 말했지요. 수양 대군이 국혼까지 주청하자 단종과 김종서 측은 수양 대군이 딴마음을 품고 있지 않다고 생각하게 되었어요.

수양 대군으로서는 상황이 어느 정도 마무리된 듯했어요. 수양 대군은 먼저 거사의 명분부터 찾았습니다. 실록에는 "황보인의 종이 권근의 종에게 '황보인 대감이 임금을 폐하고 안평 대군을 왕으로 삼으려 하고 있다.'라고 말했다."라는 역모의 증거가

◎ 광남 서원(경북 포항시)
황보인(1387~1453)을 배향하는 서원이다. 계유정난 때 역모죄로 몰려 살해된 황보인은 단종 복위와 함께 신원이 회복되었다. 포항시청 제공

실려 있어요. 일개 종이 비밀 정보를 알고 있었다는 것을 이해하기는 힘들지만, 수양 대군 측은 반정의 명분으로 삼았지요.

1453년(단종 1년) 10월 10일 수양 대군은 권람과 한명회를 집으로 불러 "김종서가 먼저 알면 일이 잘못될 수 있으므로 오늘 밤에 제거해야겠다."라고 말했어요. 수양 대군은 수십 명의 무사도 불러 "대의를 위해 김종서를 없애 종사를 편하게 하겠다."라면서 거사를 촉구했지요. 상황을 알지 못했던 일부 무사는 겁먹고 북쪽 문으로 도망가기 시작했어요.

다급해진 수양 대군이 한명회에게 계책을 묻자 한명회는 "지금 의논이 통일되지 않더라도 그만둘 수 있습니까? 공께서 움직이시면 모두 따를 것입니다."라며 이미 시작한 일이라는 점을 분명히 했습니다. 옆에 있던 홍윤성도 "무사를 쓰는 데 이럴까 저럴까 결단하지 못하는 것이 가장 큰 문제"라며 결행을 촉구했어요.

❂ 사모뿔(국립민속박물관)
사모의 뒤에 좌우로 뻗어 나온 잠자리 날개 모양의 검은 뿔을 가리킨다.

실록에 따르면 수양 대군의 부인 윤씨(훗날 정희 왕후 윤씨)가 대군에게 갑옷을 가져다 입혔다고 합니다. 수양 대군은 임어을 운과 양정을 거느리고 '큰 호랑이'라고 불리는 김종서의 집으로 갔어요. 수양 대군은 김종서에게 말을 걸면서 일부러 **사모뿔**을 떨어뜨렸지요. 수양 대군은 "사모뿔이 떨어졌으니 정승의 것을 좀 빌릴 수 있을까요?"라며 경계를 누그러뜨린 후 청이 있다며 편지를 건넸어요.

❂ 철퇴(국립중앙박물관)
쇠로 만든 망치를 말한다.

김종서의 아들 김승규가 관모를 가져오기 위해 돌아서자 김종서는 달빛에 편지를 비춰 보았어요. 수양 대군이 눈짓으로 신호를 보내자 임어을운이 **철퇴**로 김종서를 내려쳤지요. 김승규가 아버지를 구하기 위해 돌아서자 양정이 김승규를 칼로 찔렀어요. 이렇게 김종서 부자가 쓰러지면서 계유정난의 막이 올랐습니다.

수양 대군은 수하들과 함께 급히 대궐로 갔어요. 대궐에서는

홍달손이 숭례문과 서소문을 닫게 하고 돈의문을
열어 두었지요. 돈의문으로 도성에 들어선 수양
대군은 홍달손 휘하의 순졸을 거느리고 입궐했
어요.

입직승지 최항이 수양 대군 일당을 대전으
로 이끌었습니다. 수양 대군은 단종에게 "김
종서와 황보인이 역모를 꾀해 전하를 내쫓고
안평 대군을 왕에 앉히려 했습니다."라고 고했어요. 단
종은 숙부인 수양 대군에게 모든 것을 맡길 수밖에 없는 상황이
었지요.

수양 대군은 임금의 명령이라며 영의정 황보인을 비롯한 대신
들을 대궐로 불러들였어요. 입궐한 수십 명의 대신이 차례차례
철퇴를 맞고 칼과 창에 찔려 죽임을 당했지요.

『동각잡기』에는 "한명회가 직접 작성한 살생부를 들고 서 있
다가 대신들이 들어오면 살수들에게 '생'과 '살'을 외쳤다."라고
기록되어 있어요. 대궐 안쪽에는 황보인을 비롯한 대신들의 시
신이 수북하게 쌓였다고 합니다. 수양 대군은 친동생 안평 대군
도 잡아들여 강화도로 귀양 보냈다가 얼마 후 사약을 내렸어요.
이것이 수양 대군이 일으킨 계유정난입니다.

계유정난이 만든 공신과 역적

계유정난 다음 날 수양 대군은 영의정부사(영의정), 영경연 서운
관사(경연, 서운관 책임), 겸판이병조사(이조, 병조 책임)에 제수되
었어요. 무력으로 정권을 장악한 수양 대군은 요직을 겸하며 실
질적인 왕 노릇을 했습니다.

수양 대군은 거사에 참여한 한명회, 권람, 홍달손, 정인지, 한

확, 최항 등을 1등 공신으로 책봉했어요. 역모의 주역으로 지목
한 안평 대군은 강화도에 유배 보냈다가 다시 교동도로 보내 사
사하였지요. 정인지, 한확, 최항 등 9명은 직접적인 공은 없었지
만 명망 있는 대신의 협조를 이끌기 위해 1등 공신으로 책봉되
었어요. 2등 공신에는 무사 출신들과 신숙주가, 3등 공신에는 성
삼문이 포함되어 있었어요. 김종서를 철퇴로 내려친 수양 대군
의 종 임어을운은 황보인의 집을 받았고, 궁중의 정보를 전달해
준 시녀 내은은 김종서의 집을 받았어요.

『단종실록』에는 "영의정 황보인, 좌의정 남지, 우의정 김종서
등 대신이 안평 대군, 세종의 후궁인 혜빈 양씨, 환관 등과 모의
해 붕당을 조성하고 종국에는 종실을 뒤엎고 수양 대군에게 위
협을 가한 것이 계유정난의 원인이 되었다."라고 기록되어 있습
니다. 하지만 『단종실록』이 세조 때에 편찬되었다는 것을 고려
하면 이 기록은 왜곡되었을 가능성이 높습니다.

**○ 충효 김종서 · 김승규
정려**(세종시 장군면)
김종서의 충절과 김승규의
효행을 기리기 위해 건립된
정려이다. 김종서 장군묘 입
구에 있다. 「디지털공주문화
대전」, 『한국향토문화전자대전』
(한국학중앙연구원, 2008)

대신들의 협의체인 의정
부가 왕권을 약화하였던 것
은 사실이지만, 이는 시대적
상황과 요구에 따른 것이었
고 붕당을 조성한 흔적은 거
의 없었어요. 오히려 왕권을
위협한 것은 수양 대군을 비
롯한 종친들이었습니다.

조정을 장악한 수양 대군
은 김종서의 부관인 함길도 절제사 **이징옥**이 역모를 꾀할 가능
성이 있다고 보았어요. 맨손으로 호랑이를 잡았다는 이징옥은
원래 4군과 6진 개척에 공로가 컸던 인물로 김종서의 신임을 받
고 있었거든요.

수양 대군은 계유정난을 일으킨 지 3일 만에 이징옥을 파면하
고 그 후임으로 박호문을 보냈습니다. 이징옥은 신임 절제사 박
호문에게 병부를 넘겨주고 길주의 도절제사 군영을 떠나 한양으
로 향했어요. 도중에 계유정난으로 김종서가 죽은 사실을 알게
되자, 다시 돌아와 박호문을 죽였어요.

이징옥은 길주의 병력을 이끌고 절제사 정종이 지키고 있던
종성으로 갔습니다. 실록에는 "이징옥이 '대금황제(大金皇帝)'
라 자처했다."라고 기록되어 있지만 정확한 사실은 알 수 없습니
다. 이징옥의 군대가 두만강을 건너려고 종성에서 밤을 새울 때
였습니다. 종성 절제사 정종이 이징옥에게 술을 건네며 방심하
게 한 후 살해했습니다. 4군 6진 개척의 영웅 이징옥은 1453년
10월 가을 잎처럼 떨어지고 말았지요.

이징옥의 난은 1402년(태종 2년) 11월에 일어난 조사의의 난

에 이어 두 번째로 일어난 큰 반란이었습니다. 정조 때의 정승 채제공은 "이징옥이 군사를 일으킨 것은 단종의 복위를 꾀하기 위한 것이지, 대금황제를 칭하고 반란을 일으키려 한 것은 아니었으므로 반역자가 아니라 충신"이라고 평가했어요.

단종, 수양 대군에게 옥새를 바치다

1454년(단종 2년) 단종은 수양 대군의 주장에 따라 송현수의 딸(정순 왕후 송씨)을 왕비로 맞이했습니다. 단종의 혼사 이후에도 한 해가 지나도록 민심은 가라앉지 않았지요. 세간의 분위기를 읽은 단종은 직접 포고문을 발표했어요. "근래 '수양 숙부가 군사를 일으킬 것이다. 나에게 이롭지 못할 것이다.'라는 등 유언비어가 난무하고 있다. 이후에도 이런 헛소문을 퍼뜨리는 자는 엄벌하겠다."

　단종은 포고문을 통해 보위를 양보하지 않겠다는 의지를 천명한 거예요. 하지만 수양 대군은 평소 흠모한 당 태종을 떠올렸을

❂ **사릉(경기 남양주시)**
단종 비 정순 왕후 송씨의 능이다. 한 많은 세월을 보낸 정순 왕후는 82세의 나이로 세상을 떠났다. 단종과 왕후 사이에는 자식이 없어 단종의 누이 경혜 공주가 시가인 해주 정씨 가문의 묘역에 정순 왕후의 능을 조성했다.

○ 옥새

옥으로 만든 국왕의 인장이
다. 국가 공식 문서에 사용된
다. 금으로 제작한 인장은 금
보(金寶)라 하였으나 통칭 옥
새로 불렸다.

것입니다. 626년 당 태종 이세민은 장안(지금의 시안) 북쪽에 있는 현무문에서 태자인 친형 이건성과 넷째 동생 이원길을 죽이고 정권을 차지했어요. '현무문의 변' 이후 태평성대가 펼쳐졌는데, 이를 '정관의 치'라고 하지요. 수양 대군도 당 태종의 고사를 떠올리며 태평성대를 위해 피를 흘리는 것은 어쩔 수 없다고 여겼을 것입니다.

수양 대군의 사주를 받은 대신들이 "화의군(세종의 아홉째 아들)이 금성 대군(세종의 여섯째 아들) 집에 모여 활쏘기를 했다."라고 고했어요. 수양 대군은 아예 대놓고 대신들에게 "혜빈 양씨, 금성 대군, 한남군(혜빈 양씨의 아들), 영양위 정종(문종의 사위) 등이 반역을 도모했다."라고 말했지요. 대신들의 탄핵이 이어지자 단종은 어쩔 수 없이 이들을 유배 보냈어요. 이제 단종이 믿고 기댈 곳은 사라졌지요.

일부 신료는 단종이 양위해야 한다는 공론을 형성했어요. 한명회, 권람 등은 단종에게 양위를 강요했지요. 1455년(단종 3년) 신변의 위험을 느낀 단종은 환관을 시켜 수양 대군에게 왕위를 넘기겠다는 의사를 전달했어요. 단종은 왕위를 내놓고 상왕으로 물러나 수강궁으로 옮겨 갔지요. 야사에서는 동부승지 성삼문이 옥새를 받아 들고 오면서 통곡했고, 수양 대군은 이를 노려보았다고 합니다.

2 단종 복위 미수 사건

사육신, "상왕 전하의 신하이지 나리의 신하가 아니오"

1456년(세조 2년) 6월 1일 창덕궁 광연전에서는 명 사신을 위한 연회 준비가 한창이었어요. 명 사신은 수양 대군을 임금으로 책봉한다는 명 대종의 고명을 가지고 왔지요.

이날 성삼문의 아버지 성승과 유응부가 국왕 양쪽으로 칼을 들고 지켜 서는 별운검을 신호로 세조를 제거하기로 했습니다. 연회 며칠 전부터 성삼문, 유성원, 하위지, 박팽년 등 집현전 학자들은 몇몇 무사와 함께 거사를 모의했지요.

그런데 한명회가 눈치를 챘는지 "광연전이 좁고 날씨도 더우니 별운검을 빼는 게 좋겠습니다."라고 말했어요. 성삼문이 반대했지만 세조는 한명회의 건의를 받아들였지요.

상황이 이렇게 되었지만 유응부는 "일단 결행합시다."라며 거사를 강행하려 했어요. 박팽년과 성삼문은 "지금 세자가 본궁에 있고, 운검을 쓰지 못하게 된 것은 하늘의 뜻입니다. 후일로 미루

고명(誥命)
중국의 황제가 제후나 오품 이상의 벼슬아치에게 주던 임명장이다. 조선의 국왕은 중국 황제의 고명을 받았으나 즉위 후 추인을 받는 형식적인 과정이었다.

별운검
무장을 한 채 임금의 좌우에서 호위하는 무사를 이른다. 2품 이상의 무관에게 주어지는 임시 관직이다.

○ 창덕궁 광연전
(서울시 종로구)
경훈각 1층에 있던 방이다. 세조 당시에는 2층 건물이었다.

는 게 좋겠습니다."라며 말렸지요. 하지만 유응부는 "일이란 신속해야 하는데 지체해 누설될까 두렵소. 세자가 오지 않았지만 측근들이 모두 여기에 있으니 오늘 이들을 죽이고 상왕을 호위해 호령하면 될 것이오."라며 계획대로 거사를 일으키려 했습니다. 그러나 박팽년과 성삼문이 만전에 대비한 계책이 아니라는 이유로 강하게 반대해 결국 거사를 미루게 되었어요.

유응부의 우려는 현실이 되었습니다. 거사가 미루어진 것에 불안감을 느낀 김질이 대궐을 빠져나와 장인인 정창손에게 달려갔어요. 사위로부터 자초지종을 전해 들은 정창손은 사위와 함께 대궐로 갔지요.

김질과 정창손의 고변을 듣게 된 세조는 성삼문과 박팽년을 잡아 와 김질과 대질시켰어요. 실록에는 이들이 사건 전모를 순순히 진술한 것으로 기록되어 있지만 야사에는 국문의 참혹함이 생생하게 기록되어 있습니다.

김질은 성삼문의 눈초리를 살피며 "성삼문이 역모의 뜻을 품

고 있다."라고 증언했어요. 그러자 성삼문은 갑자기 크게 웃으며 "모두가 사실이오. 상왕께서 춘추가 한창 젊으신데 물러나셨으니 복위의 뜻을 갖는 것은 신하된 자로서의 도리가 아니겠소."라고 말했지요.

세조가 "일전에 스스로 신하라고 말한 적이 있지 않으냐?"라고 다그치자 성삼문은 "상왕의 신하이지 어찌 나리의 신하가 되겠소."라고 대답했습니다.

세조가 "내가 준 녹은 왜 받아먹었느냐?"라고 추궁하자 성삼문은 "나는 나리의 녹을 먹지 않았으니 우리 집 창고에 가서 확인해 보시오."라고 되받았어요. 실제로 나중에 성삼문의 가산을 빼앗아 보니 녹봉이 한곳에 그대로 보관되어 있었다고 합니다.

화가 치민 세조는 쇠를 달구어 성삼문의 다리를 뚫게 하고 팔을 자르게 했어요. 성삼문은 얼굴빛을 바꾸지 않고 "다시 달구어 오라."라고 태연히 말했다고 합니다. 성삼문은 죽기 전에 「절의가」 한 편을 남겼는데, 『청구영언』에 전하지요.

⚓ 사육신 묘
(서울시 동작구)
1456년(세조 2)에 단종의 복위를 도모하다가 처형된 사육신의 무덤이다. 원래는 박팽년, 성삼문, 유응부, 이개의 묘만 있었으나 하위지, 류성원, 김문기의 허묘도 함께 추봉했다.

이 몸이 죽어 가서 무엇이 될고 하니

봉래산 제일봉에 낙락장송 되었다가

백설이 만건곤할 제 독야청청하리라

　세조는 박팽년도 잡아들여 직접 심문했어요. 세조는 박팽년의 재주를 아깝게 여겨 회유했지만 박팽년은 웃음만 지으며 '나리'라고 부를 뿐이었지요. 세조가 "너는 충청도 관찰사 시절 장계에 신이라고 쓰지 않았느냐?"라고 묻자 박팽년은 "장계와 문서에 스스로 신하라고 언급한 적은 단 한 번도 없소이다."라고 대꾸했어요. 나중에 박팽년이 올린 장계를 확인해 보니 '신하 신(臣)'자 대신 '거인 거(巨)' 자가 쓰여 있었지요. 박팽년은 세조의 회유에 넘어가지 않고 「단가」를 지어 남겼어요.

◐ 의절사(서울시 동작구)
사육신의 위패를 봉안한 곳이다. 1978년에 지어졌다.

가마귀 눈비 마자 희는 듯 검노매라

야광명월이 밤인들 어두오랴

님 향한 일편단심이야 변할 줄이 이시랴

박팽년은 시뻘겋게 달군 쇠로 다리를 꿰고 팔을 잘라 내는 잔학한 고문에 시달리다 옥중에서 죽었어요. 하위지, 이개, 유응부 등도 세조의 가혹한 국문을 받았어요. 유응부는 성삼문을 향해 "서생과는 일을 도모할 수 없다더니 과연 그렇구나. 너희는 책만 읽었지 꾀가 없으니 짐승이나 다를 바 없다."라며 원망했지요. 유성원은 잡히기 전에 자신의 집에서 아내와 함께 자살했습니다.

세조는 공신 집단의 결속을 강화하기 위해 역모자의 식솔을 종친과 공신들에게 노리갯감으로 나누어 주었어요. 박팽년의 아내를 비롯한 네 명의 여인은 정인지에게, 조완규의 아내와 딸은 신숙주에게, 유성원의 아내와 딸은 한명회에게 돌아갔지요.

단종 복위를 도모한 성삼문, 박팽년, 하위지, 이개, 유성원, 유응부를 사육신이라고 부릅니다. 남효온은 『육신전』에서 사육신이라는 표현을 처음 사용했어요. 사육신은 1691년 숙종에 의해 관직이 복구되었고, 노량진 동산의 묘소 아래에 이들의 신위를 모신 민절 서원이 세워졌습니다. 이후 김시습과 원호, 이맹전, 조여, 성담수, 남효온 등 생육신은 세조의 조정에 출사하지 않고 야인으로 일생을 보냈어요. 남효온은 당시 두 살이었지만 성장해 세조의 부도덕한 찬탈 행위를 비난함으로써 생육신의 한 사람이 되었습니다.

단종, 영월에서 죽임을 당하다

집현전 학자 출신의 단종 복위 시도가 미수로 끝난 후 얼마 되지 않아 역모 사건이 발생합니다. 어떤 백성을 통해 "송현수(단종의 부인 송씨의 아버지)와 권완(단종의 후궁 권씨의 아버지)이 반역을 도모하고 있다."라는 고변이 들어왔어요. 백성이 이런 일급비밀을 알고 있다는 게 석연치 않았지만 세조는 사실 확인도 하지 않은 채 "상왕을 노산군으로 강등해 영월로 유배 보내라."고 명했습니다. 20일 후에야 권완으로부터 "역모를 꾀했다."라는 거짓 자백을 받아 냈지요. 권완은 능지처참되었고, 끝내 부인한 송현수는 유배형에 처해졌어요.

유배지를 전전하던 **금성 대군**은 1457년(세조 3년) 순흥에 유배되었을 때 또다시 단종 복위 계획을 세웠습니다. 하지만 거사 직전에 관노와 순흥 부사 이보흠이 고발해 거사는 실패했어요. 금성 대군은 거열형에 처해졌지요.

○ 금성 대군 사당
(충북 진천군)
세종의 여섯째 아들 금성 대군 이유(1426~1457)의 위패를 모신 사당이다.

좌찬성 신숙주는 "금성 대군이 노산군(단종)을 끼고 반역을 일으키려 했으니 노산군을 편히 살게 할 수는 없습니다."라며 노산군을 죽일 것을 제안했어요. 정인지도 "노산군은 반역을 주도했으니 편안히 살게 할 수는 없습니다."라고 맞장구를 쳤지요. 실록에는 "단종이 17세의 어린 나이에 스스로 목을 맸다."라고 기록되어 있지만, 사약을 받았다는 주장도 있고 살해당했다는 말도 있습니다.

노산군이 죽자 후환이 두려워 아무도 그의 시신을 매장하지 못했어요. 고을 아전인 엄흥도가 단종의 시신을 수습해 매장지를 찾던 중, 눈보라가 치는 곳에 사슴이 앉았다가 사라진 것을 보고 그곳에 임시 매장했습니다. 노산군은 1698년(숙종 24년)에 가서야 단종이라는 묘호를 받았지요.

🔾 단종 문화제에 쓰인
영정 블로거 쥬르날 제공

🔾 청령포(강원 영월군)
단종이 유배되었다가 죽임을 당한 곳이다. 동쪽, 북쪽, 서쪽은 물로 막혀 있고 남쪽은 절벽이어서 배로 강을 건너지 않으면 밖으로 나갈 수 없었다. 영월군청 제공

폐서인된 단종의 비 정순 왕후 송씨는 동대문 밖에 조그만 초가집을 짓고 살았어요. 갖은 고초를 겪으며 한 많은 세월을 보낸 송씨는 82세까지 살았지요.

왕위에 오른 세조는 정사에 몰두해 재위 14년간 많은 치적을 쌓으면서 조선 초 왕권 확립에 크게 이바지했습니다. 하지만 합법적으로 왕위를 계승한 단종을 무력으로 몰아내고, 적장자 계승의 원칙을 파기한 일은 정통성 면에서 두고두고 시빗거리로 남게 되었어요.

사육신이나 생육신 같은 당대의 인재들이 사라져 조선의 발전이 지체된 것도 안타까운 일이지요. 세조 때의 공신들이 훈구 세력이 되어 훗날 사림 세력과 대립하면서 4대 사화를 일으켰습니다. 세조의 쿠데타가 후대에까지 큰 후유증을 남긴 것이지요.

○ 장릉(강원 영월군)
단종의 능이다. 『경국대전』에 명시된 사대문 밖 80리 이내에서 벗어나 있다. 능 아래쪽에 단종을 위해 목숨을 바친 신하들을 배향한 충신단이 있다. 사진작가 서헌강 제공

○ 단종 문화제

단종과 단종을 따른 충신들을 추모하는 향토문화제이다. 매년 4월 말 장릉 일원에서 열린다. 대표적인 행사로는 단종 제향, 국장 재현, 칡

신숙주의 변절이 남긴 업적

신숙주는 계유정난의 공적으로 따지면 한명회에 뒤질지 모르나 세조와의 친분과 세조에게 끼친 정치적 영향력 면에서는 누구에게도 뒤지지 않았어요. 신숙주와 정사를 논했던 세조는 죽음을 앞두고 "당 태종에게는 위징이 있었지만, 나에게는 신숙주가 있다."라고 말했다고 합니다. 세조가 신숙주를 당 태종이 '정관의 치'를 이루도록 도와준 위징에 비견한 것은 세조 자신도 신숙주를 통해 태평성대를 이루었다는 것을 내세우기 위함이지요.

1452년 수양 대군은 단종 즉위의 고명을 받기 위해 명에 사은사로 갈 것을 자청했는데, 이때 신숙주가 서장관으로 수양 대군을 수행하면서 둘 사이가 가까워졌어요. 계유정난이 일어난 1453년(단종 1년) 신숙주는 김종서 등 권신들의 경계를 받아 외직에 나가 있었습니다. 이는 김종서가 수양 대군과 신숙주의 관계를 눈치채고 있었다는 것을 의미하지요.

세조는 권력을 잡자마자 신숙주를 비서 실장격인 도승지에 앉혔어요. 신숙주는 이에 보답이라도 하듯이 단종의 일거수일투족을 면밀하게 감시해 수양 대군에게 보고했지요. 신숙주는 1462

○ 신숙주 묘
(경기 의정부시)
부용산 아래 조성된 신숙주의 묘이다. 신숙주의 묘는 무송군부인 윤씨의 묘와 나란히 쌍분을 이루고 있다.

년 영의정 부사직에 제수되었지만 지위가 갑자기 높아진 것을
의식해 1464년 영의정 부사직을 사직했어요.

신숙주는 변절자라는 오명을 얻었지만 뛰어난 업적을 남겼습
니다. 세종 때 운서인 『동국정운』을 저술하였고, 세조 때에는 왕들
의 귀감이 될 『국조보감』을 편찬하였으며, 성종 때에는 국가 질서
의 기본을 담은 『국조오례의』를 간행해 문화 통치의 근간을 세웠
어요. 또한 훈민정음의 확산을 위해 수많은 고전과 불경의 언해본
을 만들기도 했지요.

◆ 신숙주(1417~1475)
요직을 모두 역임하고 네 차
례나 공신 반열에 오른 조선
전기의 문신이다. 변절자로
비판의 대상이 되기도 했지
만 능력이 뛰어나 많은 업적
을 세웠다.

「동아일보」 편집국장을 지낸 춘원 이광수는 역사 소설 「단종
애사」에서 "신숙주의 부인이 사육신 사건에 가담하지 않은 남편
에게 실망해서 자살했다."라고 저술했어요. 월탄 박종화도 최초
의 역사 소설로 꼽히는 「목 매이는 여자」에서 신숙주를 다루
었지요.

숙주가 아무런 기운 없이 댓돌에 막 올라설 때에 윤씨는,
"왜 영감은 (거사에 참여해) 죽지 않고 돌아오셔요."
했다. 숙주의 얼굴은 발개졌다. 그는 고개를 숙이고
입속말로,
"아이들 때문에……."
하고 중얼거렸다. 윤씨는 숙주의 꼴이 끝없이
더러워 보였다. 그는 자기 남편의 절개 없는 게 퍽

○ 신숙주 신도비와 묘
묘역 하단에 1971년 새로 중건된 신도비와 한글학회에서 세운 한글 창제 사적비가 있다.

분했다. 평시에 밤낮없이 충신은 두 임금을 섬기지 않는다고 말하던 숙주의 입이 똥보다도 더러웠다. 그는 자기도 모르게 분함을 이기지 못해 숙주의 얼굴에 침을 뱉어 버렸다. 이 무안을 당한 숙주는 아무 말 없이 바로 사랑으로 나갔다.

그 이튿날 동이 환하게 틀 때였다. 마당을 쓸기 위해 안으로 들어갔던 하인은 높다란 누마루 대들보에 긴 허연 무명 수건에 목을 걸고 늘어진 주인마님 윤씨 부인의 시체를 보았다.

「목 매이는 여자」에는 변절한 신숙주의 아내가 자살하는 내용이 담겨 있습니다. 하지만 신숙주의 부인은 단종 복위 사건이 일어나기 5개월 전에 이미 죽었어요. 「목 매이는 여자」에는 역사적 사실 관계가 제대로 반영되지 않았지요. 역사 소설은 독자들이 소설 속 내용을 실제 사실로 여길 수도 있기 때문에 흥미 위주로 창작하는 것에는 문제가 있습니다. 이 소설을 읽고 감동한 사람들이 '신숙주가 여인네보다 못하다.'라는 의미로 쉽게 쉬어 버리는 나물에 신숙주의 이름을 붙여 '숙주나물'이라고 불렀다고 하지요.

이시애, 북방 차별에 불만을 품고 난을 일으키다

세조는 치세 내내 중앙의 권력을 강화했어요. 그중 하나가 북방의 통제였습니다. 북방 출신 수령을 줄이고 중앙에서 직접 관원을 파견했고, 호패법을 강화해 변방 백성의 이주를 통제했지요.

○ 동국팔역도
함길도(오늘날의 함경도) 지역을 표시한 지도이다.

회령 절제사를 지냈던 이시애는 조정의 북방 차별 정책에 강한 불만을 품고 있었어요. 1467년(세조 13년) 5월 이시애는 유향소의 불만과 주민의 지역감정에 편승해 반란을 일으켰습니다. 이시애는 함길도 절도사 강효문을 죽이고 "남도의 군대가 바다와 육지로 쳐 올라와서 함길도 군민을 다 죽이려 한다."라고 선동했어요. 함길도 백성은 이시애가 꾸민 말을 믿고 앞다투어 모여들어 대규모의 반군을 조직했어요. 타도 출신 수령들이 살해당하는 등 함길도는 대혼란에 휩싸이게 되었어요.

이시애는 반란을 일으키면서 "한명회, 신숙주 등이 함길도 절도사 강효문과 짜고 반란을 도모하기에 이들을 응징하기 위해 들고일어났다."라는 보고를 조정에 올렸습니다. 세조는 이시애의 보고문을 믿지 않았어요. 하지만 신숙주와 한명회는 둘 다 조정의 권신이면서 함길도 체찰사를 지냈고, 북방에도 나름대로 세력을 형성하고 있어 미심쩍게 생각했지요.

세조는 만약의 사태에 대비하기 위해 "신숙주를 옥에 가두고 한명회는 자택에 연금시키라."고 명했어요. 의금부 담당관이 신숙주가 실세인 것을 의식해 칼을 느슨하게 채워 놓자 이를 알게 된 세조가 담당관을 극형에 처하기까지 했지요. 이때 신숙주의 아들 신면이 함길도 관찰사가 되어 함흥으로 갔는데, 이미 반란군에게 넘어간 함흥 관원들에게 살해되는 일이 발생했어요. 이 사건을 계기로 의심을 거둔 세조는 신숙주를 풀어 주었지요.

세조는 27세의 조카 구성군을 총사령관인 병마도총사로 임명하고, 휘하에 노장 강순을 붙였어요. 불과 일 년 전에 무과에 급제한 구성군이 70대 선봉장을 거느리게 된 것이지요. 구성군은 강순, 남이 등과 함께 토벌군 3만 명을 이끌고 함길도로 떠났어요.

이시애 군대는 단천, 북청 등을 거쳐 함흥을 점령하고 철원까지 내려왔지만, 관군에 밀려 다시 북상했습니다. 토벌군은 지원병과 함께 철령을 넘었어요. 함흥에 진출한 토벌군이 북청을 점령하자 토벌군과 반란군의 치열한 공방전이 전개되었어요.

남이는 북청 전투에서 화살을 여러 군데에 맞고도 반란군을 제압해 나갔습니다. 남이의 눈부신 활약에도 토벌군의 병사들은 지쳐 갔고 화살도 점점 줄어들었어요. 토벌군 진영에는 위기감이 감돌았지요. 그런데 하늘이 도왔는지 토벌군의 위세에 눌린 이시애가 휴전을 제의해 왔습니다. 전투가 중단된 이후 토벌군에게 응원군이 속속 도착해 군세가 늘어났어요. 다 이긴 싸움을 놓친 반군 진영에서는 동요가 일기 시작했고, 반란군은 결국 북청 전

○ 남이 장군 출정 장면
서울시 용산구에서 펼쳐진 남이 장군 사당제의 한 장면이다. 남이 장군이 군병을 훈련시켜 여진족을 토벌하기 위해 출진했던 모습을 재현했다. 용산구청 제공

투에서 패하고 말았지요.

　길주로 달아난 이시애의 군대는 물자 부족으로 조금씩 지쳐 갔습니다. 이때 허종의 휘하에 있던 허유례의 아버지 허숭도가 이시애의 휘하 장수로 있었어요. 허유례는 허종으로부터 아버지를 설득하라는 명을 받고 단신으로 길주에 잠입했습니다. 이시애에게 거짓으로 항복한 허유례는 아버지 허숭도를 설득하고 이시애의 휘하 장수들을 포섭하는 데 성공해 이시애 일당을 체포했어요.

　이시애가 관군에게 체포되어 토벌군의 진영 앞에서 목이 잘림으로써 3개월 가까이 함길도를 휩쓴 이시애의 난은 평정되었습니다. 이시애의 난으로 길주는 길성현으로 강등되고 함길도는 남북 2도로 분리되었으며, 유향소는 지방 반란의 중심지가 된다는 이유로 폐지되었어요.

❍ 서울시 용산구의 사당제
에서 재현된 남이 장군
용산구청 제공

　세조는 이시애의 난을 진압한 구성군, 남이, 강순, 유자광 등을 적개공신으로 책봉해 옛 공신들을 견제했습니다. 얼마 후 구성군은 27세의 나이에 영의정에, 동갑인 남이도 겸 오위도총부 도총관에 임명되었어요. 남이는 한 달 뒤에 병조 판서에 올랐지요.

　구성군은 세종의 넷째 아들인 임영 대군의 아들입니다. 세종의 손자이지요. 구성군은 젊은 종친 중에서 문무를 겸비한 인재였어요. 태종의 넷째 딸인 정선 공주의 아들 남이는 한명회와 절친했던 권람의 사위이기도 합니다. 세조는 구성군, 남이 등 종친들을 키워 날로 강해지는 공신들을 견제하려 했어요.

3 세조의 치적과 불교 신봉

세조의 강권 정책과 유화 정책

세조는 왕권 강화를 위해 의정부 서사제를 폐지하고 6조 직계제를 단행했어요. 성삼문, 박팽년 등 집현전 학자들의 단종 복위 시도 사건을 빌미로 집현전을 폐지하고 경연을 없앴지요. 세조는 철저히 측근 중심의 정치를 펼쳤기 때문에 국정을 견제하던 대간의 기능이 약화된 반면 왕명을 출납하는 승정원의 기능이 강화되었어요.

세조는 백성을 통제하기 위해 태종 때 시행했던 호패법을 복원했어요. 또한 한명회를 시켜서 행정 기관의 개편을 추진하고 향·소·부곡 제도를 폐지했지요. 한명회는 다섯 가구를 한 개의 통으로 묶는 오가작통법과 다시 다섯 개의 통을 한 개 리로 하고, 몇 개의 리를 면으로 하는 면리제를 창안해 세조에게 건의합니다. 오가작통법으로 세금의 납부가 수월해졌고, 세금 납부를 피해 달아난 자들에게는 같은 통과 리에 사는 주민들에게 세금을 거두게 했어요. 오가작통법은 조선 말기까지 유지되었으나 면리

○ **고창읍성(전북 고창군)**
왜적의 침입을 막기 위해 쌓은 석성이다. 전북 고창의 방장산을 둘러싸고 있다. 세조 때 군사 제도가 진관 체제로 개편되면서 주요 군사 거점 역할을 했다.

제는 대한 제국이 멸망한 후에도 계속 유지되고 있지요.

세조는 『국조보감』을 편수해 태조부터 문종까지 나라 다스리는 방법을 정리해 후대 왕의 통치 규범으로 삼았어요. 왕도 정치의 기준이 될 법제 마련을 위해 『경국대전』 편찬에도 착수했지요. 세조 때 『경국대전』 「호전」과 「형전」이 만들어졌어요. 「호전」은 호구의 동향을 파악하고 호의 규모를 규제하기 위한 법전이고, 「형전」은 형량을 규정한 법전입니다. 『경국대전』의 전체적인 완성은 성종 때 이루어졌지요.

세조는 관직의 명칭도 간소화했어요. 영의정 부사는 영의정으로, 사간대부는 대사간으로, 도관찰출척사는 관찰사로, 병마도절제사는 병마절도사로 바꾸었지요. 토지 제도에서는 현직, 휴직, 정직 관원에게 나누어 주던 과전을 현직 관원에게만 지급하는 직전법을 시행해 국비 지출을 줄였어요.

이번에는 군사 제도를 볼까요? 세조 이전에는 영진 체제였으나 세조 때 중앙군인 5위를 정비하고 진관 체제로 바꾸었습니다. 요충지마다 진관을 설치해 진관을 중심으로 독자적으로 적

○ 낙안읍성(전남 순천시)
조선 시대 읍성이다. 고려 후기 왜구의 침입을 막기 위해 흙으로 성을 쌓은 것이 시초다. 해미읍성, 고창읍성과 함께 우리나라 3대 읍성으로 꼽힌다.

○ 세조 존영도
세조를 마을신으로 모셨던
사당인 복개당 안에 봉안되
어 있던 그림이다.

을 방어했지요. 또한 지방 관리들의 모반을 방지하기 위해 병마절도사는 그 지방 출신을 억제하고 중앙의 문신으로 대체하도록 했습니다. 이는 지방 호족의 불만을 자아내 이시애의 난 같은 반란의 원인이 되기도 했어요. 모반을 방지하기 위해 만든 제도가 오히려 모반을 부추긴 셈이었지요. 세조는 양인을 실제로 역에 복무하는 정군과 경제적인 지원을 하는 보인으로 묶는 보법도 제정했어요.

세조는 말년에 건강상의 문제로 원상제를 고안해 냈어요. 원상제는 왕이 지명한 한명회, 신숙주, 구치관이 승정원에 출근해 왕자와 함께 모든 국정을 상의해서 결정하는 일종의 대리 서무제입니다. 세조는 원상제를 도입한 1468년(예종 즉위년) 9월 7일 왕세자에게 왕위를 넘겨주고 그다음 날 눈을 감았어요.

세조, 불경을 간행하고 원각사를 창건하다

세조는 가까운 혈육과 대소 신료들을 많이도 죽였습니다. 세조의 살육 행진은 단종을 죽이고서야 마무리되었지요. 세조가 불경을 간행하고 원각사를 창건하는 등 불교 중흥을 이룬 것은 많은 사람을 죽인 죄책감 때문이었다는 평가가 일반적입니다. 하지만 세조는 왕자 시절에도 이미 불교에 심취해 있었고, 스스로 불교를 수호하는 군주임을 공언했던 것으로 보아 필연적인 연관성이 있다고는 볼 수 없어요.

세조는 만년에 심한 악몽에 시달렸고, 악몽을 계기로 불교에 귀의하기로 합니다. 이는 유교 성리학을 국교로 하는 조선의 국가 이념과 정면 배치되는 것이었어요. 세조의 불교 귀의에 김종직을 비롯한 사림 학자들과 훈구 유학자들은 연명 상소와 사퇴 등으로 항의했으나 소용이 없었지요.

세조는 여러 불당의 중수와 창건을 지원했습니다. 훈구파 공신들과 사림파 신진 관료들의 반대에도 불구하고 궁내에 불당을 지었고, 원각사와 신륵사 등을 후원했어요. 오대산 월정사, 상원사, 남양주 **수종사**, 양평 용문사, 합천 해인사 등도 세조가 후원하는 사찰들이었지요. 1461년(세조 7년)에는 간경도감을 설치해 많은 불경을 국역하도록 명하기도 했습니다.

세조는 재위 기간 내내 단종을 죽인 죄책감에 시달렸어요. 단종을 죽인 이후 단종의 어머니인 현덕 왕후 권씨의 원혼이 세조의 꿈에 나타나 "네놈이 내 자식을 죽였으니 네 자식도 죽어 줘야겠다."라고 저주했다고 합니다. 이후 세조의 큰아들 의경 세자(덕종)가 죽었다고 하고, 세조도 권씨의 원혼이 뱉은 침 때문에 피부병으로 고생했다고 전합니다. 어의들도 병을 고치지 못하자 세조는 치료를 위해 아산의 온양 온천 등에 행궁하기도 했지요.

세조는 피부병을 고치기 위해 오대산 상원사 문수보살상 앞에서 100일 기도를 하기도 했습니다. 기도를 마치고 몸이 가려워 혼자 계곡에서 목욕하는데 마침 동자승이 지나갔어요. 세조는 동자승에게 등을 밀어 달라고 했지요.

세조는 "네가 나가서 행여나 사람을 만나더라도 상감의 옥체에 손을 대고 흉한 종기를 씻

○ 수종사
금동일광보살좌상
(국립중앙박물관)

수종사는 남한강과 북한강이 합쳐지는 두물머리를 한 눈에 볼 수 있는 운길사 중턱에 있다. 불상은 수종사 오층석탑 안에서 출토되었다.

세조를 감동시킨 종소리

피부병을 고치기 위해 금
강산을 다녀오던 세조는
양수리에서 하룻밤 묵었다.
어디선가 들려온 청명한
종소리에 잠이 깬 세조는
그것이 근처 바위굴에서
떨어지는 물방울 소리임을
알게 되었다. 세조는 그곳
에 절을 짓고 수종사라 이
름 지었다. 이 지역 태생인

정약용은 "돌 틈으로 샘의 물이 흘러나와 땅에 떨어지면서 종소리를 내기 때문에 수종사
라 한다."라는 기록을 남겼다.

○ 세조가 심었다는 수종사 은행나무

⬆ 상원사 동종(국보 제36호, 강원 평창군)
오대산 상원사에 있는 신라 시대의 범종이다. 우리나라에 현존하는 종 가운데 가장 오래된 것으로 한국 종의 고유한 특색을 모두 갖추고
있다. 세조가 전국에서 가장 아름다운 동종을 찾아 상원사로 옮기라고 명을 내렸다고 한다.

어 드렸다는 얘기를 해서는 안 된다."라고 말했습니다. 그러자 동자승이 미소를 지으며 "잘 알겠습니다. 상감께서도 후일 오대 산에 가서 문수동자를 친견했다는 말씀을 하지 마시기를 부탁합 니다."라는 말과 함께 갑자기 사라져 버렸어요. 현재 오대산 상 원사 문수전에는 세조가 보았다는 목조 문수동자상이 있습니다. 세조는 상원사를 원당 사찰로 삼고 전국에서 가장 아름다운 동 종을 찾아 상원사로 옮기라고 명을 내렸다고 해요.

　세조 때 불경 간행, 절과 암자의 신축과 개축이 빈번했지만 누 구도 비판하지 못했습니다. 원각사를 세울 때에는 민가 200여 채가 헐리고 청기와 8만 장이 소요되었어요. 종을 주조하는 데 에는 5만여 근(약 3만㎏)의 구리가 쓰였지만 신하들은 "원각사에 상서로운 기운이 뻗쳤다 하옵니다."라며 세조의 비위를 맞추기 에 급급했다고 하지요.

원당 사찰(願堂寺刹)
죽은 사람의 명복을 비는 법당이 원당이다. 원당 사찰은 왕족의 명복이나 현세를 축원하기 위해 지은 절을 뜻한다.

◐ 탑골 공원(서울시 종로구)
세조는 많은 사람을 죽인 것을 속죄라도 하듯 대규모 불사를 벌였다. 특히 원각사 중건에 가장 많은 공을 들였다. 국보 제2호인 원각사지 10층 석탑은 보호 유리로 씌웠다.

세조의 왕위 찬탈에 대해 어떤 평가를 내릴 수 있을까요?

문종은 한창때인 39세에 세상을 떠나면서 12세의 어린 단종을 김종서와 황보인 등 원로대신에게 부탁했어요. 고명대신 김종서의 권한이 막강해지자 수양 대군은 경계심을 늦추지 않았습니다. 병권을 지닌 김종서의 신권이 왕권을 능가하는 상황에서 자신의 안위마저 보장받지 못할 수도 있었으니까요. 수양 대군과 김종서, 황보인의 대결 구도가 형성된 상황에서 수양 대군은 선제공격해 김종서 세력을 제거했어요. 세조는 어린 조카인 단종의 왕위를 찬탈한 잔인한 군주의 이미지를 지니고 있습니다. 아울러 세종의 위업을 계승해 치적을 쌓은 군주라는 이미지도 가지고 있지요. 죽고 죽이는 권력의 생리를 생각하면 세조가 불가피한 선택을 한 것으로 볼 수도 있습니다. 만약 세종이 정치적 역학 구도와 미래를 읽고 후대를 위해 수양 대군을 문종의 세제로 택했다면 변란 없이 왕위가 승계되었을 거예요. 그러면 세조는 정통성에 따라 더욱 강력한 제도 개혁을 단행했겠지요.

단종에게 충절을 지킨 신하들을 배향한 장판옥

6 예종실록, 성종실록 |
유교 국가의 기틀 마련

세조에 이어 예종이 왕위에 올랐을 때, 주변에는 세조와 함께한 공신 세력이 포진해 있었습니다. 예종은 의욕적으로 정치 개혁에 나섰으나 얼마 되지 않아 의문의 죽음을 맞았어요. 예종에 이어 보위에 오른 성종은 세조의 맏아들인 의경 세자의 둘째 아들입니다. 의경 세자가 요절하자 할머니 정희 왕후와 장인 한명회가 뜻을 같이해 성종이 왕위에 오른 거예요. 성종은 13세의 어린 나이에 왕이 되어서 대비의 수렴청정을 받다가 20세가 되던 해부터 친정했지요. 성종은 사림파를 등용하고 유교 국가의 기틀을 마련했다는 평가를 받습니다. 한편으로는 부녀자의 덕을 강조하는 유교 이데올로기를 뿌리내렸지요. 그 과정에서 중전 윤씨를 폐비하고 사사하는 일이 일어났어요. 윤씨의 아들이 훗날 왕위에 오르는데, 바로 연산군입니다.

- **1468년** 예종의 질시를 받은 남이가 역모설로 몰려 처형되고 옛 공신 세력이 조정에 득세하다.
- **1470년** 국가가 농민으로부터 직접 조세를 거두어 관리에게 지급하는 관수관급제를 시행하다.
- **1476년** 정희 왕후가 수렴청정을 거두고 20세의 성종이 친정을 시작하다.
- **1485년** 세조 재위 중에 편찬하기 시작한 조선 최고의 법전인 『경국대전』이 성종 대에 반포되다.

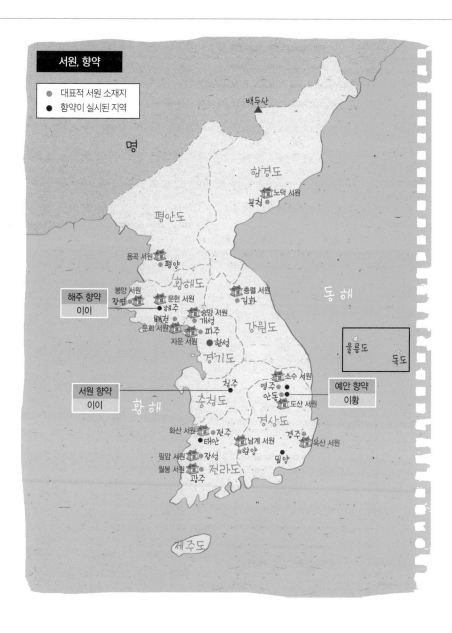

서원, 향약

- 대표적 서원 소재지
- 향약이 실시된 지역

명

백두산

함경도

평안도

북청 ● 노덕 서원

용곡 서원
● 평양

황해도

봉양 서원
강연 ● 문헌 서원
● 해주

해주 향약
이이

백천
문회 서원 ● 개성
자운 서원 ● 파주
● 한성

충렬 서원 ● 김화

숭양 서원

동 해

강원도

경기도

울릉도
독도

청주 ●

영주 ● 소수 서원
안동 ●
● 도산 서원

예안 향약
이황

서원 향약
이이

충청도

황 해

경상도

화산 서원 ● 전주
● 태안
필암 서원 ● 강성
월봉 서원 ● 광주

남계 서원
함양

경주 ●
옥산 서원

밀양

전라도

제주도

225

1 좌절된 예종의 개혁 정치

효자 예종, 권력에 맛든 공신 집단을 물려받다

세조의 맏아들 의경 세자는 1455년 세조가 즉위하자 18세의 나이에 바로 세자에 책봉되었으나, 시름시름 앓다가 2년 후에 죽고 말았습니다. 의경 세자가 낮잠을 자다 가위눌림으로 죽었다는 말이 있는데, 사람들은 의경 세자가 단종의 어머니 현덕 왕후 권씨의 살을 맞았다고 믿고 있었어요. 의경 세자의 죽음으로 세조의 둘째 아들인 해양 대군이 8세의 나이로 세자에 책봉되었지요.

강건하던 세조는 온몸에 난 종기와 불면증으로 고생했어요. 어의들도 고칠 수 없어서 피부병 치료를 위해 **온양 온천**으로 행궁하기도 했지요. 세조는 병세가 점차 악화되자 옛 공신인 한명회, 신숙주, 정인지, 정창손 등 17명의 대신을 원상에 임명하고

○ 온양별궁전도(규장각 한국학연구원)
조선 왕들은 질병을 치료하기 위해 온양별궁에 자주 행차했다. 행궁 중앙에 정전과 온천이 있다.

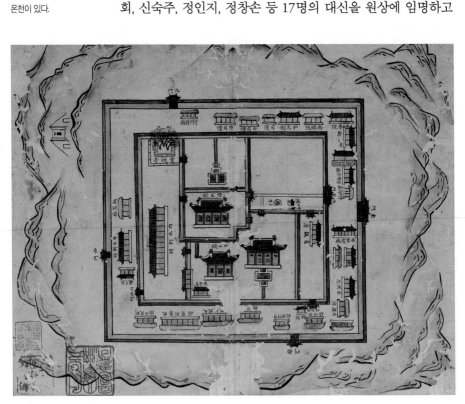

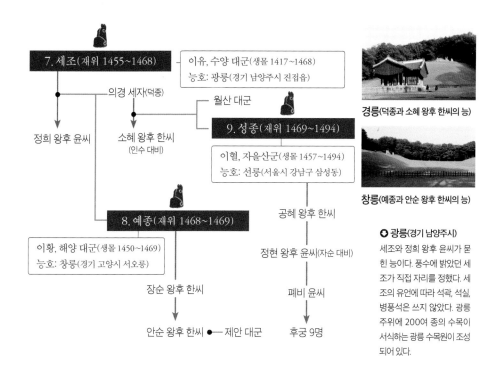

| 7. 세조(재위 1455~1468) | 이유, 수양 대군(생몰 1417~1468) |
| 능호: 광릉(경기 남양주시 진접읍) |

정희 왕후 윤씨

의경 세자(덕종)

소혜 왕후 한씨
(인수 대비)

월산 대군

9. 성종(재위 1469~1494)

이혈, 자을산군(생몰 1457~1494)
능호: 선릉(서울시 강남구 삼성동)

8. 예종(재위 1468~1469)

이황, 해양 대군(생몰 1450~1469)
능호: 창릉(경기 고양시 서오릉)

공혜 왕후 한씨

정현 왕후 윤씨(자순 대비)

폐비 윤씨

장순 왕후 한씨

안순 왕후 한씨 ● 제안 대군

후궁 9명

경릉(덕종과 소혜 왕후 한씨의 능)

창릉(예종과 안순 왕후 한씨의 능)

❖ **광릉**(경기 남양주시)
세조와 정희 왕후 윤씨가 묻힌 능이다. 풍수에 밝았던 세조가 직접 자리를 정했다. 세조의 유언에 따라 석곽, 석실, 병풍석은 쓰지 않았다. 광릉 주위에 200여 종의 수목이 서식하는 광릉 수목원이 조성되어 있다.

"세자를 보필해 달라."고 부탁했어요. 원상 제도는 세조가 죽기 전에 세자(훗날 예종)의 원만한 정사를 위해 마련한 신하의 섭정 제도입니다. 원로 중신들이 승정원에 출근해 서무를 의결하고 왕은 형식적인 결재만 했지요.

1468년(세조 14년) 7월 세조는 신숙주, 구치관, 한명회 등을 불렀습니다. 세조가 공신들에게 "세자에게 보위를 물려주고자 한다."라고 말하자 공신들은 "전하께서는 곧 병을 떨치고 일어나실 수 있습니다."라며 반대했어요. 세조는 왕위를 물려주는 대신 세자가 신숙주, 구성군 이준 등과 함께 정사를 논하는 제한적인 대리청정을 선택했지요.

세조의 간호에 정성을 다하던 세자는 대리청정을 시작한 다음 날인 7월 20일 왕의 병을 낫게 하려면 하늘을 감동시켜야 한다고 생각해 대사령을 내렸어요. 7월 20일 이전의 죄는 대역죄나 모반죄, 강상죄 등을 제외하고는 모두 용서받았지요. 그래도 세조의 병세에 차도가 없자 세금을 탕감하거나 내전에 불상을 모

○ 최초의 동원이강릉, 광릉(경기 남양주시)
왕과 왕비를 각각 따로 봉안하는 '동원이강(同原異岡)' 형식을 따랐다. 능에 별도의 봉분과 상설을 배치하고 두 능의 중간 지점에 정자각을 세웠다. 왼쪽이 세조, 오른쪽이 정희 왕후 윤씨의 능이다.

셔 놓고 기도를 올리기도 했어요.

세자는 여기에서 그치지 않고 계유정난과 상왕 복위 기도 사건 때 처형당한 이들의 가족을 석방하는 문제를 제기했어요. 공신들은 자신의 재산이 된 사육신의 친족을 방면(放免, 붙잡아 가두어 두었던 사람을 놓아줌)하는 문제에 반감을 보였지요. 하지만 사위 김질과 함께 상왕 복위 기도 사건을 고변한 정창손이 방면에 찬성하자, 세자는 계유정난과 사육신 사건 피해자의 친족 200여 명을 방면했어요.

이제 가망이 없다고 생각한 세조는 면류관과 곤룡포를 직접 세자에게 내려 주며 수강궁(창경궁)에서 당장 즉위할 것을 명했어요. 1468년 9월 7일 세자가 19세의 나이로 즉위한 다음 날 세조가 세상을 떠났습니다. 세조는 죽기 직전에 예종에게 소훈 한씨를 왕비로 삼으라고 명했어요. 소훈 한씨는 한백륜의 딸로 당시 임신 중이었지요. 예종이 왕위에 오르자 한씨도 왕비가 되었는데, 바로 계비 안순 왕후 한씨입니다. 예종의 정비 장순 왕후 한씨

(영의정 한명회의 딸)는 17세에 요절했지요.

19세에 왕위에 오른 예종은 어린 나이와 건강 탓에 한명회, 신숙주, 구치관 등 원상에 의지할 수밖에 없었어요. 태종은 수많은 공신을 제거한 후에 세종에게 왕위를 물려주었지만 세조는 거대한 공신 집단을 그대로 예종에게 넘겨주었습니다. 원상으로 이루어진 옛 공신과 이시애의 난을 진압한 새로운 공신의 충돌은 불가피해 보였어요.

남이의 역모설, 유자광의 작품인가

남이는 선봉장으로 이시애의 난을 평정하고, 이어서 건주 야인(建州野人, 중국 명 때 남만주의 건주 지역에 흩어져 살던 여진족)을 토벌해 세조의 총애를 받으면서 27세에 병조 판서에 올랐습니다. 이를 위험하게 여긴 한명회, 신숙주 등 옛 공신은 형조 판서 강희맹에게 자신들의 뜻을 전했고, 강희맹은 한계희에게 전했어요. 예종이 즉위하는 날 한계희는 예종에게 "남이가 병권을 맡기에는 문제가 있다."라고 비판했습니다. 예종은 남이를 병조 판서에서 겸사복장으로 좌천시켰어요. 한편으로 예종은 세조의 사랑을 독차지했던 남이를 시기하고 있었어요. 남이는 촌수로 예종의 당숙뻘이었지요.

겸사복장
겸사복은 조선 시대 국왕의 호위를 담당했던 친위병을 말한다. 겸사복의 지휘관을 겸사복장이라 하는데, 종2품 무관직이었다.

남이는 한명회를 비롯한 옛 공신들의 음모 때문에 자신이 좌천되었다고 생각했어요. 결국 자신이 제거될지도 모른다는 조급한 마음에 측근들을 모으기 시작했지요. 이때 남이의 눈에 유자광이 들어왔어요.

유자광은 이시애의 난으로 출세에 성공한 인물입니다. 서자 출신이었기 때문에 높은 벼슬에 오를 수 없었던(서얼금고법) 유자광은 문인이 되기를 포기하고 무인의 길을 택하지요. 유자광

서얼금고법
조선 시대에 양반의 자손이라도 첩의 소생은 높은 관직에 나아갈 수 없게 한 제도이다.

은 갑사가 되어 경복궁의 동문인 **건춘문**을 지키다가 이시애의 난 즈음에 전라북도 남원으로 발령받았어요. 이시애의 난이 일어나자 유자광은 바로 도성으로 올라와 상소를 올렸습니다.

"난이 일어났다는 소식을 듣고 식사하다가 수저와 젓가락을 놓고 올라왔습니다. 갑사에 소속된 후 공을 세우고 나라를 위해 죽으려고 했습니다. 아직도 이시애의 목을 베어 바치는 사람이 없다 하니, 신이 미천하나마 한구석에서라도 싸워 이시애의 목을 베어 바칠 것입니다."

유자광을 기특하게 생각한 세조는 그를 연락관으로 기용했어요. 서자로 태어나 29세까지 갑사로 근무하던 유자광에게 기회가 찾아온 것입니다. 유자광은 한양과 전장 사이를 오가며 전투 상황을 정확하게 보고해 세조의 마음을 샀어요. 유자광의 지략 덕분이었는지 이시애의 난은 석 달 만에 진압되었지요. 세조의 신임을 받은 유자광은 발탁된 지 8개월 만에 갑사에서 정3품 당상관인 병조 참지에 올랐어요.

갑사

국왕의 호위와 수도 경비를 맡는 정예병이다. 대체로 부유한 지배층의 자제였다. 정규 무관은 아니었으나 상당한 지위를 인정받았다.

❍ 경복궁 건춘문
(서울시 종로구)

경복궁의 동문(東門)이다. 종친과 척속, 상궁들만 드나들었다. 동쪽이 봄을 의미한다는 뜻에서 건춘문이라고 불렀다.

하지만 세조가 죽은 후 서자 출신 유자광을 후원하는 유력자는 아무도 없었습니다. 이때 남이가 숙직하고 있던 유자광을 찾아가 속마음을 털어놓았어요. 남이가 떠난 후 유자광은 바로 대궐로 달려갔습니다. 유자광은 자신과 함께 공을 세운 남이가 세조의 총애를 더 받게 된 것에 질투심을 느끼고 있었거든요. 유자광은 예종에게 남이가 다음과 같이 말했다고 고변했습니다.

"혜성이 없어지지 않는다. 묵은 것을 몰아내고 새로운 것을 받아들일 징조이다. 담이 낮아 알아채기 쉬운 창덕궁에 불을 질러 왕을 창덕궁에서 경복궁으로 옮기게 한 후 함께 거사하자."

야사에서는 유자광이 이시애의 난을 평정하고 지은 남이의 시를 역모의 증거로 제시했는데, 시구 중에서 '나라를 평안케 하지 못하다(미평국).'를 '나라를 얻지 못하다(미득국).'로 바꿔치기했다고 합니다.

○ 남이 장군 북정가
이시애의 난을 평정한 남이 장군이 돌아오는 길에 백두산에 올라 비문에 새긴 시이다.

백두산 돌은 칼을 갈아 없애고(白頭山石磨刀盡, 백두산석마도진)
두만강 물은 말을 먹여 다하리(頭滿江水飮馬無, 두만강수음마무)
　남자 나이 스물에 나라를 평안케 하지 못하면(男兒二十未平國, 남아이십미평국)
　훗날 누가 나를 대장부라 부르리오(後世誰稱大丈夫, 후세수칭대장부)

예종은 바로 남이를 체포하라고 명했어요. 대궐에서 찾는다는 말을 들은 남이는 칼을 차고 담을 넘어 도망가려다 잡혔지요. 국문은 예종이 직접 지휘했습니다. 유자광과 대질한 남이는 "유자광이 신에게 불만을 가졌기 때문에 신을 무고한 것입니다."라고 말했어요.

그런데 그날 남이를 만났던 측근 민서가 불리한 증언을 했어요. "남이가 '혜성이 출현한 것을 보니 분명히 간신인 한명회가 움직여 먼저 나를 칠까 두렵다.'라고 말했는데, 저는 순찰해야 했으므로 바로 고하지 못했나이다."라고 말한 것이지요. 그러자 남이는 "한명회가 신에게 적자를 세우는 일에 대해 말하기에 신은 한명회가 반역을 꾀하고 있음을 알았습니다."라고 말했지요.

하지만 예종은 남이가 한명회를 의심해 지어낸 말이라 여겼어요. 이틀 후 남이와 함께 이시애의 난을 평정했던 문효량이 결정적인 진술을 뱉어 냈지요. "남이가 '간신들을 몰아내고 나라에 은혜를 갚자.'라고 제의했는데, 이 계획에 오위도총관 강순도 뜻을 같이했습니다."

남이는 처음에는 모반 혐의를 극구 부인했지만 혹독한 국문을 견디다 못해 역모를 시인하면서 강순을 끌어들였어요. "강순이 '혜성의 움직임을 보니 반드시 간신들이 난을 일으킬 것이다. 우리가 공을 세우고 물러나면 누가 우리를 탓하겠는가?'라고 말했나이다."

79세의 강순이 "왜 나를 끌어들이느냐?"라고 따지자, 남이는 "나의 원통함을 알면서도 가만히 있었으니, 원통하게 죽는 것은 당연하지요."라고 답했다고 합니다.

유자광이 역모를 고변한 지 사흘 후 남이는 강순, 문효량 등 약 30명의 무인 관료와 함께 저잣거리에서 거열형에 처해진 후 7일간 효수(梟首, 죄인의 목을 베어 높은 곳에 매달아 놓음)되었고, 그 식솔들은 노비가 되었어요. 유자광, 신숙주, 한명회, 신운, 한계순 등은 1등 공신으로 책봉되었지요. 한명회와 신숙주가 1등 공

○ 남이 섬(강원 춘천시)

원래 섬이 아니었으나 청평댐이 세워지면서 주위가 물에 잠기면서 섬이 되었다.

예부터 이곳엔 남이 장군 묘로 알려진 돌무더기가 있었는데, 남이섬이라는 이름은 여기에서 비롯되었다고 한다.

신에 책봉된 것으로 보아 옛 공신이 새로운 공신인 강순, 남이 등을 제거하기 위해 나섰다는 것을 알 수 있습니다.

한명회는 남이, 강순 등의 재산과 처첩을 내려 받았고, 유자광은 남이의 집과 첩을 받았어요. 나머지 공신들도 남이와 강순의 재산과 70여 명의 처첩을 나누어 받았지요. 예종은 새로운 공신 세력을 제거함으로써 옛 공신 세력에 휘둘리게 됩니다.

임진왜란 전까지는 남이를 역모의 주동자로 간주했지만,『연려실기술』에는 "유자광의 모함으로 남이와 강순이 옥사한 것"으로 기록되어 있어요. 조선의 유교 학자들은 무오사화와 갑자사화의 책임이 간신배인 유자광에게 있다고 보았기 때문에 남이의 역모를 유자광의 거짓 고변 사건이라고 믿고 싶었는지도 모르지요. 남이는 순조 때 그의 후손인 우의정 남공철의 상소로 신원(伸冤, 가슴에 맺힌 원한을 풀어 버림)하게 됩니다. 남이의 무공과 억울한 사연 때문에 무속에서는 그를 신령으로 모시고 있지요.

○ 남이 장군 묘
(경기 화성군)
남이 장군은 역모 죄로 능지처참형을 당했기 때문에 장례가 정상적으로 치러지지 않았다. 남이 장군의 묘로 조성되었지만 실제로 묻혔는지는 확인되지 않는다. 춘천 남이섬에도 남이 장군의 허묘가 있다.

◐ 남이 장군 사당
(서울시 용산구)
민간과 무속에서는 남이 장
군을 신으로 모신다. 이곳에
사당을 세운 이유는 남이 장
군이 용산에서 병사를 모아
훈련시켰고 한강변 새남터
에서 참화를 당했기 때문이
라 전해진다.

◐ 남이 장군 사당제(서울시 용산구)
매년 음력 10월에 남이 장군 사당을 중심으로 용산구 일대에서 거행된다. 젊은 나이에 요절한 남이 장군의 원혼을 달래주고 그의 충절을 기리기
위한 제의적 성격도 지닌다. 용산구청 제공

개혁에 나선 예종, 갑자기 의문의 죽음을 맞다

수양 대군과 함께 계유정난을 일으켜 집권한 옛 공신들은 관직을 매매하는 분경, 죄를 지어도 처벌받지 않는 면죄의 특권을 누리고 있었어요. 경제적 특권으로는 대대로 세습할 수 있는 공신전과 납부 대행으로 사익을 챙길 수 있는 대납권이 있었지요. 세조는 공신과 종친에게 자신을 지지하는 대가로 막대한 경제적 이익을 보장했습니다. 당시 공신들에게 의탁한 무리는 세금을 선납한 후 백성에게 두 배에서 서너 배에 이르는 세금을 거두어들였어요. 수령들도 이익을 챙기기 위해 백성에게 억지로 대납하라는 명을 내렸지요.

예종은 즉위 초 개혁을 위해 공신 세력의 특권에 손을 대기 시작했어요. 먼저 종친과 공신의 분경을 금지하고 위반하면 온 집안을 망하게 해 없애겠다고 선포했지요. 1468년(예종 즉위년) 10월 사헌부의 선전관이 신숙주의 집에서 함길도 관찰사 박서창이 보낸 김미를 체포했어요. 예종은 함길도 관찰사가 신숙주에게 김미를 보내 뇌물로 표범 가죽을 준 것을 큰 문제로 여겼습니다. 함길도는 일 년 전에 이시애가 난을 일으킨 곳이거든요.

예종은 공신의 대납권에도 손을 댔습니다. 예종이 정해진 세금의 몇 배나 더 내게 하는 대납을 금하자 백성은 크게 반겼어요. 『예종실록』에는 "임금이 먼저 대납의 폐단을 없애니 이보다 더

○ **창릉(경기 고양시)**
예종(왼쪽)과 안순 왕후 한씨 (오른쪽)의 능이다. 다섯 개의 조선 왕릉(경릉·창릉·명릉·익릉·홍릉)으로 이루어진 서오릉 내에 있다.

큰 선정이 있겠는가?"라고 기록되어 있답니다. 1469년(예종 1년)에는 공신의 면죄부에도 손을 댔습니다. 예종은 공신의 분경, 대납권, 면죄권 등 3대 특권을 모두 철폐하고자 했어요.

예종은 1469년 11월 28일 발에 생긴 질병인 족질이 도져서 재위한 지 14개월여 만에 죽었어요. 『예종실록』 1469년 11월 18일자에는 "내가 족질 때문에 오랫동안 정사를 보지 못했다."라는 기록이 나옵니다. 하지만 예종은 15일에 관찰사들에게 편지를 보내 "산야에 모인 무뢰배들의 강도 행위를 근절하라."고 지시했고, 16일에는 입직한 군사들을 직접 열병(閱兵, 군대를 정렬한 다음 병사들의 사기와 훈련 상태 따위를 검열함)하기까지 했어요. 따라서 예종이 족질로 갑자기 죽으리라고 생각한 사람은 아무도 없었습니다.

예종은 법치주의에 근거해 세조의 뒤를 이어 강력한 왕권을 세우고자 했고, 훈구파 세력에 맞서 개혁 정책을 펼치고자 했어요. 예종이 옛 공신들의 권익에까지 손을 대자, 한명회와 신숙주를 비롯한 공신들은 세조로부터 공인받은 재산권 지키기에 나섰지요. 누군가 밥그릇에 손을 댈 때 격렬하게 저항하는 것은 예나 지금이나 마찬가지인가 봅니다. 옛 공신들이 예종의 개혁으로 자신들의 권익이 사라질 위기에 처하자 예종을 독살했다는 설이 제기되고 있기도 합니다.

2 성종의 정권 안정과 업적
성종의 즉위는 정희 왕후와 한명회의 정치적 합작품

예종이 죽은 날 새벽이었어요. 승정원에 신숙주, 한명회, 구치관 등 여덟 명의 원상이 모였습니다. 신숙주는 "나라의 큰일을 맞아 임금의 장례를 맡을 사람을 일찍 정해야 한다. 큰일에 내시를 보낼 수는 없다."라면서 정인지의 아들 정현조와 함께 대비전으로 갔어요. 정현조가 내시 대신 신숙주와 대왕대비 사이를 왔다 갔다 했지요. 대왕대비인 정희 왕후 윤씨(세조의 비)는 신숙주, 한명회, 구치관을 불렀어요.

이 자리에서 정희 왕후 윤씨는 "원자 제안 대군은 너무 어리고 월산 대군은 병약하다. 자을산군이 어리기는 하지만 세조께서도 그 도량을 칭찬하셨다. 자을산군이 어떤가?"라며 자신의 큰아들인 의경 세자(덕종)의 둘째 아들 자을산군을 거명했어요. 이에 신하 모두 "진실로 마땅하다."라며 화답했지요.

의경 세자(덕종)
세조의 아들이자 성종의 아버지이다. 1455년 수양 대군이 왕위에 오르자 세자에 책봉되었다. 한확의 딸 한씨를 아내로 맞아 월산 대군과 자을산군을 낳았으나 건강이 좋지 않아 20세에 요절했다.

○ 경릉(경기 고양시)
의경 세자는 즉위하기 전에 20세에 요절하여 덕종으로 추존되었다. 경릉은 덕종과 소혜 왕후 한씨를 함께 모신 동원이강릉 형식을 취했다. 서오릉 안에 있다.

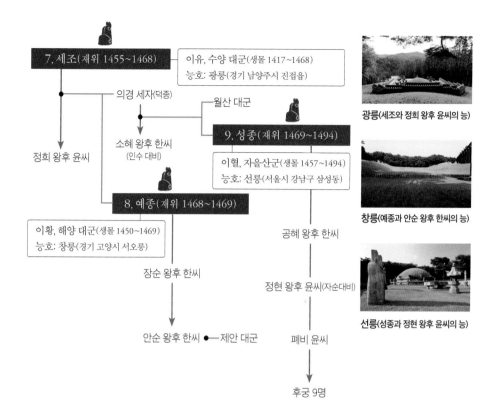

7. 세조(재위 1455~1468) ─ 이유, 수양 대군(생몰 1417~1468) 능호: 광릉(경기 남양주시 진접읍)

의경 세자(덕종)

월산 대군

9. 성종(재위 1469~1494) ─ 이혈, 자을산군(생몰 1457~1494) 능호: 선릉(서울시 강남구 삼성동)

소혜 왕후 한씨 (인수 대비)

정희 왕후 윤씨

8. 예종(재위 1468~1469) ─ 이황, 해양 대군(생몰 1450~1469) 능호: 창릉(경기 고양시 서오릉)

장순 왕후 한씨

공혜 왕후 한씨

안순 왕후 한씨 ─ 제안 대군

정현 왕후 윤씨(자순대비)

폐비 윤씨

후궁 9명

광릉(세조와 정희 왕후 윤씨의 능)

창릉(예종과 안순 왕후 한씨의 능)

선릉(성종과 정현 왕후 윤씨의 능)

덕종의 첫째 아들인 월산 대군이 아닌 둘째 아들인 자을산군이 즉위한 것은 전적으로 정희 왕후 개인의 결단에 기댄 것입니다. 정희 왕후는 왕권 안정과 자신의 영향력 확대를 위해 13세의 자을산군을 선택했어요. 당대 최고의 권력자인 한명회는 예종의 장인이었을 뿐 아니라 덕종의 차남인 자을산군의 장인이기도 했습니다. 정희 왕후는 자을산군이 실세인 장인의 도움을 받아 정권을 안정할 수 있다고 판단한 것이지요. 신숙주, 구치관 등 원상들도 자을산군의 왕위 계승에 동조했어요.

승정원에 모인 대신들은 예종의 죽음을 미리 알고 대비라도 한 듯이 후속 절차를 진행했어요. 자을산군은 부름을 받기 전에 이미 대궐 안으로 들어와 있었지요. 이는 자을산군이 미리 연락을 받았다는 것을 말해 줍니다.

국왕이 될 줄은 꿈에도 몰랐던 자을산군은 예종이 사망한 날 신시(申時, 오후 3~5시)에 근정문에서 즉위하고 교서를 반포했어요.

문종은 세종이 죽은 지 5일 후에, 단종은 문종이 죽은 지 4일 후에 즉위식을 했지만 자을산군(성종)은 예종이 죽은 날 경복궁에서 즉위했어요. 조선 역사상 왕이 죽은 날 곧바로 다음 왕을 앉힌 사례는 성종이 유일합니다. 왕위 계승이 뭔가 계획에 따라 진행되었다는 느낌을 지울 수 없지요.

제안 대군은 당시 4세였으므로 왕위 계승에 어려움이 있었을지 모르지만 16세였던 **월산 대군**을 배제하고 13세의 자을산군에게 왕위를 물려준 것은 이해하기 힘든 조치였습니다. 더구나 월산 대군은 세조의 장손으로 세조의 총애를 한 몸에 받았거든요. 자기 관리에 철저했던 월산 대군은 책과 시, 음악과 술을 벗하고 살았습니다. 월산 대군은 마음을 비우고 살았지만, 그의 시에는 잃어버린 자신의 시대에 대한 아쉬움이 묻어나지요.

추강에 밤이 드니 물결이 차노매라
낚시 드리우니 고기 아니 무노매라
무심한 달빛만 싣고 빈 배 저어 오노매라

긴장 속에서 살아서 그런지, 아니면 정희 왕후의 표현대로 원래 허약해서 그런지 월산 대군은 서른다섯의 나이에 요절했어요. 형의 죽음을 안타까워한 성종은 월산 대군의 부인 박씨와 그녀의 동생 박원종을 잘 보살펴 주었지요.

성종이 즉위한 지 이틀 후 신숙주, 한명회 등은 염습(殮襲, 시신을 씻긴 뒤 수의를 갈아입히고 염포로 묶는 일)을 마치고 대왕대비

대군(大君)과 군(君)의 차이
대군은 비(妃)에게서 출생한 왕자를, 군은 빈(嬪)에게서 출생한 왕자를 말한다. 동생에게 보위를 빼앗긴 월산군은 위로 차원에서 대군으로 책봉되었다. 연산군과 광해군은 폐출되어 묘호 없이 군으로 불린다.

에게 "예종이 돌아가신 지 겨우 이틀인데 옥체가 이미 변색했습니다. 마땅히 어의를 처벌해야 합니다."라고 어의에게 의혹의 화살을 돌렸어요. 하지만 정희 왕후는 "예종이 뜸도 거절하고 약도 거부했으므로 어의 권찬은 죄가 없다."라며 어의를 옹호했지요.

　시신은 약물에 중독되었을 때 색이 변해 달라집니다. 당시는 음력 11월 말이어서 시신이 변색할 절기도 아니었지요. 두 달 후 성종 대신 섭정을 맡은 정희 왕후와 원상들은 오히려 어의 권찬을 가선대부 현복군으로 승진시켰어요.

○ **월산 대군 사당**
(경기 고양시)
성종의 친형인 월산 대군 이정(1454~1489)의 신위를 모신 사당이다. 학문을 좋아하고 침착했던 월산 대군은 효성과 충심이 지극하고 우애가 깊었다고 한다.

정희 왕후, 손자 성종의 후견인이 되다

열세 살 소년 성종 뒤에는 세 명의 대비가 있었어요. 예종 비 안순 왕후 한씨, 성종의 어머니 소혜 왕후 한씨(인수 대비), 그리고 두 대비의 시어머니인 세조 비 정희왕후 윤씨는 성종의 든든한 배경이었지요. 안순 왕후는 한명회의 딸인 세자빈 한씨가 죽으면서 왕비가 되어 제안 대군을 낳았어요. 인수 대비는 의경 세자와 혼인해 세자빈이 되었으나 의경 세자가 스무 살에 죽으면서 손아래인 안순 왕후를 왕비로 모시게 되었지요.

세조 비 정희 왕후 윤씨는 조선 최초로 어린 성종을 대신해 수렴청정(垂簾聽政)을 하게 되었어요. 수렴청정은 글자 그대로 해석하면 '발을 드리우고 그 뒤에서 정치에 대해 듣는다.'라는 뜻입니다. 나이 어린 왕을 대신해 왕의 어머니나 할머니가 정사를 돌보는 것을 의미하지요. 정희 왕후는 수렴 뒤에 앉아 섭정하기보다는 성종이 원상들과 의논해 안건을 올리면 결재하는 형식을 띠었습니다. 정희 왕후는 계유정난 당시 수양 대군이 거사를 망

○ **봉선사**(경기 남양주시)
고려 시대에 창건된 사찰로 원래의 이름은 운악사였다. 불교 중흥 정책을 펼쳤던 정희 왕후가 세조의 위업을 기리고 능침을 보호하기 위해 1469년(예종 1) 89칸 규모로 중창한 후 봉선사로 개칭했다.

설이자 손수 갑옷을 입혀 주며 용병을 종용했을 정도로 냉철한 결단력의 소유자였어요.

섭정하게 된 정희 왕후는 권력을 휘두를 수도 있었지만 수렴청정 기간에 손자의 왕권 안정에만 신경을 썼습니다. 먼저 남편인 세조가 벌여 놓은 일부터 제자리로 돌려놓았어요. 노산군(단종)의 부인 송씨에게 옷과 음식을 제공했고, 영양위 정종(단종 편에 섰다가 죽임을 당한 문종의 사위)의 아들에게는 과거를 볼 수 있도록 해 출사의 길을 터 주었지요. 성종의 어머니임에도 세자빈 신분이었던 인수 대비를 왕비로 만들기 위해 성종은 20세 되던 해에 의경 세자를 덕종으로 추존했어요. 이로써 인수 대비의 서열이 인혜 대비(안순 왕후)보다 높아졌지요.

◐ 봉선사 대종
(보물 제397호)
1469년(예종 1) 왕실의 명령으로 주조되었다.

옛 공신 세력, 남이에 이어 구성군도 제거하다

정희 왕후와 옛 공신들은 구성군 이준을 왕권 안정의 마지막 걸림돌로 보았어요. 어린 단종에게 작은아버지 수양 대군이 있었다면, 어린 성종에게는 종친 구성군이 있었지요.

　세조는 종친을 키워 공신 세력을 제어하려고 했어요. 세조의 의도에 따라 키워진 인물이 남이와 구성군이었지요. 그러나 세조의 바람과 달리 종친인 구성군은 남이와 힘을 합치지 않고 서로 시기하고 미워했어요. 남이는 구성군의 중용을 비판하다 하옥되었고, 남이를 경쟁자로 생각한 구성군은 남이의 옥사 때 한명회 편에 서서 남이를 제거했지요. 조정에 실권을 지닌 종친은 구성군만 남게 되었어요.

　예종이 죽은 후 구성군은 위협적인 인물로 떠올랐습니다. 당시 구성군은 불과 28세의 나이에 이시애의 난을 평정하고, 병조 판서를 거쳐 영의정에 올랐어요. 조선 왕조 최연소 영의정인 셈이지요. 세조가 왕위를 찬탈한 사례가 있기 때문에 구성군의 훌륭한 자질은 곧 왕권에 위협이 되었어요.

　잘나가던 구성군에게도 위기가 닥쳤습니다. 세조가 대군이었을 때 세조의 첩이 구성군에게 연애편지를 보낸 일이 새삼스럽게 거론되었거든요. "대군을 본 순간 마음을 빼앗겼다."라는 내용의 편지를 본 구성군은 기겁하며 세조에게 편지를 보여 주었지요. 세조는 편지를 전달한 내시만 죽이고 그 밖의 일은 남우세스러워 문제 삼지 않았어요.

신숙주는 세조 첩의 연애편지 사건을 끄집어내어 "선왕 때의 죄를 물어 구성군을 폐서인하고 유배형에 처하소서."라며 집요하게 탄핵했어요. 정희 왕후 윤씨는 마침내 구성군을 영해부(지금의 경상북도 영덕군)로 유배했지요. 구성군은 유배된 지 10년 후에 세상을 떠났어요. 이로써 옛 공신에게 위협적이었던 인물이 모두 사라졌습니다.

구성군 축출 사건은 신권이 왕권을 추월해 정치를 주도하는 계기가 되었어요. 이 사건 이후 종친의 관료 등용은 법으로 금지되었는데, 1474년(성종 5년) 『경국대전』 간행 이후 종친 등용 금지법이 정착되었지요.

성종의 친정으로 한명회의 시대가 저물다

남이와 구성군이 사라지자 종친 세력은 쑥대밭이 되었어요. 성종의 위협 세력이 사라졌다는 것은 옛 공신에게도 위협적인 인물이 더는 없다는 것을 의미합니다. 옛 공신들은 원상으로 성종과 대비의 자문을 담당하며 국정을 좌지우지했어요.

1472년(성종 3년) 옛 공신의 일방통행에 사헌부 지평 박시형이 겁도 없이 제동을 걸고 나왔습니다.

"이제 전하가 친히 서무를 결재하시니 노신들이 아침저녁으로 승정원에 나와 일할 필요가 없다고 생각하옵니다."

이 소식을 들은 한명회는 성종에게 "신들이 원상을 면해 달라고 미처 청하지 못했나이다."라며 자신을 해임해달라고 청했어요. 정희 왕후가 원상들을 다독거리자 박시형이 뒤늦게 "경망스런 신을 벌주소서."라고 대죄(待罪, 죄인이 처벌을 기다림)를 청했지요. 성종은 "자신의 의견을 아뢰는 일이 무슨 죄가 되겠는가."라고 말했지만 뒤이어 박시형과 사헌부 관리들이 좌천되었어요.

1474년(성종 5년) 한명회의 딸 공혜 왕후 한씨는 자식을 남기지 못하고 죽었습니다. 이듬해에는 신숙주가 59세의 나이로 죽었어요. 옛 공신들이 하나둘 세상을 뜨기 시작했지요.

1476년 성종이 스무 살이 되자 대왕대비인 정희 왕후는 수렴청정을 중단한다는 언문 교지를 내렸어요. 성종과 원상은 거듭 만류했지만 대왕대비의 결심은 확고했지요. 한명회가 대왕대비에게 "나라의 신민을 버리게 되면 신들은 어디에 귀의하겠나이까."라고 한 번 더 만류했어요. 그래도 대왕대비가 뜻을 굽히지 않자 성종은 직접 친정을 선언합니다.

이즈음 서자 출신으로 주목을 받지 못하던 유자광이 왕의 눈에 들기 위해 한명회를 걸고넘어졌습니다. 유자광은 "한명회가 '신들은 어디에 귀의하겠나이까.'라고 말한 것은 전하의 능력을 무시하는 속마음을 드러낸 것입니다."라는 내용의 상소를 올렸어요. 이에 한명회의 눈치를 보던 대간들도 강경한 처벌을 요청했습니다. 눈치 빠른 한명회는 "신의 병이 오래되어 쉴 수 있게 해 주시옵소서."라며 사직을 청했어요. 이로써 성종은 체면을 살리면서 대신들에게 넘어갔던 권한을 되찾았고, 한명회는 큰 탈 없이 명예퇴진하게 되었지요.

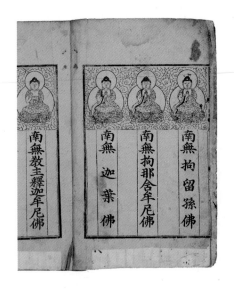

○『예념미타도량참법』
(보물 제949호, 국립중앙박물관)
왕실에서 간행한 불교 의식
집이다. 정희 왕후가 공혜
왕후 한씨(성종의 정비)의 명
복을 기원하며 이 책을 간행
했다.

한명회는 일개 대신으로 전락했지만 조선 환관 출신의 명 사신 정동과 친분이 깊었던 덕에 중요한 행사 때마다 주청사(奏請使, 중국에 주청할 일이 있을 때 보내던 사절)로 명에 다녀왔어요. 한명회는 명에서도 뇌물 비리로 명 대간의 탄핵을 받기도 했지요.

1481년(성종 12년) 6월 정동이 명 사신으로 조선에 오자 한명회는 압구정에 초청하려 했어요. 하지만 왕의 허락 없이 중국에서 온 사신들을 개인적으로 초청한 것이 문제가 되었지요. 진노한 성종은 "강가에 정자를 짓고 노는 것이 그리 아름다워 보이지 않소. 연회는 제천정에서 열고 압구정은 구경이나 시키시오."라고 지시했어요. 그러자 한명회는 "신의 아내가 아파 압구정에 나가지 않을 생각입니다."라며 토라진 모습을 보였지요. 성종은 "아내가 다 죽게 되었는데 북경에 간 적도 있지 않았는가."라며 질타했어요. 이어 성종은 한명회의 직첩을 거두었고, 원상제를 폐지해 왕명 출납과 서무 결재권을 되찾았어요.

압구정은 한명회의 개인 별장입니다. 한명회는 명에 사신으로 갔을 때 명의 한림학사 예겸에게 별장의 이름을 지어 달라고 청했어요. 예겸은 '갈매기와 친하게 노니는 정자(압구정)'라는 이름

제천정(濟川亭)
세조 때 한강변에 지어진 정자이다. 왕들이 이용했으며 특히 성종이 좋아했다. 서울특별시 용산구 한남동 541번지 일대에 터만 남아 있다.

○ 순릉(경기 파주시)
한명회의 딸인 공혜 왕후 한 씨의 능이다. 공릉·순릉·영릉으로 이루어진 파주 삼릉 경내에 있다. 성종의 정비였던 공혜 왕후는 왕비로 책봉된 지 5년 만에 19세의 나이로 세상을 떠났다.

을 지어 주었지요. 당시 **압구정**은 크고 화려했어요. 이는 한명회
가 쌓은 엄청난 부를 상징합니다. 압구정의 화려함은 조선에 온
중국 사신들이 앞다투어 그곳에서 연회를 베풀어 주기를 청했다
는 데서도 알 수 있어요. 압구정의 화려함은 강남 문화의 화려함
을 대변하는 현재의 압구정동으로 이어졌습니다.

'압구'는 권력 암투의 굴레에서 벗어나 갈매기와 벗하며 지내
라는 의미였어요. 하지만 이 이름은 늘 권력의 한가운데에 있었
던 한명회에게는 어울리지 않았지요. 또한 압구정은 강가에 있
었기 때문에 갈매기가 노닐지도 않았어요. 한명회는 적막한 말
년을 보내다가 73세를 일기로 생을 마감하였습니다.

3 사림파의 등장과 성종의 업적

김종직, "잡학은 유학자가 배울 학문이 아니다"

한명회가 물러나고 원상제도 폐지되었지만 공신들은 여전히 영향력을 발휘하고 있었어요. 성종은 왕권 강화를 위해 홍문관에 세조 때 폐지되었던 집현전의 기능을 부여하고 경연을 담당하게 했습니다. 홍문관 관원 모두에게 경연관을 겸하게 했고, 정승을 비롯한 주요 관리도 경연에 참석할 수 있게 했어요. 이로써 경연은 왕의 학문 연구를 위한 자리라기보다는 왕과 신하가 모여 정책을 토론하는 자리가 되었지요.

경연을 통해 왕의 자문 역할까지 맡게 된 홍문관은 자연스레 언론 기능까지 수행하게 되었어요. 이에 홍문관은 사헌부, 사간원과 함께 언론 3사로 불리게 되었지요. 언론 3사가 활발하게 감시 역할을 하자 대신들도 움츠러드는 모습을 보였어요. 하지만 예종 때처럼 대신들이 누리고 있던 특권이나 재산에는 손을 대지 않았지요.

성종 때는 훈구파의 힘을 누르고 개혁을 실현하기 위해 새로운 인재가 필요했습니다. 성종은 선산의 부사로 있던 김종직을

❖ 김종직(1431~1492)
생전에 쓴 「조의제문」은 뒷날 무오사화의 원인이 되었다. 무오사화로 부관참시를 당했다.

❖ 점필재 종택
(경북 고령군)
김종직의 종택이다. '튼ㅁ자형'으로 배치되어 있다. 건물 내에는 김종직의 문적, 유품, 종가 문서 등이 보관되어 있다.

불러들였어요. 학문을 숭상했던 성종은 자신의 도학 정치 이념을 뒷받침해 줄 적임자로 김종직을 선택한 것이지요. 김종직은 길재의 학풍을 잇는 영남 사림파의 거두였어요.

조선 건국에 참여하지 않고 재야로 물러난 사림파는 성종 때 본격적으로 중앙 정계에 진출해 훈구파와 대립했습니다. 길재는 조선 건국을 반대했지만 제자와 자식들에게는 출사를 허락했어요.

길재의 제자 김숙자는 과거에 급제해 벼슬도 했지만, 1456년(세조 2년) 사직하고 처가가 있는 밀양으로 내려가서 제자를 양성했어요. 아버지 김숙자에게 가르침을 받은 김종직은 매일 수만 마디의 말을 기억해 스무 살이 되기 전에 신동으로 불렸지요.

1459년(세조 5년) 과거에 급제해 벼슬길에 오른 김종직은 세조에게 "전하께서 문신들에게 천문, 지리, 음양, 음악, 의약, 복서, 시사 등 7학을 연구토록 했사오나 시사를 제외한 6학은 유학자가 배울 만한 학문이 아니라고 생각하옵니다."라고 아뢰었어요. 세종 밑에서 실용 학문의 중요성을 배웠던 세조는 발끈했지요. 세조는 "잡학은 짐도 뜻을 두고 있는데, 어찌 이리 경박하게 구는가."라며 김종직을 파직했어요. 나중에 복권된 김종직은 함양 군수, 선산 부사로 10여 년 동안 일하면서 뛰어난 목민관이라는 평판을 받았지요.

○ 김종직의 『이존록』
(국립중앙박물관)
김종직의 가문과 그 당시 교유하던 저명한 학자들의 이야기를 담은 책이다. 조선 초기 성리학의 발전 및 사림의 형성 과정을 파악할 수 있어 사료 가치가 높다.

김종직이 성종에 의해 발탁된 이후 실용 학문을 도외시한 김종직이 신줏단지처럼 모신 성리학은 조선의 이데올로기로 굳어지게 됩니다. 실용 학문을 천시한 김종직의 생각은 사대부의 생각으로 굳어져 조선은 실용 학문의 측면에서 암흑기를 이어가지요. 조선은 성리학이라는 우물에 갇혀 더 넓은 세상을 보지 못하게 되었을 뿐 아니라 좁은 우물에서 피비린내 나는 붕당 다툼을 일삼게 되었거든요.

성종 재위 25년, 유교 국가의 틀을 갖추다

성종은 공신 세력을 견제하기 위해 사림 세력을 끌어들였고, 유교 사상을 더욱 정착시켜 왕도 정치를 실현해 나갔어요. 그 결과 문물의 기초를 완성했다는 의미가 내포된 성종이라는 묘호를 얻었지요.

정희 왕후의 섭정 기간에는 신숙주와 한명회의 주도 아래 많은 제도가 정비되었습니다. 호패법을 폐지해 민간에 대한 관의 감시를 줄였고, 통치의 규범인 『경국대전』의 교정 작업을 완료했어요. 숭유억불 정책을 강화해 불교식 화장 풍습을 없애고 승려들의 도성 출입을 금지했지요. 근친혼의 문제점을 없애기 위해 6촌 이내는 결혼을 금했고, 삼강 행실을 전국의 교생에게 가르쳤어요.

성종은 경연을 통해 학자들과 자주 토론했는데, 경학이나 강의에만 출중해도 관리로 등용했습니다. 성균관에 **존경각**을 지어 경전을 소장하게 했고, 재정을 확충해 학문 연구를 후원했어요. 성균관과 향교에는 학전과 서적을 지급해 관학을 진흥하였지요.

○ 성균관 존경각
(서울시 종로구)
1475년(성종 6) 성균관 안에 건립된 도서관이다. 사서(四書)·오경(五經)·제사(諸史)와 성리학 중심의 도서 수만 권이 소장되어 있었다. 일제강점기와 6·25 전쟁으로 인해 장서는 모두 분실되고 현재는 건물만 남아 있다.

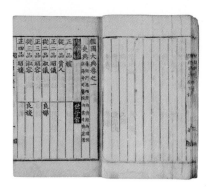

성종의 후원에 힘입어 사림파는 세조 말에 혁파된 유향소 제도를 부활하였어요. 유향소 제도는 사림의 정치 기반이 되었지요.

성종의 도학 정치는 편찬 사업으로 이어졌습니다. 역사서로 서거정 등이 『동국통감』을 간행했어요. 『동국통감』은 『삼국사절요』와 『고려사절요』를 합해 단군 조선부터 고려 말까지의 역사를 조선 왕조의 입장에서 재조명한 역사서입니다.

○ 『경국대전』
(보물 제1521호, 국립중앙박물관)
조선 왕조의 기본 법전이다. 세조의 명으로 편찬을 시작하여 1485년(성종 16)에 반포했다.

성종 때에는 『동국여지승람』, 『동문선』, 『악학궤범』, 『국조오례의』 등도 편찬되었어요. 노사신, 서거정 등이 편찬한 『동국여지승람』은 조선 각 도의 풍속과 지리를 정리한 지리서입니다. 역시나 노사신, 서거정 등이 편찬한 『동문선』은 신라 때부터 조선 초기까지의 시문 430편을 모아 엮은 문집이에요. 성현, 유자광 등이 저술한 『악학궤범』은 의례와 관련된 법식, 악기 연주 방법, 「동동」, 「정읍사」, 「여민락」 등의 가사, 의상, 무대 장치, 무용 등을 정리한 음악 이론서지요. 『국조오례의』는 오례를 정리한 책으로, 이를 통해 국가의 여러 행사에 필요한 의례를 정비하였어요.

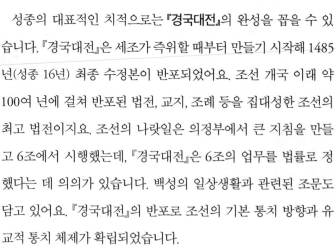

성종의 대표적인 치적으로는 **『경국대전』**의 완성을 꼽을 수 있습니다. 『경국대전』은 세조가 즉위할 때부터 만들기 시작해 1485년(성종 16년) 최종 수정본이 반포되었어요. 조선 개국 이래 약 100여 년에 걸쳐 반포된 법전, 교지, 조례 등을 집대성한 조선의 최고 법전이지요. 조선의 나랏일은 의정부에서 큰 지침을 만들고 6조에서 시행했는데, 『경국대전』은 6조의 업무를 법률로 정했다는 데 의의가 있습니다. 백성의 일상생활과 관련된 조문도 담고 있어요. 『경국대전』의 반포로 조선의 기본 통치 방향과 유교적 통치 체제가 확립되었습니다.

◆『동국통감』(국립중앙도서관 외)

1485년(성종 16) 서거정 등이 왕명을 받아 편찬한 역사책이다. 고대부터 고려 말까지의 역사를 다뤘다.

◆『신증동국여지승람』 (독도박물관)

성종 때 편찬된 『동국여지승람』을 보완하여 1530년(중종 25)에 완성한 인문지리서이다.

◆『동문선』(국립중앙도서관 외)

1478년(성종 9) 서거정 등이 왕명을 받아 편찬한 시문 선집이다. 삼국 시대 이래 조선 초까지의 문학 자료를 집대성했다는 점에서 의의가 크다.

◆『국조오례의』(규장각 한국학연구원)

조선 시대 오례의 예법과 절차에 관해 기록한 책이다. 세종 때 편찬하기 시작하여 1474년(성종 5)에 완성되었다.

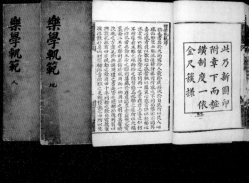

◆『악학궤범』(규장각 한국학연구원)

1493년(성종 24) 왕명에 따라 편찬한 음악 이론서이다. 궁중 음악은 물론 당악·향악에 대한 이론과 제도, 법식 등을 그림과 함께 설명하였다.

태평성대는 먹고 사는 것을 해결하는 데서 나온다

성종은 조선 왕조의 전반적인 체제를 완성했습니다. 조선은 개국 이래 가장 평화로운 시대를 맞이했어요.

조선의 토지 제도는 고려 말 전제 개혁 때 시행된 과전법에 기반을 두고 있었습니다. 권문세족의 토지를 박탈해 신진 사대부의 경제 기반을 마련한 것이지요. 과전법에 따라 전·현직 관리는 경기 지방의 토지를 과전으로 받았는데, 받은 사람이 죽거나 반역하면 국가에 반환하도록 규정했어요. 여기서 토지를 지급했다는 것은 토지 자체를 지급한 것이 아니라 조세를 거둘 수 있는 권리인 수조권을 부여한 것입니다.

고려의 전시과에서는 죽거나 벼슬을 그만두면 토지를 반납했는데, 조선의 과전법에서는 벼슬을 그만두더라도 죽을 때까지 보유할 수 있었어요. 재직 중에 직역의 대가로 받은 토지의 수조권은 정당하다고 할 수 있으나 관직에서 물러난 뒤 죽을 때까지 받게 되는 수조권은 불로 소득(不勞所得, 직접 일을 하지 아니하고 얻는 수익)에 해당합니다. 예컨대 20세에 관직에 진출해 30세에

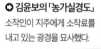

○ 김윤보의 「농가실경도」
소작인이 지주에게 소작료를 내고 있는 광경을 묘사했다.

벼슬을 그만두고 60세까지 살았다면, 30년 동안은 아무 일을 하지 않아도 과전을 보유할 수 있다는 이야기지요. 신진 사대부가 역성혁명 과정에서 전직 관료의 불만을 무마하고 자신들의 노후를 보장받기 위해 시행한 제도가 과전법이었어요.

더구나 죽은 관료의 가족들도 생계를 유지할 수 있게 하려고 재혼하지 않은 부인에게는 수신전, 20세 미만의 자녀에게는 휼양전이라는 명목으로 과전 가운데 일부를 다시 지급해 세습할 수 있도록 했어요. 국가에 공이 있는 사람에게 내린 공신전도 세습을 허용했지요.

머지않아 토지의 부족 현상이 일어날 수밖에 없었습니다. 토지 부족을 해결하기 위해서는 전직 관리와 관리의 유가족들에게 토지를 지급하는 것을 중지할 수밖에 없었어요. 현직 관리에게 지급할 토지가 부족해지자, 세조 때는 현직 관리에게만 과전을 지급하는 직전법을 시행했지요.

직전법이 시행되자 관리들이 농민에게 조세를 과다하게 거두는 일이 많아졌어요. 1470년(성종 1년) 성종은 국가에서 조세를 거두어 관리들에게 지급하는 관수관급제를 시행했습니다. 관수관급제는 토지 제도라기보다는 국가의 토지 지배권을 강화하기 위한 새로운 운영 방안이었어요. 16세기 중엽 명종 때는 직전법이 폐지되어 관리들에게 수조권을 지급하지 않고 녹봉만을 지급했지요.

토지를 소유한 사람에게 부과하는 조세는 수확량의 10분의 1을 거두는 것이 원칙이었어요. 1결의 최대 생산량을 300두로 정하고, 매년 풍흉을 조사해 그 수확량에 따라 납부액을 조정했지요. 따라서 땅 주인이 내는 조는 1결당 최대 30두였어요. 1결의 넓이는 토지의 넓이가 아니라 토지의 품질에 따라 달라졌지요.

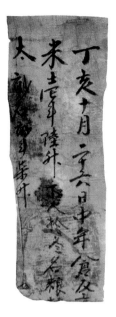

○ 녹봉을 받을 수 있는 증서(국립중앙박물관)

이조와 병조에서 왕명을 받아 문·무 관원에게 녹과를 정해 내려준 증서를 녹패라 한다. 관원들은 녹패를 가지고 광흥창으로 가서 녹봉을 수령했다.

4 어을우동, 인수 대비, 폐비 윤씨

어을우동 사건, 유교적 억압의 신호탄이 되다

15세기 후반에 성종은 사림파와 함께 성리학 이념을 국가와 사회 곳곳에 전파하려고 했습니다. 유교 사상은 성종 때만 해도 사회에 완전히 정착하지 않았어요. 여전히 고려 사회의 남녀평등 관습이 남아 있었지요. 남녀 차별 없이 균분 상속이 이루어지고, 결혼하면 남자가 여자 집에 일정 기간 거주했지요. 조선 초기는 비록 남성이 주도한 사회였지만 당시 남녀 관계는 비교적 자유로웠답니다.

이 시기에 희대의 성 추문 사건이 터집니다. 주인공은 어을우동이에요. 양반가에서 태어난 어을우동은 왕족인 태강수 이동에게 시집가서 외명부의 품계까지 받았어요. 첩에게 빠진 태강수는 어을우동과 이혼하기 위해 간통 사건을 조작했지만 어을우동의 무죄가 밝혀집니다. 태강수는 함부로 부인을 버린 죄로 삭탈관직을 당했고, 어을우동과 재결합하라는 명령을 받았으나 태강수는 어을우동을 부르지 않았어요. 어을우동은 친정으로 갔으나 친정에서도 받아들이지 않았지요.

길가에 집을 마련하고 지내던 중 계집종이 어을우동에게 "오종년이라는 사헌부 관리가 있는데, 태강수보다 인물이 좋아 애인 삼을 만합니다."라며 부추겼어요. 오종년과 사귀다 헤어진 것을 시작으로 어을우동은 수십 명의 선비, 유생들과 관계를 가졌습니다. 세종의 서손자인 이난은 어을우동의 춤과 시문, 미모에 매료되어 자신의 팔뚝에 어을우동의 이름을 새기기까지 했지요.

어을우동의 글, 그림, 서예, 가야금 솜씨는 사람들을 탄복시킬 정도였어요. 어을우동은 자신의 신분을 기생이나 과부로 속였으므로 뭇 남성과 양반들이 어을우동의 집에 드나들었지요. 과거

외명부
조선 시대에 왕족·종친의 아내나 어머니, 문무관의 아내나 어머니를 대상으로 남편이나 자식의 품계에 따라 부여된 호칭이다.

○ 김홍도의 「삼일유가」
『담와평생도』
(국립중앙박물관)

담와평생도는 영조 때 문신
인 담와 홍계희(1703~1771)의
일생을 묘사한 것이다. 삼일
유가 외에 수찬행렬, 평안감
사 부임, 좌의정 행차, 치사,
회혼례가 있다.

급제자 홍찬이 유가하고 있었을 때 어을우동이 소매로 슬쩍 홍
찬의 얼굴을 스쳤어요. 홍찬도 그녀에게 매료되고 말았지요.

어을우동의 자유분방한 생활은 조정에까지 알려졌고, 결국 풍
속을 어지럽혔다는 이유로 체포되었어요. 어을우동은 구경꾼들
이 보는 가운데 여종과 함께 교수형에 처해졌지요. 자유로운 남
녀 관계의 책임은 주로 여성에게 가혹하게 넘겨씌워졌어요. 어
을우동의 남자들에 대한 처분은 대체로 관대했습니다. 문초를

유가

과거에 급제한 사람이 광대
를 데리고 풍악을 울리면서
시가행진을 벌이고, 시험
관, 선배 급제자, 친척 등을
방문하는 일을 말한다. 보
통 사흘에 걸쳐 행하였다.

○ 신윤복의 「월야밀회」,
『혜원전신첩』
(국보 제135호, 간송미술관)
보름달이 뜬 고요한 밤, 후미
진 곳에서 몰래 만나 정을 나
누는 남녀의 모습을 표현한
작품이다. 두 남녀의 밀회를
훔쳐보는 여인의 시선이 알
쏭달쏭하다.

당하기는 했지만 대부분 사면되었지요.

남편에게 내쳐진 재주 많은 여인이 조선에서 할 수 있는 일은 아무것도 없었어요. 어을우동의 시를 읽어 보면, 자유분방한 그녀도 한낱 마음 약한 여인임을 느낄 수 있습니다.

구슬은 흘러 밤을 밝히고
구슬은 눈물처럼 흘러 밤을 밝히고
흰 구름은 높이 흘러가니 달빛은 더욱 밝아라
한 칸의 작은 방에는 님의 향기가 남아 있으니
꿈결 같은 그리운 정, 그림처럼 그려 낼 수 있겠네

어을우동이 성리학적 도덕주의의 희생양이라는 시각도 있습니다. 합법적으로 정비 세 명에 후궁 아홉 명을 둔 성종이었지만 자유분방한 어을우동을 포용할 수는 없었어요. 유교 사상을 확립하려는 성종이 본보기로 삼았다는 것이지요. 어을우동 사건은 성종과 사림 세력이 꿈꾼 조선 사회의 한계이자 단순한 스캔들이라기보다는 유교에 입각한 여성 억압의 신호탄이었어요.

부녀자의 덕을 강조한 인수 대비, 폐비 윤씨를 내쫓다

인수 대비(소혜 왕후 한씨)는 성종의 어머니이자 연산군의 할머니로 유명합니다. 한확의 딸이었던 인수 대비는 문종이 재위할 때 수양 대군의 큰아들과 혼인했어요. 1452년 단종이 즉위하고 이듬해에 시아버지 수양 대군이 정권을 찬탈하는 모습을 똑똑히 보았지요. 1455년 세조가 즉위하자 남편은 의경 세자로 책봉되었고, 한씨는 세자빈이 되었어요. 하지만 세자가 스무 살에 요절하면서 왕위는 세조의 둘째 아들(예종)에게 돌아갔지요.

사가에 물러나 왕비가 되지 못했던 한씨에게 다시 한 번 기회가 찾아왔어요. 예종이 즉위 1년 2개월 만에 요절한 것이지요. 왕실의 웃어른인 세조 비 정희 왕후가 한씨의 둘째 아들 자을산군(성종)으로 왕위를 잇게 하면서 한씨는 궁으로 돌아왔어요.

인수 대비는 남편 의경 세자의 죽음으로 왕비 자리에 오르지 못한 설움을 자신의 둘째 아들을 왕위에 올리면서 씻어 냈습니다. 1470년 성종은 아버지 의경 세자를 의경왕으로 추존하고 어머니 한씨의 존호는 인수 대비(인수왕대비)로 정했어요. 흔히 말하는 인수 대비는 살아 있을 때의 호칭이고, 죽어서는 소혜 왕후에 책봉되었지요.

존호
왕이나 왕비의 덕을 기리기 위하여 올린 칭호이다.

인수 대비는 불교 경전에도 조예가 깊어 불경을 언해하기도 했습니다. 아들인 성종이 도첩제를 폐지하려 했을 때는 안순 왕후와 연명(連名, 두 사람 이상의 이름을 한곳에 죽 잇따라 씀)으로 언문 교지를 내렸어요.

"선왕의 법이 허물어지는 게 안타깝습니다. 세종께서는 경복궁에 내불당을 지으셨으나 해동요순으로 일컬어졌어요. 당 태종도 승려를 줄이지 않았지만 공덕을 칭송합니다."

신하들이 대비의 정치 개입을 문제 삼자, 성종은 결국 승려에게 자격증을 주는 도첩제를 없애고 승려가 되는 것을 금하는 금승법을 시행했어요.

성종은 20살까지는 할머니인 정희 왕후의 섭정을 받았고, 그 이후에는 어머니 인수 대비의 조언을 받았으며, 부인인 정현 왕후 윤씨의 감시를 받았으므로 여인의 굴레에서 벗어나지 못했어요.

1475년(성종 6년) 인수 대비는 『내훈』을 간행했습니다. 궁중의 비빈과 부녀자들을 훈육하기 위한 책이었지요. 『내훈』의 서문을

◐ 승과평 터
(경기 남양주시)
승려들을 대상으로 하는 과거를 실시하던 곳이다. 봉선사 앞에 있다. 여기서 뽑힌 승려에게는 도첩을 주었다.

보면 이 책의 편찬 의도를 잘 알 수 있어요.

"나는 홀어미인지라 옥 같은 마음을 지닌 며느리를 보고 싶구나. 『소학』, 『열녀』 등 적절한 책이 있으나 복잡하고 권수가 많아 쉽게 알아볼 수가 없구나. 이에 중요하다고 생각되는 내용을 뽑아 일곱 장으로 만들어 너희에게 주노라."

인수 대비는 여성 교양서가 없었던 시절에 여성도 교육받아야 한다고 생각했지만, 남성을 우위에 둔 여성의 부덕(婦德, 부녀자의 아름답고 덕스러운 행동)을 강조했어요. 인수 대비는 부덕을 갖추지 못한 여성은 비록 왕비라 해도 내칠 수 있다고 생각했지요.

『내훈』
1475년(성종 6) 왕의 어머니인 소혜 왕후(인수 대비)가 부녀자의 훈육을 위해 편찬한 책이다. 중국의 『열녀전』, 『소학』, 『여교』, 『명감』에서 부녀자 훈육에 요긴한 대목을 뽑아서 만들었다.

인수 대비의 영향으로 여성의 유교적 부덕이 국가 이념으로 공식화하기 시작한 것입니다. 이에 따라 사가에서는 어을우동이, 왕실에서는 폐비 윤씨가 그 희생양이 되었어요.

인수 대비는 성종의 얼굴에 손톱자국을 낸 계비 윤씨를 폐비시켜 훗날 연산군 때 갑자사화가 일어나는 원인을 제공했어요. 갑자사화 당시 병상에 있던 인수 대비는 연산군을 나무랐습니다. 할머니의 꾸지람을 참지 못한 연산군이 인수 대비에게 패악을 부리는 바람에 인수 대비가 죽음에 이르렀다는 말이 있습니다.

폐비 윤씨, 유교 이데올로기에 꺾이다

성종의 첫째 왕비는 한명회의 딸인 공혜 왕후 한씨였으나, 1474년(성종 5년) 후사 없이 사망했어요. 1476년 연산군을 잉태한 숙의 윤씨가 중전에 책봉되었지요.

시어머니인 인수 대비와 며느리인 성종 비 윤씨는 서로 다른 생각과 배경을 지니고 있었어요. 막강한 친정 세력이 있었던 인수 대비와는 달리 윤씨는 가난한 집현전 관원인 윤기견의 딸이었습니다. 아버지도 일찍 죽어 후원해 줄 친정 세력도 없는 신세였지요.

성종이 다른 여인들을 총애하며 중전 윤씨에게 소홀해지자, 윤씨는 왕의 총애를 되찾으려고 노력했어요. 윤씨는 성종의 후궁들에게는 질투심을 숨기지 않았고, 성종과 시어머니인 대비에게는 공손하지 못했어요. 어느 날 윤씨는 극약인 비상과 비상을 바른 곶감을 숨겨 두었는데, 그만 들키고 말았어요. 인수 대비는 비상을 바른 곶감이 왕과 후궁을 독살하기 위한 것이라고 생각했습니다.

윤씨는 빈으로 강등될 위기에 처했지만 임사홍이 성종에게 "중궁의 죄는 크지만 원자마마께서 계시옵니다. 죄보다도 나라의 근본이 더 중요합니다."라고 만류했어요. 임사홍의 말에 마음이 흔들린 성종은 일단 없던 일로 덮어 두었지요.

질투에 눈이 먼 윤씨는 성종과 다투는 과정에서 성종의 얼굴에 손톱자국을 낸 적도 있었어요. 이 일로 조정에서는 윤씨의 폐비론이 대두했지요. 하지만 대다수 신하는 감히 다음 왕이 될 왕자의 어머니를 폐할 엄두를 내지 못했어요. 인수 대비는 윤씨를 폐비해야 한다는 주장을 굽히지 않았고, 한명회를 비롯한 공신 세력과 김종직의 사림 세력까지 인수 대비의 주장에 동조했답니다.

인수 대비가 지은 『내훈』을 보면 "며느리가 잘못하면 이를 가르칠 것이고 가르쳐도 말을 듣지 않으면 때릴 것이고, 때려도 고치지 않으면 쫓아내야 한다."라는 구절이 있을 정도로 인수 대비는 며느리에게 엄격했어요.

결국 중전 윤씨는 왕비가 된 지 3년 만에 폐비가 되어 사가로 쫓겨났습니다. 1479년(성종 10년) 성종의 두 번째 부인인 윤씨가 폐출되자 이듬해에 윤호의 딸 파평 윤씨가 계비로 책봉되었어요. 성종의 세 번째 계비인 정현 왕후 윤씨는 훗날 중종이 된 진성 대군의 어머니이기도 합니다. 인수 대비는 정현 왕후를 맞이해 "이제 중전다운 사람이 들어왔으니 낮이나 밤이나 무슨 걱정이 있겠느냐."라며 기뻐했다고 해요.

윤씨가 폐비된 지 일 년 후 한명회는 폐비 윤씨의 소생(훗날 연산군)을 세자에 책봉해야 한다고 주장했어요. 대신들 간에는 폐비 윤씨를 동정하는 분위기가 형성되었지요. 이에 발맞춰 장차 왕이 될 세자의 친모를 일반 백성처럼 살게 해서는 안 된다는 상소가 이어졌습니다. 물론 폐비 윤씨를 비방하는 신하들의 반대도 만만치 않았지요.

○ 『금삼의 피』
박종화는 장편 역사 소설 『금삼의 피』를 매일신보에 연재했다. 소설에서는 폐비 윤씨가 죽을 때 "피를 토한 손수건을 연산군이 왕이 되면 전해 달라."고 부탁했다고 기술되어 있다. 연산군이 피 묻은 손수건을 보고 생모 윤씨의 비극적인 죽음을 알게 되어 피의 보복이 시작됐다는 소설 속의 내용은 사실과 다르다.

성종도 세자가 성장해 가자 폐비 윤씨에 대한 동정심을 느끼게 되었습니다. 친정으로 쫓겨난 뒤 바깥세상과의 접촉이 금지된 윤씨는 자신의 행위를 뉘우치며 근신하고 있었어요. 성종은 내시와 궁녀들을 시켜 윤씨의 동정을 살피라고 지시했지요. 나인과 내시들은 인수 대비의 명에 따라 "폐비 윤씨가 여전히 반성하지 않고 있다."라고 보고했어요. 이 말을 듣고 분개한 성종은 윤씨의 사사 문제에 대해 단호한 태도를 보였습니다. 하지만 대신들은 윤씨가 원자의 생모라는 이유로 반대했지요. 1482년(성종 13년) 성종은 대신들의 반대에도 폐비 윤씨에게 사약을 내렸어요.

전랑과 대간, 건설적 비판자인가 시대의 걸림돌인가

김종직의 문하에는 김일손, 김굉필, 정여창 등 당대의 내로라하는 문장가들이 있었어요. 김종직의 도학을 이어받은 김굉필은 조광조라는 걸출한 인물을 배출하지요. 주로 언론 3사에 배치된 사림 세력은 전랑직을 맡아 상대 세력을 비판하면서 자기 세력을 유지했어요.

전랑은 이조와 병조의 정5품 정랑과 정6품 좌랑을 합해 부르던 관직입니다. 전랑은 문관과 무관을 천거하고 전형하는 임무를 맡았는데, 이들의 권한에는 판서는 물론 의정부의 삼정승도 간여하지 못했지요. 특히 3사, 즉 사헌부, 사간원, 홍문관의 대간을 임명할 때는 반드시 이조 전랑의 동의가 있어야 했어요. 게다가 전랑천대법이라 해서 물러나는 전랑이 다음에 맡을 전랑을 추천하도록 했으므로 특정 정치 세력이 힘을 키우기에는 안성맞춤이었지요. 전랑직을 장악하는 것이 곧 언론 3사를 장악하는 지름길이었어요.

유교식 군주 수업에 힘입어 도학 군주로 성장한 성종은 홍문

대간

관료를 감찰하고 탄핵하는 임무를 가진 사헌부의 대관과, 국왕의 잘못을 간하고 반대 의견을 올리는 사간원의 간관을 합쳐 부른 명칭이다. 오늘날의 언론인과 비슷한 기능을 수행했다.

관의 경연 기능을 활성화했어요. 전랑직과 대간직을 장악한 사림 세력은 훈구 세력과 척신 세력 견제에 나섰고, 훈구 세력과 척신 세력은 사림 세력을 "홀로 잘난 무리"라고 비방했지요. 이들은 정치적으로나 사상적으로나 서로 타협할 수 없는 물과 기름이었어요.

결국 윤씨의 폐비에 반대했던 임사홍이 "요즘 대간은 말을 너무 가볍게 하니 어찌 따를 수 있겠습니까."라며 대간의 지나친 비판에 대해 일침을 가했습니다. 상소 전문가인 대간이 가만히 있을 리 없겠지요? 사림파 출신의 대간들은 일제히 나서서 "소인배 임사홍을 내치소서!"라며 한목소리를 냈어요.

1478년(성종 9년) 4월 지금의 황사 비인 **흙비**가 심하게 내리자 3사에서는 "흙비는 하늘의 경고이므로 당분간 전국에 금주령을 내려야 한다."라고 간언했어요. 도승지(都承旨, 승정원의 수석 승지)였던 임사홍은 "흙비는 자연 현상에 불과하고, 국가의 제사가 연이어 있으므로 술을 금지하는 것은 적절치 못하다."라고 주장했지요. 그러자 3사의 대간들은 "임사홍이 말한 것은 모두 아첨에서 나온 간사한 말"이라고 맹렬하게 성토했어요. 처음에는 임사홍을 두둔하던 성종은 임사홍의 직첩을 거두도록 명했지요.

○ 흙비
바람에 날려 올라갔던 모래 흙이 비처럼 떨어지거나, 황사나 흙먼지가 비에 섞여 내리는 현상을 말한다. 성종 때 흙비의 원인을 놓고 임사홍이 대간과 대립하다 직첩을 빼앗기기도 했다.

1477년 7월 동부승지 홍귀달이 어떤 사건을 처리하려 했을 때입니다. 도승지 현석규는 자신과 상의하지 않은 홍귀달을 향해 "귀달, 너"라며 성종 앞에서 소매까지 걷어붙였어요. 성종은 원칙에 따른 현석규를 대사헌으로 승진시켰지요. 하지만 유자광은 현석규를 "어전에서 무례를 범한 소인배"라고 비판하는 상소를 올렸어요. 대간들은 "임사홍이 유자광의 상소를 사주했나이다. 이는 사사로이 붕당을 맺은 것입니다."라며 임사홍이 소인이라고 주장했습니다. 성종은 결국 임사홍과 유자광을 유배 보냈어요. 유자광은 5년 후 사면되었지만 임사홍은 4년이 더 지나서야 겨우 사면되었지요. 3사가 비논리적인 이유까지 들먹이며 임사홍과 유자광을 탄핵한 것이 훗날 사화의 한 원인으로 작용합니다. 3사의 언론 제도는 올바르게만 사용된 게 아니라 정략적인 목적에 이용되는 경우도 많았어요. 실세인 임사홍까지 내친 대간은 이제 거칠 게 없었지요.

1485년(성종 16년) **창경궁 통명전** 서쪽 마당에 있는 샘이 넘쳤어요. 샘물을 흘려보내기 위해 조그만 연못을 만들고 샘과 연못

○ 창경궁 통명전
(보물 제818호, 서울시 종로구)
궁궐 안 가장 깊숙한 곳에 자리 잡은 왕의 침전이다. 통명전 왼쪽에 인공 연못인 지당이 있다.

⊙ **지당**(池塘, 서울시 종로구)

통명전 서쪽에 있는 연못이다. 장방형 연못에는 정교하게 조각된 돌난간을 둘렀고, 간결한 돌다리를 동서로 설치했다.

을 구리 수통으로 연결했지요. 대간들은 "비록 작은 일이지만 사치로 이어질 수 있습니다."라며 구리 수통을 문제 삼았어요. 성종은 "나무는 썩기 쉽고 돌은 공력이 많이 들어 그렇게 한 것이다."라고 이유를 설명했지만 대간들은 막무가내였지요. 성종은 대간의 뜻에 따라 구리 수통을 철거하고 담장을 허물면서까지 수로를 돌로 만들었어요.

1494년(성종 25년)에는 어느 고을에서 "세 발 달린 암탉이 있다."라는 보고가 올라왔어요. 대간은 "요사스런 일이 있으니 수성하시기를 청하옵니다."라는 글을 올렸지요. 나라의 이상한 일이나 재변도 임금이 책임을 져야 한다는 뜻이었어요.

왕권 강화에 걸림돌이었던 훈척 세력이 잠잠해지자 이제는 대간이 왕의 일에 사사건건 간섭하기 시작했어요. 이후 성종과 대간이 부딪치는 일이 잦아졌지요. 대간과 신경전을 벌이던 성종은 갑자기 배꼽에 생긴 종기 때문에 고생하다 1494년 눈을 감았어요. 향년 38세였지요. 성종의 능인 **선릉**은 서울 강남구 삼성동에 계비 정현 왕후 윤씨의 능과 함께 있답니다.

❍ 선릉(서울시 강남구)
성종과 정현 왕후 윤씨의 능이다. 왕릉과 왕비릉을 같은 능역 안에 각각 따로 조성한 동원이강(同原異岡陵)의 형식을 따랐다.

세조, 예종, 성종에 걸쳐 승승장구한 한명회는 과연 아첨꾼이었을까요?

성종을 보위에 올린 한명회가 병석에 눕게 되었어요. 성종은 좌승지 한언에게 "문병을 가서 한명회가 하고 싶은 말이 무엇인지 듣고 오라."고 명했지요. 한명회는 병문안을 온 한언에게 다음과 같이 성종에게 올리는 말을 전했어요. "성상이 백왕의 으뜸이신데, 국가의 일에 대해 신이 어찌 말하겠습니까. 다만 천하의 빛을 다시 가까이할 수 없을 것 같아 그것이 안타까울 따름입니다." 이 말을 전해 들은 성종은 왈칵 눈물을 흘렸다고 합니다. 역사서 속의 한명회는 나아갈 때와 물러날 때를 아는 처세술의 달인이었어요. 한명회를 거론한 사서는 많아도 한명회를 비방하는 내용은 찾기 쉽지 않습니다. 하지만 드라마나 영화에서 한명회는 사팔뜨기에 희대의 간신이자 아첨꾼으로 그려지고 있어요. 이는 이광수의 역사 소설 『단종애사』의 영향이 큽니다. 흥미 위주로 만든 작품은 왜곡된 역사 이미지를 심어 줄 수 있어요. 그러므로 역사에 바탕을 둔 소설이나 드라마는 비판적인 시각에서 바라볼 필요가 있습니다.

정선이 그린 「압구정」

7 연산군일기 |
무오사화, 갑자사화

연산군은 즉위 초에는 성종 말기의 퇴폐풍조를 없애고 암행어사를 파견하는 등 국정을 원만하게 이끌었어요. 하지만 연산군이 강력한 왕권을 추구하는 과정에서 끔찍한 사화가 발생합니다. 왕권과 신권이 격돌한 무오사화는 김종직의 「조의제문」이 빌미가 되었어요. 연산군은 사림파와 훈구파의 대립 관계를 이용해 반대 세력을 제거했지요. 포악하고 변덕스러운 성정을 지닌 연산군은 폐비 윤씨 사건을 빌미로 희대의 살인극을 벌였어요. 이렇게 강화된 왕권을 연산군은 사냥과 연회 등 흥청망청 노는 데 써 버렸지요. 흥청망청은 왕을 가까이에서 모시는 기생을 흥청이라고 부른 데서 연유합니다. 자식을 둔 기생에서 후궁의 자리까지 오른 장녹수는 연산군을 좌지우지하며 몰락을 재촉했지요.

- **1494년** 성종의 뒤를 이어 적장자인 연산군이 즉위하다.
- **1498년** 연산군이 사초에 실린 김종직의 「조의제문」을 문제 삼아 무오사화를 일으켜 사림 세력을 탄압하다.
- **1504년** 연산군이 폐비 윤씨 사사 사건을 빌미로 갑자사화를 일으켜 걸림돌이 되는 훈구 세력과 사림 세력을 제거하다.

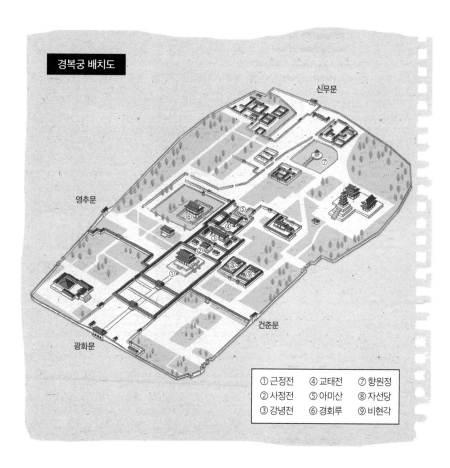

경복궁 배치도

신무문
영추문
건춘문
광화문

① 근정전	④ 교태전	⑦ 향원정
② 사정전	⑤ 아미산	⑧ 자선당
③ 강녕전	⑥ 경회루	⑨ 비현각

1 사화의 조짐, 무오사화

어린 시절의 외로움이 폭군 연산군을 만들었나

연산군의 생모 윤씨가 폐출될 당시 세자 융(훗날 연산군)의 나이는 4세에 불과했습니다. 성종은 죽기 전 자신의 사후 100년 동안 "폐비 윤씨의 사사 사건을 공론화하지 말라."는 말을 남겼어요. 세자 융은 친어머니 윤씨가 폐출당해 사약을 마신 사실을 모르고 성장했지요.

세자 융은 생모 윤씨가 폐출된 후 왕비로 책봉된 정현 왕후 윤씨를 친어머니로 알고 자랐어요. 천륜은 속일 수 없었던지 세자 융은 정현 왕후 윤씨를 살갑게 따르지 않았습니다. 정현 왕후도 폐비의 자식에게 정을 주기는 쉽지 않았을 거예요. 할머니 인수 대비도 융에게는 지나칠 정도로 엄격하게 대했지만 정현 왕후의 아들인 진성 대군에게는 자상하게 대했지요. 이런 성장 환경 때문인지는 몰라도 융의 성격은 변덕스럽고 고집스러워졌어요.

성종은 1483년(성종 14년) 융을 적장자라는 이유로 세자로 책봉합니다. 인수 대비는 폐비의 아들을 세자로 책봉하면 후환이 있을 것이라며 반대했어요. 성종은 융의 난폭한 성정이 마음에 걸렸지만 왕비 소생의 왕자는 융밖에 없어서 융을 세자로 책봉할 수밖에 없었습니다. 아직 정현 왕후의 아들인 진성 대군(중종)은 태어나기 전이었어요.

어느 날, 성종이 세자 융을 불러 임금의 도리에 대해 가르치고 있었습니다. 갑자기 사슴한 마리가 세자의 손과 옷을 핥았어요. 화가난 세자는 사슴을 발로 찼지요. 그러자 성종은 융에게 "말 못하는 짐승이라고 그렇게 함부로 대해서는 안 된다. 그래서야 어떻게 어리석은

○ 조지서의 시
(성균관대학교)
조지서는 시문으로 명망이 높았으나 『동문선』에 실린 시 한 편만이 전해진다.

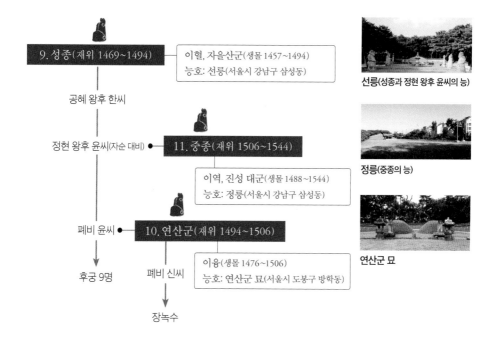

9. 성종(재위 1469~1494)

이혈, 자을산군(생몰 1457~1494)
능호: 선릉(서울시 강남구 삼성동)

선릉(성종과 정현 왕후 윤씨의 능)

공혜 왕후 한씨

정현 왕후 윤씨(자순 대비) ● 11. 중종(재위 1506~1544)

이역, 진성 대군(생몰 1488~1544)
능호: 정릉(서울시 강남구 삼성동)

정릉(중종의 능)

폐비 윤씨 ● 10. 연산군(재위 1494~1506)

이융(생몰 1476~1506)
능호: 연산군 묘(서울시 도봉구 방학동)

연산군 묘

후궁 9명   폐비 신씨

장녹수

백성을 다스리겠느냐?"라고 꾸짖었어요. 이후 연산군은 왕위에 오르자마자 사슴을 활로 쏘아 죽였다고 합니다.

연산군의 성품을 알 수 있는 또 다른 일화가 있습니다. 허침, 조지서, 서거정, 정여창 등이 세자 수업을 맡고 있었어요. 허침은 세자에게 너그럽게 대했지만, **조지서**는 원칙대로 세자를 가르쳤지요. 융은 자주 수업 시간에 자리를 비웠어요. 허침은 세자가 공부를 피하려고 핑계를 댈 때마다 짐짓 동조하면서도 "정해진 과정이니 공부하셔야 합니다."라고 부드럽게 권했는데, 조지서는 "자꾸 제 말을 안 들으시면 전하께 고하겠습니다."라고 으름장을 놓았습니다. 어린 세자는 당연히 조지서를 싫어하고 허침을 좋아했지요. 세자는 왕위에 오른 후 갑자사화 때 소인배로 여긴 조지서를 참수했지요. 이 일화만 보더라도 연산군은 자신의 잘못에 대해 질책하는 사람을 용서하지 않았다는 것을 알 수 있습니다.

왕권과 신권의 마찰, 사화를 예고하다

성종의 적장자로 태어난 연산군의 왕위 계승은 순조롭게 진행되었어요. 1483년 8세 때 세자로 책봉된 연산군은 11년의 세자 수업을 거쳤고, 1494년(성종 25년) 성종이 죽자 19세의 나이로 즉위했지요.

연산군 즉위 초에는 인재가 많았던 덕분에 성종 때의 평화로운 분위기가 계속 이어졌고, 성종 말기의 퇴폐풍조도 점차 사라졌습니다. 즉위 6개월 후에는 전국에 암행어사를 파견해 관료의 기강을 바로잡았어요. 또한 귀화한 여진족에게 변경 지역을 침입하던 여진족을 회유하도록 해 변방도 안정하였지요.

연산군의 초기 치적은 사림파 관료들 덕분이었는지도 모릅니다. 하지만 무오사화가 일어나기 전 4년 동안 연산군은 사림파 관료들과 끊임없이 마찰을 빚었어요. 당시는 성종 시기를 거치면서 언론 기관인 3사, 즉 사헌부 · 사간원 · 홍문관의 위상이 높아져 있었거든요. 성종 때 국가의 기본 법전인 『경국대전』이 반포됨으로써 3사를 포함한 주요 관서들은 법률적으로 그 기능을 보장받았지요.

원로대신과 3사의 대간이 견제와 균형을 이룬 상태에서 국왕이 결정권을 행사하는 정치 구조는 신권과 왕권의 조화라는 긍정적인 측면이 있었어요. 하지만 왕의 입장에서는 왕권의 약화를 의미하는 것으로 받아들일 수도 있었지요. 강력한 왕권을 추구한 연산군은 성종이 이루어 놓은 견제와 균형의 정치 구조를 불만스럽게 생각했어요.

암행어사
왕의 특명을 받고 지방 군현에 비밀리에 파견되어 민정을 살핀 임시 관직을 말한다. 반면에 일반 어사는 이조(吏曹)에서 임명하고 그 거동이 공개적이었다.

○ 마패
관원이 지방에 출장을 갈 때 역마를 부릴 수 있는 패찰이다. 관원의 등급에 따라 말의 머릿수를 다르게 새겼다.

연산군은 성종의 상을 치르면서 49
일재(죽은 지 49일 되는 날에 지내는
재)와 수륙재(水陸齋, 물과 육지에 홀
로 떠도는 귀신에게 공양하는 재)를
허용하려 했습니다. 그러자 대간들이
"이는 불교를 숭상하는 행동이니 명
을 거두소서."라며 반발했어요. 이때
좌의정 노사신이 "조종(祖宗, 임금의
조상)의 관례조차 불교 숭상이라고
말할 수는 없사옵니다."라며 연산군

을 지원하고 나섰습니다. 대간들은 "좌의정의 발언은 전하께 아
첨하는 말이옵니다."라고 맞받았지요. 대간들은 성종의 묘호를
정하는 일까지 대신들의 의견에 반대했어요.

참다못한 연산군은 좌의정 노사신을 비판하는 상소를 올린 유
생들을 하옥했어요. 성종 때는 없던 일이 벌어지자 유생들은 물
론 대신들까지 나서서 "대간의 과격한 표현은 종종 있었나이다."
라며 용서를 청했지요. 하지만 연산군은 "위를 능멸하는 풍습은
내가 반드시 고치겠다."라고 단호하게 말했어요. 피바람이 불어
칠 것을 예고하는 말이었지요. 연산군의 경고는 처음에는 3사가
대상이었지만, 점차 신하 전체로 확대되었어요.

왕권과 신권의 갈등이 심해진 1498년(연산군 4년) 무오사화가
일어납니다. 4대 사화 때는 권력을 잡기 위해 여러 세력이 뭉치
고 흩어지면서 상대를 핍박하고 공격하는 모습을 적나라하게 보
여 주었어요. 왕실 세력, 훈구 세력, 사림 세력, 척신 세력 등 당시
의 거의 모든 세력이 개입해 치열한 권력 투쟁을 벌였지요.

연산군, 「조의제문」을 빌미로 미운털을 뽑다 (무오사화)

성종이 등용한 사림파는 연산군 때에 하나의 세력으로 성장했습니다. 성종은 사림파를 이용해 훈구파를 견제함으로써 강력한 왕권을 행사할 수 있었어요. 성종의 뒤를 이은 연산군도 마찬가지였지요. 하지만 연산군에게는 시도 때도 없이 상소를 올려 대는 사림 세력이 매우 껄끄러운 존재였어요. 훈구 세력도 계속 자신들을 공격하는 사림 세력 때문에 존재 기반에 위협을 느끼게 되었지요.

1498년(연산군 4년) 무오년 실록청이 새로 설치되고 이극돈이 실록 작업을 담당하는 당상관으로 임명되었어요. 이극돈은 김일손이 작성한 **사초**를 점검하는 과정에서 자신을 비난한 글을 발견했습니다.

"불경을 잘 외운 덕에 전라도 관찰사가 되었다. 정희 왕후의 상중이었는데도 장흥의 관기와 어울렸다."

이극돈은 김종직의 제자인 김일손에게 수정을 부탁했으나 김

○ **함양 학사루**
(경남 함양군)

학사루는 원래 관아에 딸린 건물이었다. 함양 군수로 있던 김종직은 이곳에 걸려 있던 유자광의 시를 떼어냈다. 유자광은 이 일로 김종직과 사림 전체에 앙심을 품게 되었다. 블로거 어윤승 제공

일손은 들어주지 않았어요. 이극돈 자신의 기록은 그렇다 치더라도 김일손의 사초에는 민감한 내용이 함께 기재되어 있었지요.

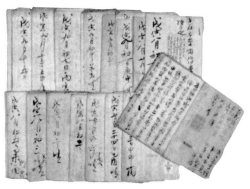

"세조가 아들 의경 세자의 후궁인 권씨에게 관심을 가져 불렀으나 권씨가 응하지 않았다. …… 노산군(단종)의 시체를 숲 속에 버리고 한 달이 지나도록 염습하지 않아 까마귀와 솔개가 시체를 쪼았다. …… 황보인과 김종서는 절개를 지키다 죽었다."

흥분한 이극돈은 유자광을 찾아갔어요. 유자광은 김종직에 대해 사적인 원한을 품고 있었습니다. 김종직이 함양 군수로 재직했을 때 함양 관청의 **학사루**에 붙어 있던 유자광의 글을 불태웠고, 유자광을 "남이를 죽게 한 모리배"라고 멸시한 적이 있었거든요. 이극돈과 유자광은 윤필상, 노사신 등 훈구파와 중전 신씨의 오빠 신수근을 찾아가 사초의 내용을 전했습니다. 보고를 받은 연산군은 김일손을 잡아 와 국문했지요.

위기가 감도는 상황에서 국문을 책임진 유자광이 사초에서 「조의제문」을 발견하게 됩니다. 그런데 문장이 아주 난해해 당대의 식자층도 그 내용을 제대로 이해하지 못했다고 해요. 훗날 「조의제문」의 내용이 문제가 될 것에 대비해 김종직이 일부러 난해한 비유를 든 것으로 보입니다. 「조의제문」을 접한 연산군이 "이 글이 어떻게 세조를 능멸하고 노산군을 위한 제문이라는 것인가?"라고 되물을 정도였다고 하니까요.

『연산군일기』에는 다음과 같이 기록되어 있습니다.

"정축년 10월 밀양에서 경산으로 가다가 답계에서 잠을 잤다.

꿈속에 신선이 나타나서 '나는 초 회왕(의제)인데 초패왕 항우에게 살해되어 빈 강에 버려졌다.'라고 말하고는 사라졌다. 잠에서 깨어나 생각해 보니 회왕은 중국 초 사람이고, 나는 동이 사람으로 거리가 만 리나 떨어져 있는데 꿈에 나타난 징조는 무엇일까? 역사를 살펴보면 시신을 강물에 버렸다는 기록이 없으니 아마 항우가 사람을 시켜서 회왕을 죽이고 시체를 강물에 버린 것인지 알 수 없는 일이다. 이제야 글을 지어 의제를 조문한다."

김종직이 쓴 「조의제문」은 표면적으로는 숙부인 초패왕 항우에게 희생당한 어린 조카 회왕의 죽음을 안타까워하는 내용이지만, 실제로는 단종의 왕위를 찬탈한 세조를 비판하는 내용이었지요.

사림의 영수로 추앙받는 김종직은 세조 때 과거에 급제해 벼슬했으므로 절개를 지켰다고 볼 수는 없습니다. 하지만 세조를 마음속으로는 인정할 수 없었기에 「조의제문」을 남긴 것이지요. 김일손은 스승인 김종직의 「조의제문」이 사림파의 의식을 가장 잘 반영했다고 판단해 『성종실록』 편찬 과정에서 사초에 실었어요.

연산군에게는 아주 좋은 기회였습니다. 연산군은 「조의제문」을 빌미로 삼아 김일손을 비롯한 사림 세력을 한꺼번에 축출해 버렸어요. 물론 왕권 강화에 걸림돌이었던 일부 훈구 세력까지 포함해서 말이지요.

● 청와대 춘추관
춘추관은 조선 시대에 시정(時政)을 기록하는 일을 맡아보던 관청이다. 춘추관직을 겸직하는 관원을 사관이라 불렀는데, 이들은 매일 일어나는 역사적 사실을 기록했다.
오늘날 청와대 안에 있는 춘추관은 대통령의 기자 회견 장소 및 출입 기자들의 사무실로 사용되고 있다. 엄정한 역사 기록이 자유 언론의 정신을 잘 상징한다는 데서 춘추관으로 부르게 됐다.

이미 죽은 김종직에게는 무덤을 파서 관을 꺼낸 다음 시신을
한 번 더 죽이는 부관참시 형을 가했고, 김일손은 세조를 능멸했
다는 죄목으로 능지처참 형에 처했어요. 김굉필은 「조의제문」의
삽입을 방조한 죄목으로 곤장을 때린 후 귀양을 보냈지요. 심지
어 이극돈조차도 문제의 사초를 읽고도 바로 보고하지 않은 죄
로 파면되었어요.

김일손의 사초 문제가 크게 불거질 조짐을 보이자, 노사신은
"김종직은 대역죄로 다루는 게 옳지만 바른말 하는 선비는 조정
에 있어야 합니다."라며 대형 옥사로 번지는 것을 막았어요. 대
간들이 간신으로 지목한 노사신이 사림을 구한 것이지요.

연산군은 사림 세력과 훈구 세력의 대립 관계를 이용해 자신에
게 걸림돌이 되는 세력을 제거했습니다. 이것이 바로 무오사화예
요. 무오사화를 '사화(士禍)'가 아닌 '사화(史禍)'로 쓰기도 합니다.
사초가 원인이 되었다는 것을 강조하기 위해서입니다. 무오사화
로 사실상 사림이 제거됨으로써 3사의 기능이 위축되어 왕에게
간언하는 이가 없어졌어요.

✿ 예림 서원(경남 밀양시)

김종직을 배향한 사당은 서원의 가장 안쪽에 있는 반면, 유생들이 공부하고 거처하는 공간은 중앙과 앞을 차지하고 있다. 이는 교육 영역을 앞에 두고 제례 영역을 뒤에 두는 서원의 일반적인 배치 양식을 따른 것이다. 밀양시청 제공

2 갑자사화, 장녹수

임사홍, 갑자사화의 주역인가

1497년(연산군 3년) 연산군은 공신 세력을 끌어들이기 위해 공신 적장자들의 품계를 올려 주었습니다. 하지만 대간들은 "최소한 임사홍을 비롯한 네 명은 안 됩니다."라고 반대했어요. 이때만 해도 연산군은 임사홍을 특별히 대하지는 않았어요. 무오사화에 임사홍의 아들 임희재가 연루되자 오히려 "임사홍을 잡아다 국문하라."고 명했지요.

임사홍의 둘째 아들 임숭재는 노래와 춤을 잘해 연산군의 비위를 잘 맞추었어요. 임숭재가 아버지의 억울함을 호소하는 상소를 올려 임사홍은 6년 후인 1503년 연산군에 의해 정식으로 기용됩니다. 이때 임사홍은 연산군의 눈에 들기 위해 연산군에게 폐비에 관한 이야기를 전했을 거예요. 폐비 윤씨 사건에는 인수 대비와 훈구 세력은 물론이고 남아 있던 사림 세력도 관련되어 있었지요. 따라서 이 사건을 들추어낸다는 것은 이런 세력을 모두 제거하겠다는 뜻이었어요.

1502년(연산군 8년) 2월 연산군은 느닷없이 승정원과 홍문관에 "왕후를 폐위할 때 목숨을 아끼지 않고 간하는 게 옳은가, 아니면 목숨을 아깝게 여겨 순종하는 게 옳은가?"라는 질문에 율시를 지어 바치도록 명했어요. 신하들은 질겁했지만 향후 2년 동안은 잠잠했지요.

『연산군일기』에는 "30년 가까이 소외되어 온 임사홍이 연산군의 처남 신수근과

○ 『연산군일기』
연산군 재위 기간의 역사를 다루고 있다. 연산군이 폐위된 임금이기 때문에 '실록'이 아닌 '일기'로 불린다.

○ **연화사**
(서울시 동대문구)
1499년(연산군 5) 폐비 윤씨
(연산군의 생모)의 명복을 빌
기 위해 지은 사찰이다.

모의해 연산군에게 접근한 후 참극을 일으켰다."라고 기록되어
있습니다. 갑자사화 2년 후인 1506년의 기록에는 "미복(微服, 지
위가 높은 사람이 무엇을 몰래 살피러 다닐 때에 남의 눈을 피하려
고 입는 남루한 옷차림) 차림으로 찾아온 연산군에게 임사홍이
'모후께서는 투기한 죄밖에 없는데 숙의 엄씨와 소용 정씨가 모
후를 음해해 폐비가 되었다.'라고 말했다."라고 기록되어 있어요.
드라마에서도 이날 이후 연산군이 충동적으로 갑자사화를 일으
킨 것으로 그리고 있지요. 하지만 임사홍과 연산군이 만난 시점
은 이보다 앞섰으므로 사실과는 다릅니다.

『연산군일기』에 따르면 연산군은 즉위 석 달 만에 생모가 폐
비되어 사사된 사실을 알았어요. "그날 수라를 들지 않았다."라
는 짧은 기록은 당시 18세였던 연산군의 충격이 얼마나 컸는지
알 수 있게 해 줍니다. 여러 정황으로 미루어 볼 때 갑자사화는
연산군이 오랫동안 계획했던 일임을 짐작할 수 있어요.

희대의 살인극, 갑자사화의 막이 오르다

1503년(연산군 9년) 9월 창덕궁의 정전인 인정전에서 **양로연**(養老宴, 나라에서 노인을 공경하고 풍습을 바로잡기 위해 베풀던 잔치)이 열렸습니다. 연산군은 술을 잘하지 못하는 예조 판서 이세좌에게 잔을 권했어요. 이세좌는 못하는 술을 마시느라 술 일부가 곤룡포에 떨어진 줄도 몰랐지요. 연산군은 이를 빌미로 이세좌를 유배 보냈어요. 대신들은 연산군이 의외의 결정을 내리자 불안에 휩싸였습니다. 이세좌는 폐비 윤씨에게 사약을 들고 간 인물이거든요.

이세좌가 4개월 후 방면되자 그의 집에는 축하객들이 가득했어요. 연산군은 "이세좌가 돌아왔을 때 방문한 자들을 조사하고 이세좌의 죄를 논하지 않은 대신들을 국문하라."는 명을 내렸어요.

당시 내관들에게는 신언패를 차고 다니도록 명했습니다. 신언패의 글귀는 당 재상 **풍도**의 시예요. 풍도는 처세의 달인이라는 평을 듣고 있지요.

신언패
연산군이 관리들에게 말을 삼가도록 하기 위해 차게 한 패(牌)를 말한다.

❂ 창덕궁 인정전
(서울시 종로구)
인정전은 경복궁의 근정전, 창경궁의 명정전과 함께 조선 궁궐의 정전이다. 연산군을 잉태한 숙의 윤씨는 인정전에서 왕비로 책봉됐다.

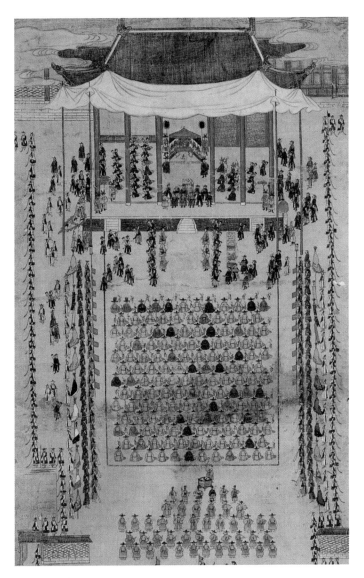

입은 화근의 문이요(口是禍之門, 구시화지문)

혀는 몸을 자르는 칼이라(舌是斬身刀, 설시참신도)

입을 다물고 혀를 깊이 간직하면(閉口深藏舌, 폐구심장설)

몸이 어느 곳에 있든지 편안하리라(安身處處牢, 안신처처뢰)

1504년(연산군 10년) 3월 20일 저녁에 연산군은 성종의 두 후궁인 귀인 엄씨와 귀인 정씨를 궁중 뜰에 결박해 놓고 마구 치고 짓밟았어요. 그러다가 정씨 소생의 안양군과 봉안군을 불러 엄씨와 정씨를 가리키며 "이 죄인을 치라."고 명합니다. 안양군은 어두워서 누군지 모르고 쳤고, 봉안군은 어머니인 것을 알고 차마 몽둥이를 들지 못했어요. 연산군은 사람을 시켜 엄씨와 정씨를 참혹하게 몽둥이질을 해 죽였습니다. 나중에 내수사(內需司, 왕실의 쌀·베·잡화 및 노비 등에 관한 사무를 관장한 관서)에 시켜 엄씨와 정씨의 시신을 찢어서 젓을 담근 후 산과 들에 버렸다고 해요.

연산군은 화를 못 이겨 어머니 윤씨의 폐출을 주도한 할머니 인수 대비에게까지 술상을 던지고 머리로 들이받는 패륜을 저질렀어요. 이날의 충격으로 병을 앓고 있던 인수 대비는 한 달 후 세상을 떠났습니다. 인수 대비는 죽으면서 폐세자를 하지 않은 것을 후회했을 거예요.

이제 연산군의 패륜적인 행동을 막을 수 있는 사람은 아무도 없었습니다. 먼저 금부도사를 보내 귀양 가던 이세좌를 붙잡아 자진하도록 했어요. 연산군은 윤씨 폐출에 관여한 사람을 모두 찾아내 죄를 추궁하기 시작했습니다. 부당한 공신전 몰수에 반발해 연산군의 향락 생활에 제동을 걸었던 중신들도 포함되었지요.

윤필상, 김굉필 등이 처형되었고, 이미 죽은 한명회, 정창손, 정여창 등은 부관참시되었어요. 한치형, 이극균, 성준도 합동으로 상소했다는 이유로 모두 처형되었지요.

사화가 시작된 지 두 달여 지난 어느 날, 연산군은 "10년은 지나야 풍속이 변했는지를 알 수 있다."라고 말했어요. 연산군은 자신이 공언한 대로 연이어 옥사를 일으키며 공포 정치를 계속

했습니다. 죄인의 손바닥에 끈을 꿰어서 끌고 오게 하고, 뼈를 바르거나 배를 가르는 잔인한 형벌도 서슴지 않았지요. 이제 연산군은 공포 정치를 그만두면 서로 뭉쳐서 반역할 것으로 생각했어요. 하지만 가혹한 형벌은 이미 죽은 자와 그 가족에게만 가함으로써 살아남은 신하들이 살아날 구멍은 마련해 두었지요.

나라가 연산군의 놀이터가 되다

무오사화와 갑자사화를 거치며 왕에 대한 유교적 견제 장치인 대간의 활동이 위축되었어요. 간쟁을 맡은 사간원이 폐지되고 사헌부는 감찰 기능만 맡게 되었지요. 홍문관도 폐지되었어요. 연산군은 "신하들끼리 혹은 대간끼리 서로 비판하라."며 간언의 대상까지 정해 주었습니다. "지난 10여 년의 경연에서 고금의 치세를 어느 정도 알게 되었으니 더는 나갈 필요가 없다고 생각한다."라며 경연도 정지했지요. 유교식 장례나 제례의 절차도 대폭 축소했어요. 성균관과 원각사는 기생들의 숙소로 바꾸었고 선종의 본산인 흥천사를 마구간으로 만들었지요.

부작용이 많은 유교식 견제 장치와 허례허식을 없앤 것은 개혁으로도 볼 수 있습니다. 연산군이 왕의 본분을 지켰다면 유교식 정치의 폐단을 없앤 개혁 군주가 될 수도 있었겠지요. 하지만 왕의 자질이 떨어질 때는 나라가 더 잘못된다는 사례만 남겼어요.

◑ 금표비(경기 고양시)
연산군은 경치 좋은 곳에 유흥지를 마련하고 백성의 출입을 금지했다. 금표비에는 "금표 안에 들어오는 자는 어명을 어긴 자로 간주하여 처벌한다."라는 내용이 새겨져 있다.

연산군은 내관들이 차던 신언패를 신하들에게도 차게 했고, 사모(紗帽, 벼슬아치들이 관복을 입을 때에 쓰던 모자)의 앞에는 '충(忠)' 자를, 뒤에는 '성(誠)' 자를 새겨 넣게 했습니다. 대간에게는 **가마**까지 매게 해 신하의 자세를 가르치려 했어요.

○ 가마(목아불교박물관)
조선 시대에는 품계에 따라 가마를 타는 데 차등을 두었다. 가마를 타고 대궐 안까지 들어갈 수 있었던 사람은 삼정승과 조선 말기 청나라 공사밖에 없었다.

사냥을 갈 때는 주변의 민가를 모두 비워 원성을 샀어요. 아예 민간인이 살 수 없는 구역을 설정하고 **금표**를 세웠지요. 논밭도 사냥터로 바꾸었고 거추장스러운 무덤도 없애 버렸어요. 관청조차도 금표 내에 있으면 비워야 했습니다. 금표 내의 토지는 내수사 소속의 노비들이 경작했어요. 금표가 궁성을 중심으로 사방 100리에 이르자, 경기도 관찰사 송일이 "충청도 고을을 갈라 경기도에 붙여 주소서."라고 청을 올렸습니다. 원래 충청도에 속했던 평택, 직산, 진천, 아산이 이때 경기도에 속하게 되었지요.

연산군은 노래와 춤을 좋아했는데, 특히 **처용무**를 즐겼어요. 1505년(연산군 11년) 4월에 연산군은 궁중에서 스스로 창안한 처용무를 추었습니다. 음란한 거동이 도를 넘자 김처선은 "이 늙

○ 처용탈
(하회동 탈박물관)
처용무에 쓰이는 탈이다. 머리에 꽂은 모란꽃은 부귀를 상징하고, 복숭아 나무는 귀신을 쫓는다는 의미가 있다.

○ 김홍도의 「처용무」,
『정리의궤첩』
궁중 무용의 하나였던 처용무는 악귀를 몰아내고 평온을 기원하는 춤이다.

은 신하는 네 임금을 섬겨 대략 역사에는 통하는데, 고금을 통틀어 이같이 문란한 군왕은 없었소이다."라며 극간했어요.

연산군은 화를 이기지 못해 화살을 쏘아 김처선의 옆구리를 맞혔습니다. 김처선은 허리를 잡고 쓰러지면서도 "대신들도 죽음을 서슴지 않는데 이 늙은 환관 같은 것이야 죽음이 아깝겠소만 임금께서 오래 국왕으로 있지 못할 것 같아 그것이 안타까울 뿐이오."라고 말했어요.

연산군은 다시 화살을 쏘아 김처선을 땅에 거꾸러뜨리고 다리를 자른 다음 걸으라고 명했어요. 김처선은 "임금께서도 다리를 자르면 걸을 수 있겠나이까."라고 반문했지요. 이번에는 김처선의 혀를 끊고 창자를 헤쳤으나 죽을 때까지도 입을 다물지 않았습니다. 연산군은 이후 '처(處)' 자를 쓰지 못하게 했어요. 또한

김처선의 집터를 파서 연못으로 만들었고, 부모의 무덤까지 헐어 버렸지요. 이 때문에 절기 중의 하나인 처서를 조서로 고쳐 부르기도 했답니다.

사냥과 연회를 즐긴 연산군은 잔치에서 눈에 띈 좌의정 박승질의 젊은 처 정씨를 궐에 머무르게 했어요. 열흘 후 집에 돌아간 후에도 정씨는 단장하고 대궐 쪽을 바라보았다고 합니다. 연산군은 "박 정승이 늙고 쇠약해 정씨가 나를 사모한다."라는 말까지 했어요. 박승질은 원통함을 억누를 수밖에 없었지요.

연산군은 아예 기녀 제도를 확대해 얼굴이 예쁜 관비는 물론 양갓집 여성까지도 대궐로 들였어요. 이때 뽑힌 기생을 운평이라고 합니다. 운평 중에서 왕을 가까이에서 모시는 기생을 특별히 격을 올려 흥청(興淸)이라고 불렀어요. '맑은 기운을 일으킨다.'라는 의미를 지닌 흥청에서 '흥청거리다', '흥청망청'이라는 말이 나왔지요. 흥청이 나들이할 때는 도승지와 좌승지가 앞에

○ 채용신의「팔도 미인도」
조선 말기의 화가 채용신이 8폭 병풍에 그린 그림이다. 각 지방별 미인들의 특징과 개성을 세밀하게 표현했다. 왼쪽부터 강릉 미인, 평양 미인, 함경 미인, 청주 미인, 장성 미인, 화성 미인, 진주 미인, 서울 미인 순으로 그려져 있다.

가고 선전관이 뒤를 따를 정도로 위세가 대단했어요.

미인을 각 도에서 찾아내는 사람은 '붉은 것을 캐는 사신'이라해 채홍사(採紅使)라 불렀습니다. 임사홍은 전대미문의 관직인채홍사에 올랐어요. 처음에 임사홍은 기생을 뽑는 일에 소극적이었으나 연산군의 압박에 못 이겨 전국을 돌아다니며 미인들을 뽑아 연산군에게 바쳤지요. 한곤이라는 자는 "화장하면 예뻐서 틀림없이 뽑힐 것이니 절대 화장하지 말라."는 편지를 첩에게 보냈다가 발각되어 능지처참되기도 했어요.

연산군은 경복궁의 경회루에서 흥청들과 음탕한 놀이를 즐겼어요. 『연산군일기』에는 "경회루 못가에 만세산을 만들고, 산 위에 월궁을 짓고 채색 천을 오려 꽃을 만들었다. 용 모양의 배를만들어 못 위에 띄워 놓고, 채색 비단으로 연꽃을 만들었다."는

○ **망원정**(서울시 마포구)
태종의 둘째 아들인 효령 대군이 세운 정자이다. 원래 명칭은 '희우정'이었다. 세종이 이곳으로 행차하여 연회를 베풀다가 마침 비가 내려 주위의 들을 적시자 이에 감흥하여 '희우정'이라 불렀다고 한다. 월산 대군이 소유하면서 '망원정'으로 바뀌었다. 복원된 정자에는 '희우정'이란 현판이 걸려 있다.

기록도 있어 연산군의 사치스런 향락 생활이 극에 달했음을 보여 주고 있습니다.

연산군은 경회루로도 모자라 창덕궁 후원에 제2의 경회루인 **서총대**를 짓게 해 폐위 무렵에는 거의 완성 단계에 이르렀으나 중종반정 이후 중단되었어요. 1506년(연산군 12년) 7월 연산군이 성종의 형 월산 대군의 정자였던 **망원정**을 크게 확장할 것을 명해 공사를 시작했으나, 그해 9월 중종반정이 일어나 망원정도 다시 옛 모습을 유지하게 되었지요. 창덕궁 후원에는 동물원도 지었어요. 연산군은 호랑이나 곰을 우리에 가두고 화살을 쏘아 댔다고 합니다.

○ 「서총대친림사연도」,
『서총대첩』
(고려대학교 중앙도서관)
서총대는 창덕궁 후원에 돌로 쌓아 만든 석대와 정자이다. '서총'이란 이름은 성종 때 이곳에서 한 줄기에 아홉 개의 가지가 달린 특이한 파가 돋아난 것에서 비롯되었다. 1505년(연산군 11)부터 1년 이상 걸려 수만 명의 역군이 동원되어 조성되었으나, 1506년 중종반정이 일어나면서 중지되었다.

'조선의 신데렐라' 장녹수, 자식 둔 기생에서 후궁에 오르다

연산군은 장녹수가 춤과 노래에 뛰어나다는 소문을 듣고 흥청으로 뽑아 궁중에 들였어요. 장녹수는 연산군의 총애를 받아 흥청에서 후궁의 지위까지 오른 조선의 신데렐라였지요.

장녹수는 충청도 문의 현령을 지낸 장한필과 그의 첩 사이에서 태어났어요. 첩의 자식인 장녹수는 예종의 둘째 아들인 제안대군 집의 노비와 결혼해 아들까지 두었지요. "나이는 서른인데, 얼굴은 중인 정도를 넘지 못했다."라는 사관의 평으로 보아 뛰어난 미인은 아니었던 것 같습니다.

장녹수의 용모와 성격은 『연산군일기』에 잘 표현되어 있어요. "처음에는 집이 매우 가난해 여러 번 시집갔다. 그러다가 제안대군 가내 노비의 아내가 되어 아들 하나를 낳은 후 노래와 춤을 배워서 창기가 되었다. 노래를 잘해서 입술을 움직이지 않아도 맑은 소리가 나올 정도였다. 나이는 30여 세였는데도 얼굴은 16세의 아이와 같았다. 왕이 소문을 듣고 반기며 궁중으로 맞아들였는데, 성품이 영리해 사람의 뜻을 잘 맞추어서 숙원으로 봉했다."

이런 기록도 있어요. "장녹수의 남모르는 교묘함과 요사스러운 아양은 견줄 사람이 없었다. 연산군에게 어린아이 대하듯 애교 섞인 반말을 하고 노예를 대하듯 농으로 욕을 하기도 했다."

장녹수에게 푹 빠진 연산군은 화날 일이 있어도 장녹수만 보면 기뻐하며 웃었으므로 상을 주고 벌을 주는 것은 모두 장녹수의 입에 달려 있었어요. 사람들은 출세하기 위해 장녹수 앞에 줄서서 뇌물을 바치게 되었지요.

장녹수는 자신보다 예쁜 여자들을 그냥 보아 넘기지 않았어요. 고운 모습의 두 여인이 눈에 거슬리자 두 여인의 가족을 다 죽이게 한 적도 있었지요. 장녹수의 하인들은 장녹수의 위세를

믿고 남의 집 재산을 빼앗기도 하고 사람을 때려 다치게 하기
도 했어요. 장녹수의 하인을 잘못 건드린 동지중추부사 이병정
은 화를 피하고자 재산을 털어 하인에게 뇌물을 바치기까지 했
지요.

중종반정을 일으킨 세력은 비난의 대상이었던 장녹수를 체포
해 참형에 처했어요. 길 가는 사람마다 장녹수의 시체에 기와 조
각과 돌멩이를 던지며 욕설을 퍼부었는데, 얼마 지나지 않아 돌
무더기가 만들어졌다고 합니다.

연산군의 광기를 제어할 수 있는 사람은 연산군을 아이 다루
듯 할 수 있었던 장녹수뿐이었어요. 장녹수는 역사의 방향을 바
로잡을 열쇠를 쥐고 있었던 유일한 존재였지만 오히려 연산군의
악행과 방탕한 생활을 부추기기만 했지요. 그 결말은 돌무더기
였습니다.

폐비 윤씨 사사 사건이 과연 갑자사화의 근본 원인일까요?

연산군은 무오사화를 일으켜 왕권을 강화했습니다. 강화된 권력으로 방탕한 생활에 몰두했지요. 수백 명의 기생과 경복궁 경회루에서 하루가 멀다 하고 향연을 베풀었어요. 곧 왕실 재정은 궁핍해졌지요. 연산군은 부족한 돈을 공신전을 몰수해서 충당하려 했습니다. 공신 세력(훈구파)은 평소에는 연산군의 폭정에 숨죽이고 있었지만, 왕이 자신들의 기득권에 손을 대자 크게 반발했어요. 공신전 몰수의 부당함을 지적하고 지나친 향락 생활을 자제해 달라고 요청했지요. 연산군은 어머니인 폐비 윤씨 사건을 빌미로 자신의 행보에 걸림돌이 되는 세력을 제거하고자 했어요. 공신전 몰수에 불만을 품고 자신의 퇴폐 행각에 제동을 걸고 나선 훈구 세력은 물론, 폐비 윤씨에게 사약을 내리는 것을 방치한 사림에게도 칼을 들이댄 것이지요. 연산군 개인의 복수심 때문에 갑자사화가 우발적으로 일어났다고 말하기도 합니다. 하지만 갑자사화의 이면에는 연산군이 반대파를 제거해 왕권을 강화하려는 속셈이 담겨 있어요.

∞
연산군 유배지

8 중종실록 |
조광조의 개혁, 기묘사화

박원종, 성희안 등이 연산군의 폭정에 반기를 들고 반정을 일으켰어요. 반정 세력은 연산군의 이복동생인 진성 대군(중종)을 옹립했지요. 중종은 신하의 추대로 왕이 되어서 왕권이 약할 수밖에 없었어요. 중종은 연산군 시기의 잘못된 정책을 되돌려 놓았지만, 공신 세력에 휘둘릴 수밖에 없었지요. 게다가 반정으로 왕위에 오른 탓에 재위 내내 역모와 고변이 끊이지 않았어요. 중종은 드디어 조광조를 전면에 내세워 정치 개혁을 시도합니다. 하지만 조광조의 급진적인 개혁과 세력 확대는 훈구파의 반발을 불렀어요. 민심이 조광조에게 기울고 있다고 여긴 중종은 기묘사화를 일으켜 조광조를 제거합니다. 중종은 김안로를 중용했지만 세자(인종) 보필을 빌미로 권세를 휘두르자 김안로도 제거했어요. 신권의 확대가 왕권의 견제로 이어진 것, 이것이 중종의 한계였습니다.

- **1506년** 박원종, 성희안 등이 반정을 일으켜 연산군을 몰아내고 진성 대군을 왕(중종)으로 추대하다.
- **1512년** 왜인의 3포 거주를 금하고, 3포 가운데 제포만 개항하는 임신약조를 왜와 맺다.
- **1519년** 조광조가 현량과 시행을 건의해 사림 세력이 대거 정계에 진출하다.
- **1519년** 급진적인 조광조의 개혁에 위협을 느낀 중종이 기묘사화를 일으켜 조광조를 제거하다.

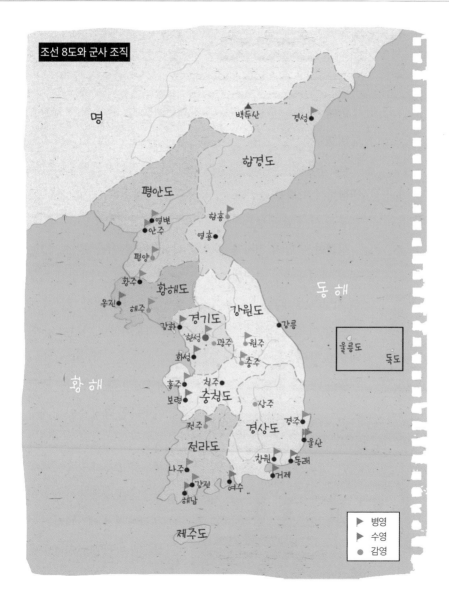

조선 8도와 군사 조직

1 중종반정

박원종과 성희안, 중종반정에 성공하다

왕의 폭정이 도를 넘으면서 도둑들이 들끓었고 백성의 생활은 곤궁해졌어요. 극심한 가난에 허덕이던 백성이 한글로 연산군의 천박함과 비행을 적은 글을 한양 곳곳에 붙이자, 연산군은 훈민정음의 사용을 금지하고 한글 관계 서적을 불태웠습니다. 백성의 생활이 곤궁해지고 민심이 흉흉해지자 연산군을 축출하려는 움직임이 일기 시작했지요.

한때 성종의 총애를 받았던 성희안이 가장 먼저 거사 계획을 준비했어요. 그는 연산군이 즉위한 이후에도 요직을 두루 거쳤지요. 당시 성희안은 연산군이 양화도(지금의 마포구 합정동)의 **망원정**에서 연회를 즐길 때, 풍자시를 지어 올렸다가 연산군의 노여움을 사서 말단 무관직으로 밀려나 있었어요.

성희안은 함께 거사를 일으킬 사람들을 끌어들였어요. 그는 먼저 박원종에게 접근했지요. 박원종은 성종의 형인 월산 대군의 처남(월산 대군의 부인 박씨의 동생)이었습니다. 월산 대군이 자식도 없이 죽자 성종은 박원종을 형의 피붙이처럼 아꼈어요. 연산군도 박원종을 가까이에 두었지요.

월산 대군의 부인 박씨는 미색이 뛰어났다고 해요. 연산군은 큰어머니인 박씨 부인을 자주 궁궐로 불러들여 극진하게 예우하고 세자 양육까지 맡겼습니다. 궁궐에서의 밀회가 잦아지자 세간에서는 연산군과 박씨 부인이 불륜을 저질렀다는 소문까지 나돌

○ 망원정(서울시 마포구)
효령 대군이 세운 정자의 원래 이름은 합강정이었으나 세종이 희우정이라 고쳤다. 성종의 친형 월산 대군이 이곳을 소유하면서 망원정으로 정자 이름을 바꿨다.

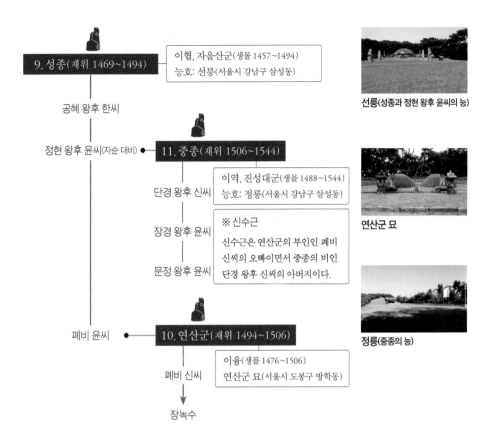

9. 성종(재위 1469~1494)

이혈, 자을산군(생몰 1457~1494)
능호: 선릉(서울시 강남구 삼성동)

선릉(성종과 정현 왕후 윤씨의 능)

공혜 왕후 한씨

정현 왕후 윤씨(자순 대비) ─► 11. 중종(재위 1506~1544)

이역, 진성대군(생몰 1488~1544)
능호: 정릉(서울시 강남구 삼성동)

단경 왕후 신씨

장경 왕후 윤씨

문정 왕후 윤씨

※ 신수근
신수근은 연산군의 부인인 폐비
신씨의 오빠이면서 중종의 비인
단경 왕후 신씨의 아버지이다.

연산군 묘

폐비 윤씨 ●── 10. 연산군(재위 1494~1506)

이융(생몰 1476~1506)
연산군 묘(서울시 도봉구 방학동)

폐비 신씨

장녹수

정릉(중종의 능)

앉어요. 박씨 부인은 반정을 40여 일 앞두고 죽었습니다. 사관은
다음과 같이 기록했어요.

"'연산군의 아이를 배자 부끄러워 약을 먹고 죽었다.'라고 사람
들이 수군거렸다."

하지만 박씨 부인이 죽기 보름 정도 전에 연산군은 "박씨 부인
의 병이 위중하니 박원종에게 누이를 보살피게 하라."는 명을 내
리기도 했어요. 연산군이 50세의 큰어머니를 연모했을 수는 있
으나 남녀 관계였는지는 의구심이 듭니다.

성희안은 박원종의 불만을 누구보다 잘 알고 있었어요. 함경
북도 병마절도사를 지낸 박원종의 군사 경험도 염두에 두었지

연산군 유배지
(인천시 강화군)
교동도로 유배된 연산군은
그곳에서 생을 마쳤다.

요. 의기투합한 성희안과 박원종은 먼저 이조 판서 유순정을 끌어들였어요. 반정 무리에 연산군의 총애를 받던 무장 신윤무도 합류했지요. 신윤무는 홍경주, 장정, 박영문 등을 끌어들였어요. 이들이 군사 동원을 맡았답니다.

그런데 호남과 영남에서 거사를 준비하고 있다는 소식이 들려왔습니다. 성희안은 급히 연산군의 총애를 받던 김감과 김수동을 찾았어요. 김감은 그 자리에서 수락했고, 우의정 김수동은 망설이다가 동의했지요. 유자광도 지모가 뛰어나다는 이유로 반정에 합류시켰어요.

거사가 있기 전에 박원종은 신수근을 찾아갔습니다. 박원종은 연산군의 처남이자 진성 대군의 장인인 신수근에게 누이와 딸 중에 누가 더 중요한지 물었어요. 질문의 의도를 간파한 신수근은 "임금은 포악하나 세자가 총명하니 염려할 게 뭔가?"라며 반정을 거부했다고 합니다.

연산군 묘
(서울시 도봉구)
연산군과 폐비 신씨의 묘이다. 유배지에서 죽은 연산군 묘는 강화도에 있었으나 부인인 폐비 신씨의 청에 따라 방학동으로 이장되었다.

성희안과 박원종 일당은 1506년(연산군 12년) 9월 1일 밤에 예정대로 거사를 감행했어요. 거사 시작과 함께 신수근과 임사홍은 살해되었지요. 훈련원에 집결한 반정 세력은 창덕궁 근처에 진을 치고 날이 밝기를 기다렸어요.

반정군은 신윤무의 도움으로 쉽게 대궐로 진입해 거사에 성공했습니다. 연산군은 새벽에 궁궐의 방화를 틈타 민간복으로 갈아입고 말을 탄 채 궁궐을 빠져나왔어요. 민가에 숨었으나 추격해 온 박원종의 사병에 의해 체포되었지요.

반정에 성공한 박원종과 성희안은 진성 대군의 어머니이자 성종의 계비인 정현 왕후 윤씨를 찾아가서 "진성 대군을 맞아 대통을 잇고자 한다."라는 뜻을 전했어요. 다음 날 진성 대군이 근정전에서 즉위식을 거행해 19세에 왕위에 올랐습니다. 그가 조선

○ 중종 금보
(국립고궁박물관)
1545년(인종 1)에 만들어진
중종의 어보이다. 손잡이는
거북 모양으로 장식했고,
주황색 방망이 술끈을 부착
했다.

제11대 임금 중종이에요. 당시 진성 대군은 자신을 국왕으로 세우기 위해서 온 반정군을 적으로 여기고 두려워했을 정도로 정치에는 그다지 관심이 없었어요.

연산군은 왕자의 신분으로 강등되어 강화도로 유배되었고, 연산군을 바른길로 이끌려 했던 중전 신씨는 사저에 보내졌어요. 조정의 기대를 받았던 세자 황과 왕자들은 따로 유배되었다가 단지 폐군의 아들이라는 이유로 사약을 받았지요.

강화도로 유배된 연산군을 독살하려는 시도가 셀 수 없이 많았습니다. 하지만 연산군은 그를 동정했던 강화 부사의 노력으로 독살은 모면했어요. 연산군은 강화군 교동도에 유배된 지 2개월 후 역질을 앓다가 31세에 병사했어요.

연산군은 숨을 거두기 직전에 "부인 신씨가 보고 싶다."라는 말을 남겼다고 합니다. 죽음 앞에서는 삼천 궁녀도 아무 의미가 없었지요. 연산군이 죽은 후 민간에서는 독살설이 파다하게 퍼졌어요.

반정 이후 역모가 이어지다

중종은 이복형 연산군 대신 강력한 대신들의 눈치를 보는 상황에 부닥쳤어요. 현실에 순응했던 중종은 공신들의 말을 경청하고 그들의 뜻에 따라 국사를 처리했지요. 반정 이후 나라는 연산군 이전으로 돌아갔어요. 백성의 출입을 금했던 금표를 없애고 흥청과 운평을 해체했으며, 성균관·홍문관·사간원을 복구하고 서총대는 철거했지요.

하지만 연산군에 대한 협력자 청산 문제는 흐지부지되었습니다. 반정의 주역들이 연산군의 총애를 받던 인물들이었거든요. 상당수 대신은 거사 날 얼굴을 내밀어 공신 반열에 올랐지요. 마치 광복 후 친일파를 청산하지 못해 오히려 친일파들이 득세한 것과 똑같은 상황이 벌어진 것이지요.

반정 일주일 만에 발표된 정국공신 100여 명의 명단은 인간이 어디까지 변할 수 있는지를 잘 보여 줍니다. 정국공신 1등에는 박원종, 성희안, **유순정**, 유자광, 신윤무, 박영문, 장정, 홍경주 등이 올랐고, 2등에는 유순, 김수동, 김감, 구수영 등 13명이 올랐어요.

반정을 지휘한 세력들은 반정에 성공한 이후에도 안심할 수 없었습니다. 자신들이 그랬듯이 누군가가 세력을 모아 또다시 반정을 주도할 수 있었기 때문이지요. 반정을 해 본 사람이 반정의 생리를 가장 잘 압니다. 이들은 가능한 한 많은 대신을 공신에 올려 잠재적으로 반정을 방지하고자 했어요. 하지만 기존 세력을 공신으로 끌어들였다 하더라도 제2의 반정을 우려하지 않을 수 없었지요. 우려는 바로 현실로 나타났어요.

1507년(중종 2년) 윤1월 공조 참의 유숭조는 이웃집 의관 김공지에게 들은 말을 중종에게 고했어요.

"좌의정 박원종은 연산군의 나인들을 거느리며 손님 접대에 열중하고, 유자광은 자기 사람을 공신으로 집어넣었습니다. 불만 세력이 어찌 없겠습니까."

추국(推鞫, 의금부에서 임금의 특명에 따라 중한 죄인을 신문하던 일) 결과 신진 세력인 박경, 유숭

○ 유순정(1459~1512)
중종반정에 공을 세웠다. 활을 매우 잘 쐈다고 전한다. 삼포왜란이 일어나자 경상도원수로 출정해 난을 평정했다.

조, 김공저가 박원종과 유자광의 행태에 분개해 그들을 제거하고 정미수를 정승에 앉힐 계획을 세웠다는 사실이 드러났어요. 거사를 준비하는 과정에서 함께하리라 믿었던 정미수, 남곤, 심정 등이 발을 빼자, 불안했던 유숭조가 고변한 것입니다. 조사가 진행되면서 조광조, 김식 등도 주모자들과 논의한 것으로 드러났지요. 주모자 박경, 김공저는 참살되었고 유숭조, 정미수, 김감 등은 유배되었으나 조광조는 무혐의로 처리되었어요. 제거 대상으로 거론되었던 심정과 남곤은 오히려 상을 받았지요.

1507년 4월 더욱 강경해진 대간들은 "유자광은 연산군 때는 윤필상과 이극균을 벌하도록 청했으며, 무오년에는 사림을 모두 죽이려 했사옵니다."라며 유자광을 무오사화와 갑자사화를 일으킨 주요 인물로 지목했어요. 대간들은 두 달 가까이 집요하게 탄핵했고, 좌의정 박원종도 대간들에 동의함으로써 유자광은 결국 평해(지금의 경상북도 울진군)로 유배를 떠나게 되었지요.

1507년 8월에는 노영손이라는 무사가 역모를 고변했어요. 이번에는 중종이 직접 국문했습니다. 주동자 이과는 박원종의 거사가 있기 전에 전라도에서 유빈과 함께 거사하기로 했으나 정국공신에 오르지 못했어요. 이과는 무관, 종친 등 불만 세력을 끌어모아 거사를 일으키려 한 것이지요. 이과는 능지처참되고 이과의 역모에 연루된 견성군은 강원도에 유배되었다가 사약을 받았어요. 이듬해에는 역모와 관련이 없다는 것이 밝혀져 신원되었지요.

잇단 역모는 불발로 그쳤어요. 반정 공신들은 최고의 권력을 누렸지만 세월의 흐름

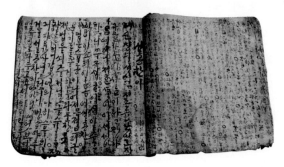

◐ 『설공찬전』
중종반정 공신이었던 채수가 벼슬을 버리고 낙향한 후에 지은 고전소설이다. 귀신과 저승을 주요 소재로 활용해 당시의 정치, 사회, 유교 이념의 한계 등을 비판했다.

은 막을 수 없었습니다. 1510년(중종 5년) 박원종은 영의정에 오른 지 일 년도 되지 않아 44세의 나이로 죽었고, 1512년에는 유순정이 영의정이 되었으나 석 달 후에 죽었으며, 1513년 영의정에 오른 성희안도 석 달 만에 눈을 감았어요.

성희안이 죽고 석 달 후 또 다른 역모 사건이 터졌습니다. 조선 왕조사에서 역모를 빼면 이야기가 되지 않는 것 같네요. 의정부의 관노 정막개가 1513년(중종 8년) 전 공조 판서 박영문과 전 병조 판서 신윤무의 집을 자주 드나들다가 두 사람의 대화를 엿듣게 되었다며 다음과 같이 고변했습니다.

"박영문이 '재상 중에 유자광만 한 이가 있는가? 만약 문신이었으면 파직에 그쳤을 것이다. 우리의 앞날도 유자광과 다르지 않을 것이다.'라고 말했고, 신윤무는 '이런 일은 바로 해치워야 한다. 사냥에서 돌아올 때가 적기이다. 무신들끼리 영산군(성종의 열세 번째 아들)을 추대하자.'라고 말했습니다."

박영문과 신윤무는 모진 국문 끝에 결국 혐의를 인정했고 능지처참되었어요. '무신의 난'을 방지한 정막개는 박영문의 집과 토지, 노비를 상으로 받고 정3품직도 제수받았지요. 정막개가 붉은 띠를 두른 **조복**을 입고 돌아다니면 사람들은 돌을 던지며 "고자질한 정막개야, 붉은 띠가 가소롭다."라고 놀려 댔다고 합니다. "요행으로 공을 이루게 하면 훗날 큰 화가 있을 것"이라는 상소가 올라오자 정막개는 직책과 상을 도로 내놓아야 했어요. 정막개는 사람들의 따돌림을 받다가 결국 굶어 죽었답니다.

○ 조복(국립중앙박물관)
조복은 관원이 조정에 나가 하례할 때 입던 예복이다. 왕실의 생일이나 경축일, 정월 초하루와 동지, 그리고 조칙 등을 반포할 때도 입었다.

왜구의 노략질에 대비해 비변사를 만들다

중종은 반정으로 왕이 되어서 왕권이 약할 수밖에 없었어요. 국정은 대신과 대간의 의견에 따라 결정되었지요. 공신의 확대로 국가 재정은 궁핍해졌습니다. 기강이 해이해진 수령들은 목민관으로서 백성을 돌보는 일은 뒷전이고 제 잇속 챙기기에 바빴어요. 게다가 가뭄, 우박, 홍수에 지진까지 잦아 배고픔을 못 이긴 백성은 유랑하거나 도적이 되었지요.

변방은 중앙의 감찰마저 허술해 수령의 수탈이 심했어요. 과도한 병역 의무로 도주하는 자가 늘면서 병사의 수는 날로 줄었고 병장기(병사들이 쓰던 무기) 또한 형편없었지요. 최전방을 제외하고는 화살조차 보급할 수 없는 상황이었으니까요. 남쪽 지역이라고 해서 다를 리가 없었습니다. 남도 해안 곳곳에 왜구가 나타나 노략질하고 사람을 해쳐도 관에서는 제대로 대응조차 못했어요.

대마도는 왜구의 본거지였어요. 1419년(세종 1년) 상왕 태종

○ 웅천읍성지 견용문
(경남 창원시)

웅천읍성은 1439년(세종 21) 왜구의 침입을 막기 위해 축성되었다. 1510년(중종 5) 삼포왜란 때 일시적으로 함락되었고, 임진왜란 때는 왜장 고니시 유키나가가 머물기도 했다. 『디지털창원문화대전』, 『한국향토문화전자대전』 (한국학중앙연구원, 2008)

의 주도 아래 왜구의 소굴인 대마도 정벌을 단행했습니다. 1443 년(세종 25년) 대마도 도주와 계해약조를 맺어 부산포, 제포(내이 포, 지금의 진해), 염포(지금의 울산) 등 3포를 개항했어요. 한 해 동안 일본이 조선에 파견하는 배인 세견선은 50척, 조선이 일본 에 원조하는 곡식인 세사미두는 200섬 이내의 제한된 조공 무역 을 허락했지요.

1450년(세종 32년)에 3포의 거류 왜인 수는 허용치(120명)의 열 배 이상을 넘어섰습니다. 왜인들은 지정 구역인 고초도(거문 도와 초도)를 벗어나 거리낌 없이 어로 행위를 했고, 해적으로 돌 변하기도 했어요. 이에 조선 정부는 3포의 왜인들을 강제 노역에 동원하고, 지급하기로 한 곡식도 주지 않는 등 기강 잡기에 나섰 지요.

1510년(중종 5년) 내이포에 거주하던 왜인 4,000여 명이 성을 포위하고 민가에 불을 질렀어요. 왜군은 부산포를 점령해 첨사 이우증을 살해하고 제포를 함락한 데 이어 **웅천**, 동래성까지 공

왜구
일본의 해적 집단이다. 13~ 16세기에 걸쳐 한국과 중 국의 연안에 침입하여 약탈 을 일삼았다.

웅천읍성지 옹성 (경남 창원시)
옹성이란 성문을 보호하기 위해 성문 밖으로 또 한 겹의 성벽을 둘러쌓아 이중으로 쌓은 성벽을 말한다. 밖으로 돌출되어 있어 성문으로 접 근하는 적을 3면에서 공격 할 수 있었다. 「디지털창원문 화대전」, 「한국향토문화전자대 전」(한국학중앙연구원, 2008)

격했지요. 도내의 군사들은 왜군을 육지와 바다 양면으로 공격해 295명을 죽이고 많은 포로를 잡았어요.

삼포왜란을 일으킨 왜인들은 화친을 청해 왔고, 조정은 현실론을 내세워 왜인의 화친 요구에 응했습니다. 반대가 거셌지만 현실을 인정해 1512년(중종 7년) 임신약조를 맺었어요. 왜인들의 3포 거주는 허락되지 않았고, 내이포(제포)만 개항하고 세견선은 25척, 세사미두는 100섬으로 줄였지요.

한편, 조정에서는 왜구의 노략질에 대응하기 위해 비변사라는 임시 기구를 만들었어요. 『경국대전』에도 없는 비변사는 붕당 정치가 전개되면서 정치적 역할이 강화되었지요. 임진왜란을 거치면서 비변사에는 전·현직 정승을 비롯해 주요 관원이 대부분 참여했어요. 비변사의 기능이 강화되면서 군사 문제뿐 아니라 외교, 재정, 사회, 인사 문제 등 거의 모든 정무가 비변사에서 다루어졌지요. 의정부와 6조 중심의 행정 체계는 유명무실해졌어요. 조선 후기에는 비변사가 최고의 의결 기구로 자리 잡으면서 왕권마저 제약하기에 이릅니다.

○ 희릉(경기 고양시)
중종의 계비 장경 왕후 윤씨의 능이다. 장경 왕후는 정비인 단경 왕후 신씨가 폐위되자 1507년 왕비로 봉해졌다. 인종을 낳고 산후병으로 7일 만에 죽었다.

2 조광조의 시대

조광조, 대간으로 화려하게 등장하다

중종반정으로 단경 왕후 신씨가 왕후가 되었으나, 단경 왕후의 아버지 신수근(중종의 장인이자 연산군의 처남)은 중종반정을 반대했기 때문에 반정 세력에 의해 살해당했습니다. 단경 왕후도 역적의 딸이라 해 폐위되어 본가로 쫓겨났어요. 중종은 단경 왕후를 폐위할 생각이 없었으나 공신 세력의 눈치를 보아야 했으므로 어쩔 수 없었지요.

○ 조광조(1482~1519)
유교적 이상 정치를 실현하기 위해 급진적인 개혁을 추진했으나 1519년(중종 14)에 일어난 기묘사화로 사사되었다.

중전 자리에는 장경 왕후 윤씨가 올랐습니다. 1515년(중종 10년) 장경 왕후는 원자(훗날 인종)를 낳고 산후병으로 25세의 나이에 세상을 떠났어요. 능은 경기도 고양시에 있는 **희릉**입니다.

장경 왕후를 잃은 슬픔이 가시기도 전에 중종은 다시 고민에 빠졌어요. 담양 부사 박상과 순창 군수 김정이 폐비 신씨의 복위를 청하는 상소를 올렸기 때문이지요.

"폐비 신씨가 명분도 없이 사가로 내쳐진 지 10년이 넘었사옵니다. 반정 3대장인 박원종, 성희안, 유순정 등이 후환을 염려해 꾸민 일이니 어찌 전하의 허물이오리까. 이제 중전 자리가 비었으니 신씨를 중궁의 주인으로 받아들이시면 천지가 반길 것입니다."

당황한 대신들이 머뭇거리는 사이에 대간들은 "사특한 의견을 올린 김정과 박상을 벌해야 합니다."라고 청했어요. 폐비가 복위되면 연산군 때 그랬던 것처럼 참화가 재현될 수 있다고 본 것이었지요.

김정과 박상을 처벌한 직후 신참 대간 **조광조**가 처음으로 다음과 같이 언로를 열었습니다.

『소학』(국립중앙박물관)
8세 전후의 아동에게 예의 범절, 충, 효 등 유학의 기본을 가르치기 위해 편찬한 책이다. 조선 시대 교육 기관의 필수 교재로 널리 애용되었다.

"박상과 김정의 진언을 수용하지 않으면 그만이지 어찌 죄까지 줄 수 있겠습니까. 신이 정언(正言)이 되었사온데 어찌 직분을 잃은 대간들과 같이 일할 수 있겠습니까. 이제 나라의 큰일이 있다 하더라도 누가 진언을 아뢰겠나이까."

대간 조광조의 발언으로 대간 전체가 교체되었어요. 그 후에도 몇 번의 논란 끝에 세 번이나 대간이 교체되었지요. 조광조의 활약으로 대신들과 대간들이 다시 김정과 박상의 석방을 청하게 되었고, 두 사람은 사면을 받았어요. 이 일로 중종은 조광조를 주목하게 되었지요.

중종의 사부 조광조, 개혁 정책을 펴다

조광조는 아버지가 함경도 지방관으로 파견되었을 때 그곳에서 무오사화로 유배 생활을 하던 김굉필을 처음 만났습니다. **김굉필**은 김종직의 수제자로 알려졌지만, 스승이 사장(詞章, 시와 문장)을 중시한다고 여겨 혼자 경학 연구에 몰두하기도 했어요. **『소학』**을 중시해 '소학동자'로 불렸지요. 김굉필은 사림 세력의 거두인 김종직의 문인이었으므로 조광조는 김종직 이후 사림 세력의 맥을 계승하게 되었어요. 김굉필의 도학적 탁견(卓見, 두드러진 의견이나 견해)에 매료된 조광조는 미친 사람처럼 도학에 빠져들었지요. "미쳐야 미친다."라는 말은 조광조를 두고 한 말일 것입니다.

말과 행동에서 규범을 갖추어 가던 조광조는 1510년(중종 5년) 29세에 진사시에 합격해 성균관에 입학했어요. 1515년 알성시(비정규 문과 · 무과 시험) 별시에 급제하면서 조정에 얼굴을 내밀었지요. **김정**과 박상의 사건으로 조광조에게 깊은 인상을 받은 중종은 조광조를 홍문관 경연 검토관에 임명했어요. 다음

충암 선생 김정 적려 유허비 (제주 제주시)
제주에 유배되었던 김정(1486~1521)의 행적을 기리는 유허비다. 김정은 제주 유림들에게 학문과 제사의 예법을 가르쳤고, 「제주풍토록」을 저술했다. 『디지털제주시문화대전』 「한국향토문화전자대전」(한국학중앙연구원, 2006)

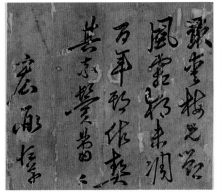

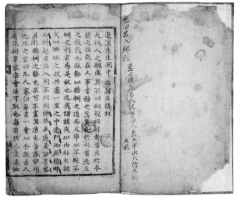

은 조광조가 경연장에서 행한 강연 내용 중 한 토막입니다.

"덕을 닦는 것이 모든 일의 근본입니다. 근본에 힘쓰면 나머지는 저절로 다스려집니다. 기본에 힘쓰지 않고 번다한 일에만 매달리면 수고롭기만 한 법입니다."

공부든 치세든 기본이 중요하다는 것을 강조한 거예요. 과거 시험 유형만 익혀 벼슬길에 오른 요령 파들과는 그 격을 달리한 것이지요.

『중종실록』에는 "조광조가 말하자 중종은 표정을 가다듬으며 들었다. 서로 진지하게 논의를 펼쳐 날이 저무는 줄도 몰랐는데, 환관이 촛불을 들고 가면 그제야 논의를 멈추었다."라고 묘사되어 있을 정도로 중종과 조광조의 관계는 남달랐습니다.

기본을 중시하는 조광조의 사색적인 자세는 젊은 유생에게도 큰 가르침이 되었어요. 어느 순간에 중종은 물론 대신들도 조광조의 뜻을 존중하는 분위기가 형성되었지요. 사실상 중종의 사부 역할을 하게 된 조광조는 왕의 전폭적인 지지에 힘입어 강력하게 자신의 개혁 정책을 펼쳐 나갔어요. 조광조는 먼저 정몽주의 문묘 종사를 성사시켰어요. 이로써 김굉필과 그의 제자인 조광조가 이색-정몽주-길재-김숙자로 이어지는 사림의 맥을 이

◎ 김굉필의 시
(성균관대학교)

김굉필은 정통 조선 성리학을 계승한 인물로 평가받는다. 정여창·조광조·이언적·이황과 함께 5현(五賢)으로 불리며 1610년(광해군 2) 문묘에 배향되었다.

◎ 『여씨 향약 언해』
(국립중앙박물관)

『여씨 향약』을 김안국이 한글로 번역한 것이 『여씨 향약 언해』이다. 여씨 향약은 향촌을 교화하고 선도하기 위해 만들었던 자치 규약이다. 북송 때 남송의 주희가 내용을 추가하고 주석을 달았다.

문묘 종사

공자의 위패를 모신 사당인 문묘에 유학자의 신주를 배향하는 것을 의미한다. 문묘에 배향된 한국의 유학자를 동방 18현, 또는 동국 18현이라 한다. 조광조, 이황, 성혼, 이이, 송시열, 김집 등이 모셔져 있다.

은 것으로 공인받게 되었지요. 조광조는 특히 성리학의 이상향을 지방의 민간 규약을 통해 이루려고 했습니다. 백성이 도학적 생활을 몸에 익히도록 한다는 명분에서 향약을 시행한 것이지요. **향약**은 조선 사회의 풍속 교화에 많은 역할을 했을 뿐 아니라 향촌 사회의 질서 유지와 치안까지 담당했어요.

하지만 지방의 유력자가 주민을 수탈하는 수단으로 향약을 이용하기도 했어요. 향약에는 양반층을 비롯해 상민, 노비에 이르기까지 모든 향촌 구성원이 포함되었고, 임원은 유력한 사족 가운데 임명되었습니다. 향약의 시행을 관에서 규제함으로써 민간의 반발을 사기도 했어요.

조광조는 미신 타파를 내세워 도성 안의 **무당**들을 단속하고 절

○ 정선의 「대은암」, 「장동 팔경첩」(간송미술관)
대은암은 북악산 남쪽 기슭에 있는 큰 바위이다. 이곳의 경치를 사랑했던 남곤은 대은암 앞에 집을 짓고 살았다.

을 새롭게 짓지 못하게 했어요. 소격서 폐지도 강력히 주장했지요. 소격서는 나라에 천재지변이 생겼을 때 일월성신에 제사 지내는 도교식 초제를 거행하기 위해 설치한 관청입니다. 소격서는 나랏일을 걱정하는 의례적 행사를 주관했으므로 소격서 폐지는 왕권에 도전하는 측면도 있었어요. 중종은 "세종이나 성종도 혁파하지 않았다."라며 소격서 폐지에 반대했으나 조정 전체가 왕을 압박하자 결국 소격서를 폐지하기로 했지요. 조광조는 조선을 유교 지상 국가로 만들기 위해 왕의 뜻까지 거스른 거예요.

현량과라는 새로운 인재 등용 제도도 도입했습니다. "과거 제도가 시험 위주로만 흘러 사람의 인품과 덕행을 검증할 방법이 없으니 추천제를 통해 천거된 사람들을 모아 시험을 치르게 한 뒤 선발하자."라는 의견을 낸 것이지요. 현량과는 정광필, **남곤** 등 훈구파의 반대에 부닥쳤지만, 중종의 지원에 힘입어 1519년(중종 14년) 처음 시행되었어요. 성균관, 3사, 6조, 유향소 등의 천거를 거친 사람들은 왕이 참석한 자리에서 시험을 치른 뒤 최종 선발되었지요.

추천자 120명 가운데 현량과를 거쳐 급제한 사람은 28명이었는데, 그중에서 21명이 기호 지방(畿湖地方, 경기도 및 황해도 남부와 충청남도 북부 지방을 통틀어 이르는 말) 출신이었어요. 이들은 조광조와 학맥과 인맥으로 연결된 신진 사림파였지요. 우리나라의 고질적인 연줄 문화는 예나 지금이나 다를 게 없는 모양입니다. 개혁파인 조광조조차 자기 파벌 심기에 급급했으니까요. 조광조는 현량과에 급제한 김식 등 신진 사림파를 대거 기용하고, 이들에게 3사의 언관직을 맡겼지요.

인간과 신을 연결하는 무당

조선 초에는 궁중 여인들이 국내 명산에 무녀를 보내 제사를 지내도록 하였고, 관에서는 겉으로는 무속을 금지하면서도 무녀를 불러들여 기우제 · 기양제(祈禳祭) 등 제사를 지내게 했다. 조광조는 미신 타파를 위해 도성 안의 무당들을 단속하고 절을 새롭게 짓지 못하게 했다.

◈ 「무신도」(목아불교박물관) 무속에서 숭배하는 해와 달을 신격화한 그림이다.

◆ 무령(원주역사박물관)
무당이 쓰는 방울이다. 굿을
볼 때 뿐만 아니라 점을 칠
때도 사용했다.

◆ 「작두신령도」(목아불교박물관)
작두는 작두신령을 상징하는 무구이다. 무당은 신의 영력(靈力)을 보여 주기 위해 맨발로 작두 위에
올라서서 춤을 추며 신의 소리를 전한다.

◆ 무당 부채(원주역사박물관)
무당이 굿을 할 때 사용하는 부채이다. 중앙
에 무속 신앙에서 모시는 장군신을 그려놓
았다.

조광조의 위훈 삭제, 역풍을 부르다

조광조는 현량과를 통해 언론 3사와 승정원, 성균관 등을 아우르는 사림 세력을 형성했습니다. 조광조 진영은 심정, 남곤, 이행 등 기존 관료들을 "단지 사장만을 앞세우는 구세력"이라고 비난했어요. 단지 자신들과 견해가 다르다는 점 때문에 기존 관료들이 비판의 표적이 된 것이지요.

1519년(중종 14년) 대사헌 조광조는 한발 더 나아가 "반정 공신의 위훈을 삭제해야 한다."라고 주장했어요. 대간들은 **사정전**에 나아가 "유자광은 자기 자식을 올리려고 성희안, 유순정의 자식도 올렸습니다. 사림은 엉터리 공신에 늘 불만을 품고 있나이다."라고 비난했지요.

대신들도 울며 겨자 먹기로 대간의 의견에 따랐어요. 평소 조광조와 의견이 달랐던 정광필도 "대간의 뜻에 따르소서."라며 조광조에게 동조하는 모습을 보였지요. 결국 중종은 전체 공신의 4분의 3에 해당하는 70여 명의 공훈을 삭제했어요.

정국공신을 중심으로 한 대신들은 현량과를 거쳐 신진 사림이 대거 진출하고 위훈 삭제로 자신들의 기반이 무너지고 있는 것을 지켜만 보지는 않았습니다. 남곤과 심정은 정국공신의 중심인물인 홍경주를 끌어들여 조광조를 제거하기 위해 모의를 꾸미기 시작했어요.

남곤은 성종 말년에 과거에 급제해 연산군

사장(詞章)

시 · 소설 · 수필 등의 문학과 역사를 통칭하는 말이다.

○ **고산앙지**
(서울시 도봉구)

조선 후기 학자 김수증이 새긴 바위 글씨이다. 김수증은 조광조의 도학 정치를 흠모했다. 『시경』에 나오는 문구인 '고산앙지(高山仰止)'는 "높은 산처럼 우러러 사모한다"는 뜻을 지닌다.

치하에서 주로 언관 벼슬을 하다가 갑
자사화 때 유배되었던 인물입니다. 사
림파는 남곤을 소인배라 불렀지요. 남
곤은 연산군의 협력자도, 정국공신도
아닌 신진 세력으로서 초고속 승진을
이어 갔는데, 조광조의 등장으로 입지
가 약해졌어요.

남곤과 동갑내기 친구이자 정국공신
인 심정은 조광조 측으로부터 탄핵을 당해 공신 자격을 박탈당
했지요. 홍경주는 1509년(중종 4년) 청탁을 받은 일로 조광조의
탄핵을 받아 정치 일선에서 밀려난 인물입니다. 중종의 후궁인
희빈 홍씨가 홍경주의 딸이지요.

○ **경복궁 사정전**
(서울시 종로구)
왕은 평상시에 사정전에 머
물면서 정사를 돌보았다. 사
정전은 근정전의 바로 뒤편
에 있다. 사진작가 서헌강 제공
(위 사진)

중종, 질투의 대상 조광조를 제거하다

"공신들의 분노가 하늘을 찔러 장차 무슨 일이 일어날지 신도 가늠할 수 없습니다. 게다가 조광조의 권세는 전하를 능가할 지경입니다."

　정국공신 개정에 관한 자문을 하는 자리에서 홍경주는 중종에게 겁을 주었어요. 야사에 따르면 홍경주가 벌레가 갉아 먹어 '주초위왕(走肖爲王)'이라는 글자가 드러난 나뭇잎을 중종에게 보여 주며 "조광조가 왕이 되려 한다는 소문이 돌더니 이런 망측한 일까지 생겼나이다."라고 말했다고 합니다. 홍경주의 딸 희빈 홍씨가 시녀들을 시켜 궁중에 있는 나뭇잎에 과일즙을 묻혀 '주초위왕'이라고 쓰고, 벌레가 갉아 먹게 했다고 해요. '주초(走肖)' 두 글자를 합치면 '조(趙)'인데, 이는 조씨가 왕이 된다는 것을 암시하

❶ 신무문
북악산의 노기(怒氣)를 막는다는 명목으로 늘 닫아두었던 문이다.

지요. 주초위왕에 관한 야사의 기록은 거짓일 수도 있어요. 일설에서는 중종의 은밀한 지시에 의한 것이라는 주장도 있답니다.

불안해진 중종은 홍경주, 남곤, 심정 등에게 "조광조를 제거하는 데 동의한다."라는 밀지를 내립니다. 이들은 밤에 은밀히 경복궁 북문인 **신무문**으로 들어가 중종과 의논한 후 다시 나와 경복궁 서문인 **영추문**(연추문)으로 들어가서 대신들을 입궐하게 했어요. 3인방은 대신들과 함께 "조광조 일파가 붕당을 만들어 왕을 속이며 국정을 어지럽히고 있다."라고 상소를 올렸지요.

중종은 3인방의 상소를 근거로 조광조 일파를 모두 붙잡아 옥에 가두었습니다. 이를 둘러싸고 조정 대신들 간에는 심한 언쟁이 벌어졌어요. 영의정 정광필이 반론을 펴며 조광조 일파를 옹호했습니다.

◑영추문
조선 시대에 문무 백관이 주로 출입한 문이다.

"신들이 왔을 때 먼저 와 있던 홍경주, 남곤, 심정 등이 '전하께 서 죄를 청하라고 시켰다.'라며 전하의 뜻임을 전했나이다. 조광 조를 비롯한 언론 3사의 새 인물들은 모두 전하께서 뽑으셨는데 갑자기 벌을 주시면 함정에 빠뜨리는 것과 같지 않겠습니까. 앞 으로 크게 쓰일 인재를 벌써 내치시면 아니 되옵니다."

정광필의 완강한 반대에 부닥쳐 중종은 그날 친위 쿠데타를 실행하지 못했습니다. 신하들이 모두 물러갔을 때 승정원 승지 가 급히 들어와서 중종에게 "성균관 유생 1,000명이 몰려와 조 광조의 무죄를 주장하고 있습니다."라고 아뢰었어요. 이 말을 들 은 중종은 민심이 조광조에게 기울었다고 확신하게 되었지요.

영의정 정광필의 반대와 성균관 유생들의 무죄 주장은 오히려 중종의 심기를 불편하게 했어요. 조광조에 대한 질투심까지 겹쳐 져 중종은 조광조를 비방하는 상소를 받아들였지요. 조광조, 김 정, 김식 등 사림 세력은 유배형에 처해졌어요. 조광조는 38세에

약을 탄 술을 마시고 세상과 작별했습니다. 중종의 전폭적인 지원에 힘입어 개혁의 길에 들어선 지 4년여만의 일이지요. 사건의 진상을 들은 김식은 39세에 거창의 산속에서 목을 맸고, 형조 판서를 지낸 김정은 유배되었다가 36세에 사사되었어요. 이것이 바로 1519년(중종 14년)에 일어난 기묘사화입니다.

이이는 조광조의 개혁이 실패한 원인에 대해 『동호문답』에서 다음과 같이 지적했어요.

"오직 한 가지 애석한 점은 조광조가 자질과 재주를 타고났음에도 경세치용의 학문이 크게 이루어지지 않은 상태에서 너무 일찍 출세했다는 것이다. 조광조와 함께한 사람 중에는 이름이 나는 것을 좋아하는 자도 섞여 있어 개혁이 너무 급진적이었으며, 임금의 마음을 바로잡는 것을 기본으로 삼지 않고 겉치레만 앞세웠다."

자리에서 호령하는 사람이든, 자리에 오르기 위해 날갯짓하는 사람이든 늘 되새겨볼 필요가 있는 말입니다.

기묘사화와 함께 조광조의 개혁도 끝났어요. 정국공신들은 살아남았고 조광조의 개혁 조치는 취소되었지요. 정국공신들의 사치스런 생활도 되살아났어요. 그만큼 백성은 곤궁해져 도둑이 되는 경우가 허다했지요. 도둑에게는 아킬레스건을 끊는 형벌과 얼굴에 죄명을 문신하는 형벌이 가해졌지만 도둑질은 줄어들지 않았어요. 백성이 곤궁하니 세수가 줄어들고 국방력도 자연히 약해졌지요. 유생들은 공부를 열심히 해 봐야 수명만 재촉한다는 생각에 공부를 게을리하게 되었어요.

도학정치를 꿈꾼 사림의 영수, 조광조

유교적 이상 정치를 실현하기 위해 현량과 실시, 훈구파의 위훈 삭제, 향약 시행, 소격서 폐지 등 급진적 개혁을 시도했던 조광조는 훈구파의 반발로 뜻을 이루지 못한 채 죽음을 맞이했다. 하지만 조광조의 신념과 정책은 후대의 선비들에게 큰 영향을 미쳤다.

◐ 경현단(경기 가평군)
조광조를 비롯한 12명의 유현을 모신 제단이다. 원래 이 자리에는 1661년(현종 2)에 창건된 미원 서원이 있었다. 서원이 철폐되자 지방 유림들이 돌로 만든 신주 12개를 세워놓았다.

◐ 조광조 묘(경기 용인시)
조광조와 정경 부인 이씨의 합장묘이다. 조선 중기 사대부의 묘제 양식을 잘 보여 주고 있다. 당대의 명문장가와 명필이 만든 신도비는 금석학적 가치가 높다.

○ **심곡 서원(경기 용인시)**

조광조의 위패를 모시고 있는 서원이다. 사당, 강당, 내·외삼문 및 부속 건물 등으로 구성되어 있는데, 그 중 사당의 보존 상태가 양호하다. 인근에 조광조의 묘가 있다.

3 김안로의 시대와 중종의 부인

경빈 박씨, '작서의 변'을 꾸민 누명을 쓰다

기묘사화가 발생한 지 2년 후 권력의 판도가 바뀌기 시작했습니다. 1521년(중종 16년) 김안로의 아들 김희와 중종의 맏딸 효혜공주(장경 왕후 소생)가 혼인했어요. 김안로는 왕의 외척이 되어 두각을 드러냈지요.

김안로가 중종의 총애를 받으며 이조 판서에까지 오르자 남곤은 김안로를 임사홍보다 더 위험한 인물로 보았어요. 영의정 남곤, 좌의정 심정, 대사헌 이항 등은 중종에게 "일부 대간이 김안로의 말을 따르니 붕당을 만드는 폐단이 생기고 있습니다. 김안로가 옳지 않아도 그의 세력이 두려워 말을 못 하는 지경입니다."라며 대죄로 다스려 달라고 청했습니다. 대간들도 "김안로가 하는 짓은 조광조와 다를 바 없습니다."라며 합세했지요. 결국 남곤의 뜻이 관철되어 김안로는 1524년(중종 19년) 경기도 풍덕에 유배되었어요.

조광조를 제거해 기묘 3흉에 꼽혔던 영의정 남곤은 김안로마저 제2의 조광조로 몰아붙여 유배 보내는 데 성공했어요. 하지만 1527년(중종 22년) 57세를 일기로 세상을 떠날 때는 지난날을 속죄라도 하듯 "헛된 명성으로 세상을 속였으니 나의 글을 모두 불태우고, 평생 마음과 행실이 어긋났으니 비석도 세우지 말라."는 말을 남겼어요.

남곤이 죽은 후 심정, 이행, 이항 등이 정광필을 추천해 영의정에 올렸어요. 그런데 남곤이 죽은 지 며칠 후 이상한 사건이 발생합니다. 꼬리가 반쯤 잘리고 눈, 귀, 입, 사지가 불로 지져진 쥐(작서)가 동궁 북쪽 숲의 나무에 매달려 있었어요. 문제는 이날이 세자(훗날 인종)의 생일이었다는 것이었지요. 세자는 돼지띠였는데

김안로(1481~1537)
1506년(연산군 12) 과거에 급제하여 벼슬길에 올랐다. 뛰어난 언변과 일처리로 주목을 받았다. 1519년(중종 14) 기묘사화로 인해 조광조와 함께 유배되었다.

돼지의 모양이 쥐와 비슷하므로 세자를 저주하기 위해 누군가가 쥐 사건을 일으켰다는 의혹이 일어났어요. 성종의 계비인 자순 대비가 "큰 옥사로 번질 수도 있으니 덮어 두자."라고 해 일단 그냥 넘어갔습니다.

그런데 며칠 후 **강녕전** 난간에서 동궁에서 발견된 것과 같은 모양의 쥐가 나타났어요. 이때도 중종과 자순 대비는 조용히 넘어가려 했으나 심정이 왕에게 "세자 저하를 보호하는 일은 전하

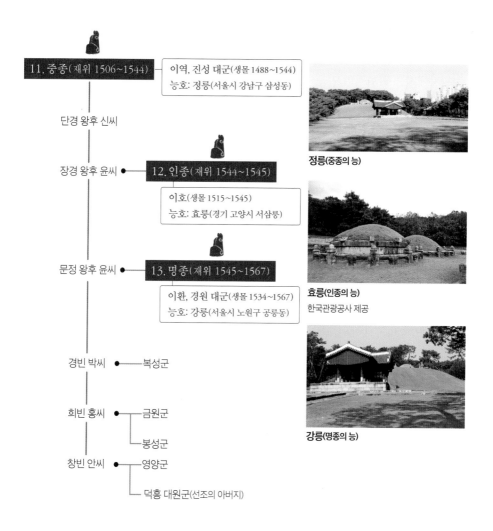

11. 중종(재위 1506~1544)

이역, 진성 대군(생몰 1488~1544)
능호: 정릉(서울시 강남구 삼성동)

단경 왕후 신씨

장경 왕후 윤씨 — 12. 인종(재위 1544~1545)

이호(생몰 1515~1545)
능호: 효릉(경기 고양시 서삼릉)

문정 왕후 윤씨 — 13. 명종(재위 1545~1567)

이환, 경원 대군(생몰 1534~1567)
능호: 강릉(서울시 노원구 공릉동)

경빈 박씨 — 복성군

희빈 홍씨 — 금원군
└ 봉성군

창빈 안씨 — 영양군
└ 덕흥 대원군(선조의 아버지)

정릉(중종의 능)

효릉(인종의 능)
한국관광공사 제공

강릉(명종의 능)

께 달렸나이다."라며 범인을 잡아들일 것을 청했습니다. 자순 대비는 대신들에게 "그날 강녕전에 경빈이 오랫동안 홀로 앉아 있었다. 경빈의 계집종 범덕이 두 번이나 뜰아래를 왔다 갔다 했다."라는 글을 전달했어요.

당시 세자는 어렸고 1517년(중종 12년)에 새 왕비로 책봉된 문정 왕후 윤씨는 10년이 넘도록 아들을 보지 못하고 있었어요. 그러다 보니 경빈 박씨가 세자의 불행을 바랄 수도 있다는 의심을 받게 되었지요. 애꿎게 작서의 변을 일으킨 범인으로 지목된 경빈 박씨와 경빈 박씨 소생의 복성군은 폐서인되어 고향인 상주로 유배되었어요. 복성군은 서자였지만 중종의 맏아들이었으므로 세자에게는 위협적인 인물이었기 때문이지요.

경빈 박씨는 복성군을 낳은 생모로서 중종의 총애를 받고 있었어요. 가난하고 변변치 못한 집안 출신인 경빈 박씨는 연산군 말기에 채홍사의 눈에 띄어 한양에 알려지게 되었지요. 중종반정 직후에는 후궁으로 뽑혀 궁궐에 들어왔어요. 중종은 절세미인으로 알려진 경빈 박씨에게 흠뻑 빠졌지요. 1515년(중종 10년) 장경 왕후가 세자(훗날 인종)를 낳고 산후병으로 6일 만에 25세를 일기로 죽자, 경빈 박씨는 내심 중전 자리를 넘보게 되었습니다. 중종도 총애하는 박씨를 중전의 자리에 앉히고 싶었으나 정광필이 좋은 가문의 규수가 아니라는 이유로 반대해 뜻을 접었지요.

김안로, '죽음의 릴레이 게임'을 벌이다

유배지에 있던 김안로는 자신을 탄핵했던 남곤이 죽고 이어 작서의 변이 벌어졌다는 소식에 회심의 미소를 지었어요. 김안로는 아들 김희에게 시켜 우의정 이행의 환심을 사게 했습니다. 이어 김희는 중종에게 "병으로 돌아가시기 직전이오니 이제 그만

◐ 소수 서원(경북 영주시)
서원은 공인된 사학 기관이자 향촌 사림의 정치적·사회적 기구였다. 주세붕이 건립한 백운동 서원이 나라에서 편액을 내린 사액 서원이 되면서 소수 서원으로 이름을 변경했다.

풀어 주시어 여생을 편히 보낼 수 있도록 해 주십시오."라고 김안로의 사면을 청했어요. 이행도 함께 사면을 청하자 중종은 김안로를 방면했지요.

김안로는 유배지에서 돌아오자마자 중종을 알현하고 "목숨을 바쳐 세자를 보필할 것입니다."라고 말했어요. 상당수의 대간은 실세인 김안로의 편에 섰지요. 하지만 김안로는 반대 세력을 의식해 당분간은 움직임을 자제했어요.

세력이 어느 정도 형성되자 김안로는 좌찬성 이항을 첫 과녁으로 삼았어요. 이항은 조광조 진영에 의해 쫓겨났다가 기묘사화 후 복귀해 김안로의 처벌을 주장했던 인물입니다. 이항이 부당하게 탄핵받은 이조년을 변호해주는 글을 사간원 헌납 **주세붕**에게 공개적으로 보낸 사실이 있었는데, 김안로가 이 사실을 트집 잡았어요. 이항은 김안로의 사주를 받은 대간들의 탄핵을 받아 파직되었지요.

⊙ **주세붕**(1495~1554)
주세붕은 풍기 군수로 재임할 때 지역민의 교화를 위해 백운동 서원을 세웠다.

김안로의 형 김안정이 이조 참판에 제수되자 홍문관 부제학 성세창이 심정을 찾아가 "대간이 정실 인사를 문제 삼지 않는다."라고 지적했어요. 둘이 나눈 이야기를 전해 들은 김안로 측의 대간은 중종에게 "심정은 작서의 변 때 경빈 박씨의 뇌물을 받았사옵니다."라며 심정을 공격했습니다. 결국 심정은 귀양을 갔어요.

김안로의 다음 표적은 이행이었습니다. 이행은 대신들과 함께 중종에게 나아가 "김안로가 조정의 분란을 자초했으나 대간이 나서지 않으니 신들이 아뢰옵니다."라며 선수를 쳤어요. 그러자 김안로 측 대간들은 "경빈 박씨를 옹호했던 심정, 이항 등은 벌을 받았으나 잔당이 김안로를 빙자해 사림을 해치려 합니다."라며 이행까지 경빈의 세력으로 몰아붙였지요. 결국 중종은 이행도 유배 보냈어요.

김안로 측은 여기에서 그치지 않고 "심정의 아들 심사순이 광대라는 종에게 시켜 조정을 비판하는 익명서를 매달았다."라고 음해했습니다. 이에 심정에게 사약이 내려졌어요. 이제 걸림돌이 모두 사라져 김안로의 세상이 되었지요.

얼마 후 **동궁** 남쪽에서 '이 인형처럼 세자의 몸을 능지처참할 것'이라는 글씨가 새겨진 나무 인형이 발견되었어요. 조사 과정에서 "경빈 박씨를 위해 동궁을 해치고자 했다."라는 진술이 나왔지요. 정광필은 "낮은 벌로도 충분합니다."라고 변호했지만 중종은 어쩔 수 없이 경빈 박씨는 물론 자신의 혈육인 복성군마저 사사할 수밖에 없었어요. 경빈 박씨와 연루되었다는 혐의를 받은 이항도 사약을 받았지요. 조선 왕조사는 한마디로 요약하면 '죽음의 릴레이'였어요.

이제 김안로 측은 복성군 사사를 반대한 영의정 정광필을 향해 화살을 겨냥했습니다. 김안로 측 대간들은 20년도 더 된 일까지 들추어냈지요.

"장경 왕후의 산릉을 쓸 때 암반이 나왔으나 강행했사옵니다. 당시 경빈 박씨에게 빌붙은 자들의 지시를 받아 행한 일입니다."

결국 당시 능역 조성을 맡았던 정광필도 유배 보내졌어요. 정

○ 경복궁 동궁 권역

경복궁 자선당과 비현각은 동궁의 주 전각이다. 조선 시대 왕세자의 거처가 경복궁의 동쪽에 있었기 때문에 동궁이라고 불렸다. 동궁은 '왕세자'를 일컫는 말로도 쓰였다. 사진작가 서헌강 제공

정광필(1462~1538)

연산군 때 임금이 너무 자주 사냥을 한다고 간했다가 유배되었고, 중종 때에는 김안로의 무고 때문에 김해에 유배되었다. 당시로서는 드물게 유연한 정치가의 모습을 보였다.

광필은 반년 후 풀려났으나 77세의 나이에 눈을 감았지요.

정광필은 원칙을 내세우면서도 당시로서는 드물게 유연한 정치가의 모습을 보였어요. 조광조가 득세할 때는 현량과와 향약의 폐단에 대해 거론했고, 조광조가 탄핵될 때는 적극적으로 조광조를 변호했지요. 당시에 정광필의 유연함과 조광조의 개혁성을 합한 인물이 나왔다면 세상은 달라질 수도 있지 않았을까요.

중종, 김안로마저 제거하다

심정과 이행에 이어 정광필까지 사라지자 이제 김안로의 세상이 온 듯했습니다. 중종은 김안로의 권력 남용을 부담스러워했으나 세자를 보호한다는 명분이 있었으므로 손을 대지 못했어요. 중종은 대의명분보다는 자신과 세자의 안위를 우선시했지요. 정치적 수완이 뛰어난 김안로의 수족들이 궐내까지 포진되어 있어 인사나 정책 결정에 관한 사소한 일까지도 김안로의 손을 거쳐야 했어요.

김안로에게 마지막 걸림돌은 중종의 셋째 부인 **문정 왕후 윤씨**였어요. 중종의 정비 단경 왕후 신씨는 신수근(연산군의 처남)의 딸이었으므로 쫓겨났고, 둘째 계비 장경 왕후 윤씨는 세자를 낳고 산후열을 이기지 못해 죽었지요. 김안로와 그 일파인 허항, 채무택은 세자에게 적이 되는 세력은 온갖 수단을 동원해 탄압했어요.

문정 왕후의 오빠인 윤원로와 동생 윤원형이 "중궁전에서 세자를 학대한다."라는 소문이 나도는 것을 듣고 세자의 외숙부인 윤임을 찾아가 불만을 토로했어요. "김안로 대감이 중전마마를 폐하려 들지

○ **파평 윤씨 족보**
파평 윤씨는 고려 개국공신에 책록된 윤신달을 시조로 한다. 조선 시대에도 정승을 11명이나 배출한 세도가였다. 세조 비 정희 왕후, 성종 비 정현 왕후, 중종 비 장경 왕후와 문정 왕후 모두 파평 윤씨 가문의 일원이었다.

않을까 걱정됩니다."

　이 이야기를 전해 들은 김안로는 대사헌 양연에게 시켜 윤씨
형제를 탄핵했어요. 대신들도 "국모와 관련된 유언비어를 퍼뜨
려 사림을 타도하려 했다."라며 가세했지요. 윤씨 형제는 바로
중종을 찾아가 김안로에 대한 그동안의 죄상을 낱낱이 고했어
요. 그렇지 않아도 김안로의 힘이 너무 커졌다고 생각한 중종은
윤임을 불러 김안로를 제거할 의사를 비칩니다. 중종의 밀지가
대사헌 양연에게 전해졌고, 양연은 양사의 대간들을 이끌고 입
궐해 김안로를 탄핵했어요.

　"좌의정 김안로는 마치 왕이라도 되듯 정권을 농단했고 공론
을 내세워 자신의 욕심을 채웠습니다. 자신과 다른 자는 반드시
제거해서 모두가 두려워했습니다."

　김안로 아들의 혼사가 있던 날, 왕의 군대가 기습적으로 들이
닥쳐 김안로를 잡아갔어요. 김안로가 먼저 유배되고, 이어 허항,
채무택을 비롯한 측근들도 유배되었지요. 1537년(중종 32년) 김
안로는 귀양지에서 사약을 받아 57세의 나이로 세상을 떠났고,
허항, 채무택도 사사되었어요. 김안로, 허항, 채무택은 '나라를
망친 원흉'이라 해 '정유 3흉'으로 불리게 되었지요.

　조광조가 정점에 있었을 때 한순간에 숙청되었듯이 김안로도
비슷한 길을 걸었습니다. 왕권 유지를 중시한 중종은 조광조, 남
곤, 김안로에게 힘을 실어 주었다가 너무 힘이 세지면 일시에 죽
음으로 내몰았지요. 왕권 유지만 생각하는 왕을 향해 유교적 충
성심을 보이는 게 무슨 의미가 있었을까요? 이렇듯 조선에서는
왕과 신하가 서로 밀고 당기느라 넓은 세상으로 한 발짝도 나오
지 못했다고 볼 수도 있습니다.

12명의 부인을 둔 중종, 끝내 조강지처를 찾지 않다

내의녀 장금
중종의 주치의 역할을 수행
했던 의녀이다. 대장금(大
長今)으로 불렸다. 실록에
기록된 몇 줄을 토대로 만들
어진 드라마 〈대장금〉은 우
리나라는 물론 세계 여러 나
라에서 큰 사랑을 받았다.

중종은 재위 39년째 되던 해에 병이 심해져서 세자에게 양위의
뜻을 비쳤습니다. 위독해진 중종은 내의녀 장금을 주치의로 두고
수발을 들게 했어요. 대신들도 장금을 통해 중종의 병환을 알 수
있었지요. 중종은 몸이 급격히 쇠약해지자 정승과 승지를 불러
"나의 형체는 있으나 사람 구실은 할 수 없다."라며 양위의 뜻을
밝혔어요. 다음 날 저녁, 중종은 57세를 일기로 눈을 감았지요.

중종은 성종과 정현 왕후의 아들로 태어났어요. 이복형인 연
산군은 폐비 윤씨가 어머니라는 사실을 알지 못하고 정현 왕후
를 친어머니로 여기면서 자라다가 우연히 폐비 윤씨의 일을 알
게 되었지요. 연산군과 정현 왕후의 관계는 소원해졌지만 연산
군은 어린 이복동생에게는 친절했어요.

진성 대군은 신수근의 딸과 가례를 올렸습니다. 1506년 진성
대군이 왕으로 추대되자 신씨는 왕비가 되었어요. 하지만 아버
지가 연산군의 매부라는 이유로 폐위되었지요.

반정 세력들은 신씨가 죽은 아버지 신수근의 원수를 갚을 것
을 염려해 신씨를 폐위해야 한다고 주장했습니다. 왕권이 약했
던 중종은 신씨의 폐위를 막을 수 없었지요. 신씨가 폐위된 후 새
로 중종의 왕비가 된 장경 왕후가 1515년 사망하자, 담양 부사

등이 신씨의 복위를 간하는 상소를 올렸어요. 하지만 중신들의 반대로 신씨는 복위하지 못했지요.

중종은 높은 누각에 올라가 신씨가 거처하던 사가를 바라보는 일이 잦았다고 합니다. 이 사실을 전해 들은 신씨가 중종이 잘 볼 수 있는 **인왕산 처녀 바위**에 올라 궁중에 있을 때 자주 입던 분홍 치마를 바위 위에 펼쳐 놓았다는 야사가 전해지고 있어요. 그런데 『중종실록』에는 신씨를 폐위할 때 중종이 그다지 반대하지 않은 것으로 기록되어 있습니다. 신씨는 자식 없이 홀로 지내다가 71세를 일기로 눈을 감았어요. 신씨는 영조 때 복위되어 단경 왕후라는 시호를 받았지요.

장경 왕후 윤씨는 1506년 중종의 후궁이 되었고, 1507년 단경 왕후 신씨가 폐위되자 왕비에 책봉되었어요. 1515년(중종 10년) 세자(인종)를 낳았으나 산후병으로 6일 만에 25세의 젊은 나이로 죽었지요.

1517년 왕비 책봉 문제로 논란을 벌인 끝에 윤지임의 딸이 두 번째 계비로 책봉되었는데, 그녀가 문정 왕후 윤씨입니다. 문정 왕후는 1545년 명종이 12세의 어린 나이로 왕위에 오르자 8년 동안 수렴청정을 했어요.

❍ 인왕산 치마바위와 경복궁
폐위된 단경 왕후 신씨는 인왕산 아래쪽에 살게 되었다. 10년 동안 함께 살아온 부인을 그리워하던 중종은 경회루에 올라 인왕산 기슭을 바라보곤 하였는데, 이 사실을 알게 된 신씨가 자신이 즐겨 입던 치마를 넓고 평평한 바위 위에 펼쳐놓았다는 이야기가 전한다.

4 서경덕과 황진이

스승이 없는 서경덕, 자연의 순환을 스승 삼다

서경덕이 살았던 15세기 말에서 16세기 중엽까지는 사림과 훈구 세력의 대립이 극으로 치달아 정치·사회적으로 혼란한 때였어요. 이 시기에 조선은 4대 사화라는 유혈 투쟁 속에 빠져 있었지요. 서경덕은 여느 유학자와는 달리 실험적이고 과학적으로 학문을 탐구했어요.

서경덕은 1506년 17살 때 『대학』의 '격물치지(格物致知)' 장을 읽다가 "학문을 닦을 때 먼저 사물의 이치를 탐구하지 아니하고 책만 읽어서야 무슨 소용인가."라고 탄식했어요. 그 후 서경덕은 자신이 잘 알지 못하는 사물의 이름을 모두 써서 벽에 붙여 놓고 그 이치를 규명했다고 합니다.

서경덕은 한번 책을 잡거나 사물을 탐구하기 시작하면 깨달을 때까지 멈추지 않아서 건강이 좋지 않았어요. 20세 때에는 잠자는 것과 먹는 것도 자주 잊은 채 사색에 빠지는 습관이 생겼다고 합니다. 21세 때에는 건강을 회복하기 위해 학업을 포기하고 약 일 년 동안 명산을 돌아다녔어요. 이때 서경덕은 자연스럽게 자연을 접하였고, 여행하는 과정에서 세상의 이치를 생각하는 기회까지 얻었지요.

31세 때 서경덕은 조광조가 시도한 현량과에 수석으로 추천을 받았으나 사양하고 개성에서 학문 연구에만 몰두했어요. 가정 형편이 여의치 않자 어머니의 간청으로 43세 때 생원시에 응시해 장원으로 급제했으나 대과에는 응시하지 않았지요. 55세 때에는 후릉 참봉(후릉은 개성에 있는 정종과 정안 왕후 김씨의 능) 벼슬을 받았지만 곧 사직했어요. 그럼으로써 서경덕은 사화의 참화에서 비켜나 있었고, 학문적 업적을 이룰 수 있었지요.

물질이 영원하다고 믿었던 서경덕은 "물질이 분리되더라도 단순한 형태의 분리이므로 그 힘은 없어지지 않는다."라고 주장했어요. 서경덕은 물리학의 에너지 보존의 법칙을 누구보다 먼저 깨닫고 있었지요. 그는 죽음조차도 삶의 기(에너지)가 우주로 환원되는 것으로 보았습니다. 생과 사가 다르지 않다고 봄으로써 우주와 인간이 둘이 아니라 하나라는 이론을 정립하였지요.

서경덕은 우주와 인간의 관계처럼 "이(理)가 기(氣)와 별도로 존재하면서 기를 주재하는 것이 아니라 기 스스로 기의 작용을 바르게 이끄는 자율적인 원리가 작용한다."라고 보았어요.

퇴계 이황은 서경덕의 학문 수행에 대해 "성현의 생각과 다른 방향으로 나아갔다."라고 비판했습니다. 하지만 서경덕에게 중요한 것은 학문의 정통성이나 권위가 아니라 스스로 깨달아서 얻은 이치였어요. 서경덕은 요즘 말하는 자기 주도 학습법의 창시자라 할 만합니다. 서경덕은 서당에서 한문을 깨우치는 정도의 교육밖에 받지 않았어요. 학문의 기초를 갖추면 나머지는 본인이 터득해야 할지도 모릅니다.

서경덕은 불교와 노장사상에 대해 개방적인 태도를 보였어요. 이 점에 대해서도 이황은 "서경덕은 기를 이로 잘못 알고 있고, 기의 불멸을 주장함으로써 불교의 미망에 빠졌다."라고 비판했지요.

하지만 율곡 이이는 서경덕의 추증 문제를 거론하면서 선조에게 "대다수 학자는 성현의 학설을 모방해서 말할 뿐 스스로 터득한 게 없습니다. 하지만 서경덕은 깊고 넓게 스스로 익혀 터득한 게 많으니 문자로만 논할 수는 없는 노릇입니다."

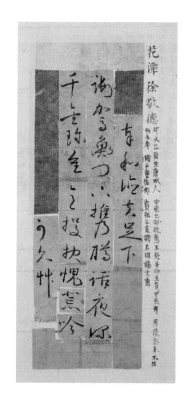

○ 서경덕의 글씨
(국립중앙박물관)
서첩에 수록된 서경덕의 글씨 중 하나이다. 덕부(德夫)의 시에 화답하여 지은 시를 직접 써서 주었던 것으로 보인다. 자신의 집에서 밤 깊도록 술을 마시며 학문과 시를 논한 감회를 서술하였다.

라고 평했습니다. 선조는 생전에 종9품이었던 서경덕을 정1품인 우의정에 추증했어요.

　서경덕이 만년에 기생 황진이와 교유한 일화는 유명합니다. 서경덕의 제자였던 황진이는 "선생님, 송도에는 세 가지 뛰어난 것이 있습니다. **박연 폭포**와 선생님, 그리고 저 황진이지요."라고 말했어요. 그 후 박연 폭포, 서경덕, 황진이를 '송도삼절(松都三絶)'이라고 부르게 되었답니다.

　2년 동안이나 병마에 시달린 서경덕은 자기 죽음을 예감했어요. 마지막으로 목욕하고 임종을 앞둔 서경덕에게 제자가 심경을 묻자, 서경덕은 "죽고 사는 이치를 알게 된 지가 오래라서 마음이 편안하구나."라고 대답한 후 마치 제집으로 돌아가듯 57세에 죽음을 맞았습니다.

○ 박연 폭포(개성시)
금강산의 구룡 폭포, 설악산의 대승 폭포와 더불어 우리나라 3대 폭포로 불린다.

황진이, '동짓날 기나긴 밤' 님을 그리다

타임머신을 타고 조선으로 돌아간다면 가장 만나 보고 싶은 인물 1순위로 황진이를 꼽는 사람이 많습니다. 역사적 인물 가운데 황진이만큼 대중의 사랑을 받은 인물도 흔치 않을 거예요. 황진이는 기녀 출신이었으므로 규방 출신의 감동이나 어을우동과는 달리 남녀 관계에 대한 비판에서 벗어날 수 있었어요.

황진이는 황 진사와 현금이라는 이름을 가진 진씨 사이에서 태어났다는 주장도 있고, 맹인의 딸로 태어났다는 주장도 있어요. 황진이에 관한 기록은 이덕형의 『송도기이』나 최초의 야담집인 유몽인의 『어우야담』과 같은 야사나 설화로 전해집니다. 흥미 위주로 고쳐 쓴 점이 있을 수 있어 전적으로 믿을 수는 없지만, 황진이가 명성을 날린 개성 출신의 기녀인 것은 분명해요.

황진이는 홀어머니 슬하에서 자랐지만 물질적 어려움은 없었던 것으로 보입니다. 8세에 『천자문』을 배우기 시작했고 10세에 한문 고문을 읽었으며, 서화와 가야금에 능했고 한시도 지을 수 있었다고 하지요.

반듯한 규수로 자란 황진이가 기녀가 된 데는 사연이 있습니다. 황진이의 단아한 미모에 마음을 빼앗긴 한 동네 총각이 자신의 마음을 드러내지 못하고 속병만 앓다가 그만 자리에 눕게 되었어요. 아들을 잃을까 봐 두려웠던 총각의 어머니는 진씨를 찾아가 사람 하나 살리는 셈 치고 사위로 삼아 달라고 간청했습니다. 하지만 진씨는 냉정하게 거절하고 딸에게는 아무 말도 하지 않았어요. 젊은 총각은 결국 상사병으로 세상을 뜨지요.

총각의 상여가 황진이의 집 앞을 지나갈 때 갑자기 땅에 붙어 꿈쩍도 하지 않았어요. 이 소식을 들은 황진이가 집에서 나와 자신이 입던 속적삼을 얹으며 총각의 넋을 위로하자 상여가 다시 움직였다고 합니다.

이 사건 이후 황진이는 기생이 되기로 합니다. 기생이 된 황진이는 곧 미색과 재주로 한양에서도 소문이 자자해졌어요. 선비들은 황진이와 하룻밤 낭만을 즐기는 것을 자랑으로 여겼지요. 황진이가 당대의 군자로 알려진 벽계수를 유혹하는 시조는 가장많이 애송되고 있어요.

청산리 벽계수야 쉬이 감을 자랑 마라

일도창해(一到滄海, 큰 바다에 한 번 이름)하면 다시 오기어려우니

명월(明月)이 만공산(滿空山)할 제 쉬어 감이 어떠리

황진이는 벽계수의 군자 허울을 벗긴 데 이어 살아 있는 부처로 통하던 지족선사를 파계시켜 10년 면벽 수도를 '도로 아미타불'로 만들었어요. 이제 남은 사람은 서경덕뿐이었습니다. 황진이는 서경덕이 진짜 군자인지, 가짜 군자인지 시험하고 싶어 그를 찾았어요. 몇 번 대화를 나누던 황진이는 지친 듯이 방에 누웠고, 한껏 자태를 드러내며 잠을 청하는 척했습니다. 그러고는 서경덕을 살폈지요. 하지만 서경덕은 황진이에게 눈길 한 번 주지않고 꼿꼿이 앉아 서책 읽기에만 골몰했어요.

황진이는 서경덕과 연인 관계를 맺는 데는 실패했지만 대신영원한 사제 관계를 맺었어요. 두 사람의 관계에 대해서는 주로야사에서 다루고 있어 전적으로 믿기는 힘들지만, 두 사람이 중종 시대에 개성에서 살았다는 것을 고려하면 어느 정도 신빙성이 있습니다.

❍ 신윤복의 「전모를쓴 여인」, 『여속도첩』(국립중앙박물관)
나들이하는 기생을 묘사했다. 짧은 저고리와 풍성한 치마를 입은 채 당당히 걸어가는 자태가 일품이다.

前人未發の興

蕙園

황진이는 사대부의 허울을 벗기는 데서 통쾌함을 느끼는 단순한 기녀가 아니었어요. 한양 제일의 소리꾼이라는 평을 들었던 선전관 이사종과는 예술과 인생의 동반자로서 6년간 조선 팔도를 유람하기도 했지요. 이사종을 기다리며 지은 「동짓날 기나긴 밤」이라는 시조에는 애절함마저 묻어 나옵니다.

⊙ 승무복
(목포자연사박물관)
승무의 기원에는 여러 가지가 있는데, 그 가운데 하나가 황진이가 지족선사를 유혹하기 위해 추었다는 '황진이 초연설'이다.

동짓날 기나긴 밤 한 허리를 버혀 내어
춘풍 이불 아래 서리서리 넣었다가
어룬 님 오신 날 밤이어든 구뷔구뷔 펴리라

40세로 짧은 인생을 마치기 전에 황진이는 "관을 짜지 말고 새들의 먹이가 되도록 해 달라."고 유언했다고 합니다. 하지만 사람들은 황진이를 개성에서 멀지 않은 장단에 묻어 주었어요. 황진이는 죽어서도 남정네의 마음을 흔들어 놓았습니다. 황진이의 무덤을 발견한 평안 감사 임제는 세상에 황진이가 없음을 슬퍼하며 시 한 수를 읊었어요.

청초(靑草) 우거진 골에 자난다 누워난다
홍안(紅顔)은 어데 두고 백골(白骨)만 묻혀난다
잔 잡고 권할 이 없으니 이를 설워하노라

조광조의 개혁이 실패한 이유는 무엇일까요?

기묘사화는 급진적 개혁 정치에 위기를 느낀 훈구 세력이 조광조의 엄격한 도학 정치에 염증을 느끼고 있던 중종을 부추겨 일으킨 사건입니다. 왕권 강화를 꾀하던 중종이 훈구파를 견제하기 위해 조광조를 키웠으나, 조광조의 사림파가 또 다른 세력으로 부상하자 중종이 이를 경계한 것이지요. 이로써 중종의 개혁 정치 실험은 4년 만에 막을 내리고 다시 훈구 세력이 권력의 중심에 서게 되었어요. 사림 세력은 왕의 마음을 읽어 내고 주변과 조화를 꾀하기보다는 겉치레만 앞세우며 일방적인 경향을 보였습니다. 조광조의 개혁 정치는 당대에는 중종의 일관성 결여와 정치 체제의 미성숙으로 실패했지요. 명종 대와 선조 대를 거치면서 사림은 학맥과 인맥을 형성하며 정국의 주도 세력으로 성장합니다. 하지만 사림은 성리학에 매몰되어 내부 투쟁에 전력을 다하면서 결과적으로 민생과는 거리가 먼 행보를 하게 되었지요.

조광조

조선 왕조 계보도

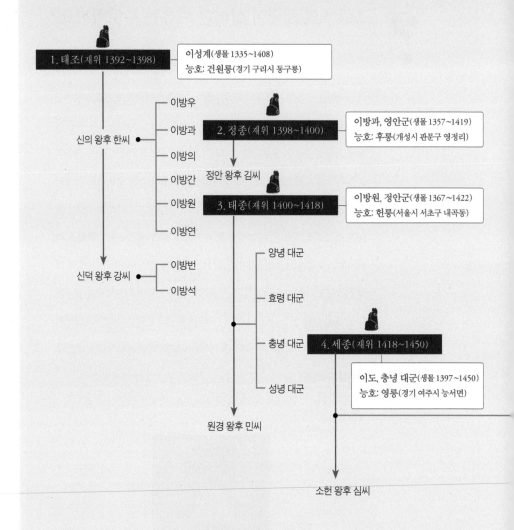

1. 태조(재위 1392~1398)

이성계(생몰 1335~1408)
능호: 건원릉(경기 구리시 동구릉)

이방우

이방과

이방의

이방간

이방원

이방연

신의 왕후 한씨

2. 정종(재위 1398~1400)

이방과, 영안군(생몰 1357~1419)
능호: 후릉(개성시 판문구 영정리)

정안 왕후 김씨

3. 태종(재위 1400~1418)

이방원, 정안군(생몰 1367~1422)
능호: 헌릉(서울시 서초구 내곡동)

신덕 왕후 강씨

이방번

이방석

양녕 대군

효령 대군

충녕 대군

성녕 대군

4. 세종(재위 1418~1450)

이도, 충녕 대군(생몰 1397~1450)
능호: 영릉(경기 여주시 능서면)

원경 왕후 민씨

소헌 왕후 심씨

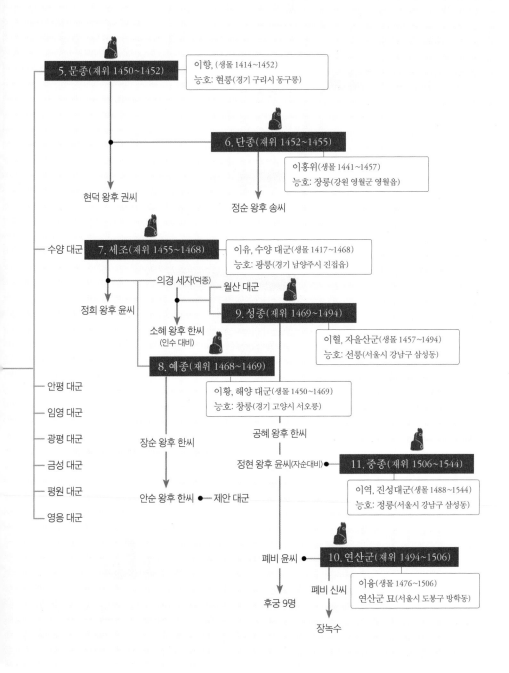

5. 문종(재위 1450~1452)
- 이향, (생몰 1414~1452)
- 능호: 현릉(경기 구리시 동구릉)

6. 단종(재위 1452~1455)
- 이홍위(생몰 1441~1457)
- 능호: 장릉(강원 영월군 영월읍)

현덕 왕후 권씨

정순 왕후 송씨

수양 대군

7. 세조(재위 1455~1468)
- 이유, 수양 대군(생몰 1417~1468)
- 능호: 광릉(경기 남양주시 진접읍)

의경 세자(덕종)

월산 대군

정희 왕후 윤씨

9. 성종(재위 1469~1494)
- 이혈, 자을산군(생몰 1457~1494)
- 능호: 선릉(서울시 강남구 삼성동)

소혜 왕후 한씨
(인수 대비)

8. 예종(재위 1468~1469)
- 이황, 해양 대군(생몰 1450~1469)
- 능호: 창릉(경기 고양시 서오릉)

안평 대군

임영 대군

광평 대군

금성 대군

평원 대군

영응 대군

공혜 왕후 한씨

정현 왕후 윤씨(자순대비)

11. 중종(재위 1506~1544)
- 이역, 진성대군(생몰 1488~1544)
- 능호: 정릉(서울시 강남구 삼성동)

장순 왕후 한씨

안순 왕후 한씨 ● 제안 대군

폐비 윤씨

10. 연산군(재위 1494~1506)
- 이융(생몰 1476~1506)
- 연산군 묘(서울시 도봉구 방학동)

후궁 9명

폐비 신씨

장녹수

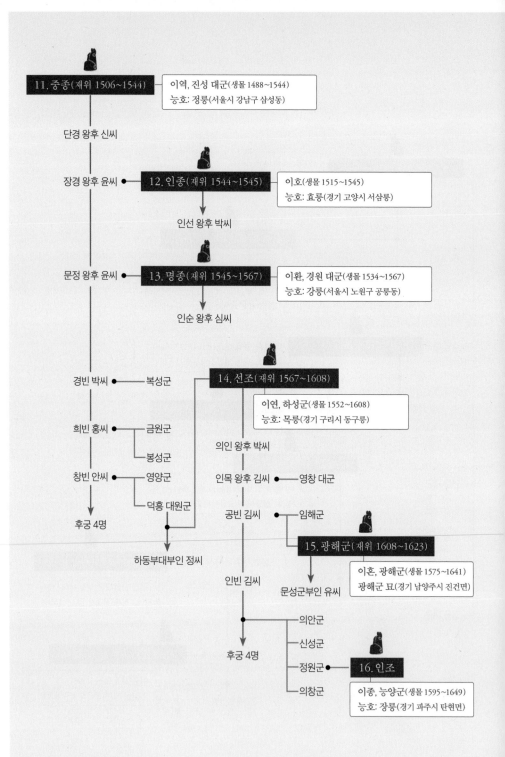

11. 중종(재위 1506~1544)

이역, 진성 대군(생몰 1488~1544)
능호: 정릉(서울시 강남구 삼성동)

단경 왕후 신씨

장경 왕후 윤씨

12. 인종(재위 1544~1545)

이호(생몰 1515~1545)
능호: 효릉(경기 고양시 서삼릉)

인선 왕후 박씨

문정 왕후 윤씨

13. 명종(재위 1545~1567)

이환, 경원 대군(생몰 1534~1567)
능호: 강릉(서울시 노원구 공릉동)

인순 왕후 심씨

14. 선조(재위 1567~1608)

이연, 하성군(생몰 1552~1608)
능호: 목릉(경기 구리시 동구릉)

경빈 박씨 — 복성군

희빈 홍씨 — 금원군

봉성군

창빈 안씨 — 영양군

후궁 4명

덕흥 대원군

하동부대부인 정씨

의인 왕후 박씨

인목 왕후 김씨 — 영창 대군

공빈 김씨 — 임해군

15. 광해군(재위 1608~1623)

이혼, 광해군(생몰 1575~1641)
광해군 묘(경기 남양주시 진건면)

인빈 김씨

문성군부인 유씨

의안군

신성군

정원군 — 16. 인조

이종, 능양군(생몰 1595~1649)
능호: 장릉(경기 파주시 탄현면)

의창군

후궁 4명

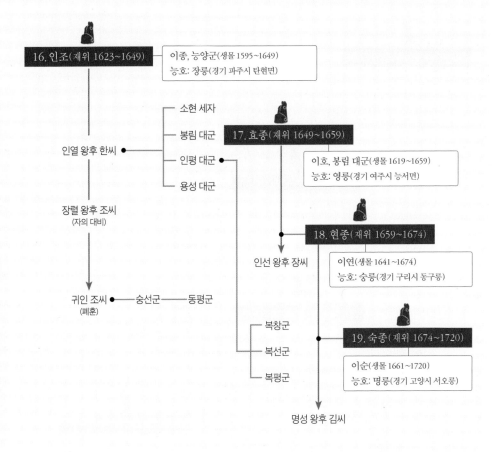

16. 인조(재위 1623~1649)

이종, 능양군(생몰 1595~1649)

능호: 장릉(경기 파주시 탄현면)

인열 왕후 한씨

소현 세자

봉림 대군

인평 대군

용성 대군

17. 효종(재위 1649~1659)

이호, 봉림 대군(생몰 1619~1659)

능호: 영릉(경기 여주시 능서면)

장렬 왕후 조씨
(자의 대비)

18. 현종(재위 1659~1674)

인선 왕후 장씨

이연(생몰 1641~1674)

능호: 숭릉(경기 구리시 동구릉)

귀인 조씨 —— 숭선군 —— 동평군
(폐훈)

복창군

복선군

복평군

19. 숙종(재위 1674~1720)

이순(생몰 1661~1720)

능호: 명릉(경기 고양시 서오릉)

명성 왕후 김씨

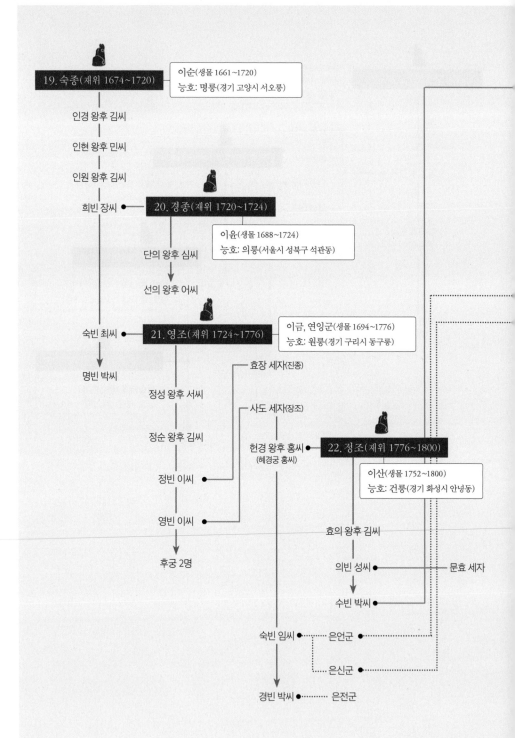

19. 숙종(재위 1674~1720)

이순(생몰 1661~1720)
능호: 명릉(경기 고양시 서오릉)

인경 왕후 김씨

인현 왕후 민씨

인원 왕후 김씨

희빈 장씨

20. 경종(재위 1720~1724)

이윤(생몰 1688~1724)
능호: 의릉(서울시 성북구 석관동)

단의 왕후 심씨

선의 왕후 어씨

숙빈 최씨

21. 영조(재위 1724~1776)

이금, 연잉군(생몰 1694~1776)
능호: 원릉(경기 구리시 동구릉)

명빈 박씨

효장 세자(진종)

정성 왕후 서씨

사도 세자(장조)

정순 왕후 김씨

헌경 왕후 홍씨
(혜경궁 홍씨)

22. 정조(재위 1776~1800)

이산(생몰 1752~1800)
능호: 건릉(경기 화성시 안녕동)

정빈 이씨

영빈 이씨

후궁 2명

효의 왕후 김씨

의빈 성씨 ● 문효 세자

수빈 박씨

숙빈 임씨 ● 은언군

은신군 ●

경빈 박씨 ● 은전군

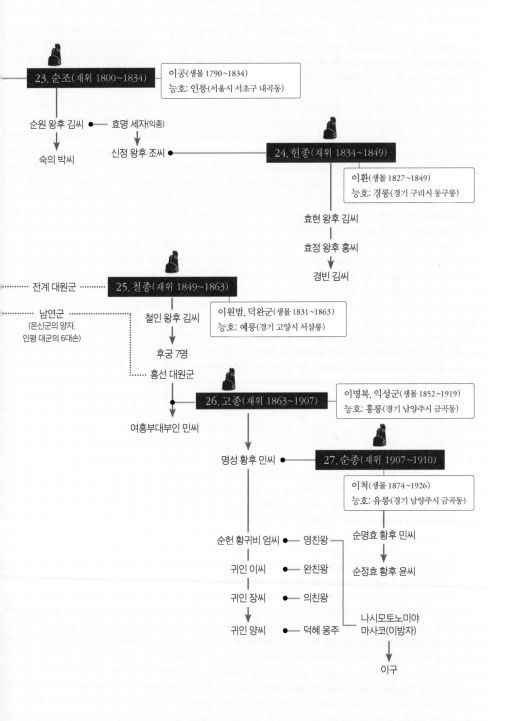

23. 순조(재위 1800~1834)

이공(생몰 1790~1834)
능호: 인릉(서울시 서초구 내곡동)

순원 왕후 김씨 ● → 효명 세자(익종)

숙의 박씨

신정 왕후 조씨 ● → 24. 헌종(재위 1834~1849)

이환(생몰 1827~1849)
능호: 경릉(경기 구리시 동구릉)

효현 왕후 김씨

효정 왕후 홍씨 → 경빈 김씨

전계 대원군 ········ 25. 철종(재위 1849~1863)

남연군
(은신군의 양자,
인평 대군의 6대손)

철인 왕후 김씨

이원범, 덕완군(생몰 1831~1863)
능호: 예릉(경기 고양시 서삼릉)

후궁 7명

홍선 대원군 ········

26. 고종(재위 1863~1907)

이명복, 익성군(생몰 1852~1919)
능호: 홍릉(경기 남양주시 금곡동)

여흥부대부인 민씨

명성 황후 민씨 ● → 27. 순종(재위 1907~1910)

이척(생몰 1874~1926)
능호: 유릉(경기 남양주시 금곡동)

순헌 황귀비 엄씨 ● → 영친왕

순명효 황후 민씨

귀인 이씨 ● → 완친왕

순정효 황후 윤씨

귀인 장씨 ● → 의친왕

귀인 양씨 ● → 덕혜 옹주

나시모토노미야
마사코(이방자)

이구

참고 문헌

『(2015개정)고등학교 한국사 교과서』, 이익주 · 나일수 · 박찬영 · 차주호 · 위지숙 · 이화영 · 정대연, ㈜리베르스쿨, 2020

『(2015개정)중학교 역사 ②』, 이익주 · 나일수 · 박찬영 · 송영심 · 차주호 · 위지숙 · 이화영 · 정대연 · 최서연, ㈜리베르스쿨, 2020

『고등학교 한국사 교과서』, 최준채 · 윤영호 · 안정희 · 남궁원 · 박찬영, ㈜리베르스쿨, 2013

『고등학생이 꼭 읽어야 할 한국사 개념서』, 박찬영, 리베르, 2014

『국립중앙박물관(국문판)』, 국립중앙박물관 편집부, 국립중앙박물관, 2007

『그림으로 본 조선』, 이영경 · 규장각한국학연구원, 글항아리, 2014

『그림이 된 임진왜란』, 김시덕, 학고재, 2014

『근대를 말하다』, 이덕일, 역사의아침, 2012

『난중일기』, 이순신, 도서출판 여해, 2014

『노컷 조선왕조실록』, 김남, 어젠다, 2012

『대비, 왕 위의 여자』, 김수지 · 권태균, 인문서원, 2014

『대한제국멸망사』, 호머 헐버트, 집문당, 1999

『동양철학사를 보다』, 강성률, ㈜리베르스쿨, 2014

『박시백의 조선왕조실록』(전 20권), 박시백, 휴머니스트, 2014

『사진으로 보는 근대한국(상): 산하와 풍물』, 이규헌, 서문당, 1986

『사진으로 보는 조선시대: 생활과 풍속』, 조풍연, 서문당, 1999

『살아있는 한국 근현대사 교과서』, 김육훈, 휴머니스트, 2007

『세계사를 보다』(전 3권), 박찬영 · 버질 힐라이어, ㈜리베르스쿨, 2012

『신들의 정원, 조선왕릉』, 이정근, 책으로보는세상(책보세), 2010

『신봉승의 조선사 나들이』, 신봉승, 답게, 1996

『신의 정원 조선왕릉』, 이창환, 한숲, 2014

『신편 고려사절요(상)』, 김종서, 민족문화추진회 역, 신서원, 2004

『신편 고려사절요(하)』, 김종서, 민족문화추진회 역, 신서원, 2004

『언제나 민생을 염려하노니』, 이정철, 역사비평사, 2013

『왕과 아들, 조선시대 왕위 계승사』, 한명기 · 신병주 · 강문식, 책과함께, 2013

『우리 역사의 수수께끼』(전 3권), 이덕일 외, 김영사, 1999

『우리가 몰랐던 조선』, 장학근, 플래닛미디어, 2010

『이순신, 신은 이미 준비를 마치었나이다』, 김종대 지음, 가디언, 2014

『이순신은 전사하지 않았다』, 남천우, 미다스북스, 2008

『임진왜란 해전사』, 이민웅, 청어람미디어, 2004

『임진왜란과 한중관계』, 한명기, 역사비평사, 1999

『조선 왕을 말하다』(전 2권), 이덕일 · 권태균, 역사의아침, 2010

『조선왕조사』, 이성무, 수막새, 2011

『조선왕조실록 국역본』, 국사편찬위원회

『조선평전』, 신병주, 글항아리, 2011

『조선을 움직인 사건들』, 신병주, 새문사, 2009

『한국과 그 이웃나라들』, 이사벨라 버드 비숍, 살림, 1994

『한국사, 드라마가 되다』(전 2권), 호머 헐버트, 리베르, 2009

『한 권으로 보는 그림 문화재 백과』, 이광표, 진선아이, 2010

『한 권으로 읽는 조선왕조실록』, 박영규, 웅진지식하우스, 1994

『한국사능력검정시험 고급(1, 2급) 기출로 끝내라』, 박찬영 외, 리베르, 2014

『한국사를 보다』(전 5권), 박찬영 · 정호일, ㈜리베르스쿨, 2011